研究生、高年级本科生教材

经济数据实证分析：方法与工具

温湖炜　主　编
聂长飞　郑淑芳　刘玉鹏　副主编

中国财经出版传媒集团
中国财政经济出版社
· 北京 ·

图书在版编目（CIP）数据
经济数据实证分析 ： 方法与工具 / 温湖炜主编.
北京 ： 中国财政经济出版社， 2024. 12. -- ISBN 978-7-5223-3241-3
Ⅰ. F222.1
中国国家版本馆CIP数据核字第2024M83H11号

责任编辑：温彦君　　　　责任校对：张　凡
封面设计：智点创意　　　　责任印制：史大鹏

经济数据实证分析：方法与工具
JINGJI SHUJU SHIZHENG FENXI：FANGFA YU GONGJU

中国财政经济出版社 出版
URL：http：//www. cfeph. cn
E－mail：cfeph@ cfeph. cn

社址：北京市海淀区阜成路甲 28 号　邮政编码：100142
营销中心电话：010－88191522
天猫网店：中国财政经济出版社旗舰店
网址：https：//zgczjjcbs. tmall. com
北京中兴印刷有限公司印刷　各地新华书店经销
成品尺寸：185mm×260mm　16 开　13. 75 印张　310 000 字
2024 年 12 月第 1 版　2024 年 12 月北京第 1 次印刷
定价：49. 00 元
ISBN 978－7－5223－3241－3
（图书出现印装问题，本社负责调换，电话：010－88190548）
本社质量投诉电话：010－88190744
打击盗版举报热线：010－88191661　QQ：2242791300

前 言

《经济数据实证分析：方法与工具》是运用统计测度方法、计量经济学方法、机器学习等探究现实经济社会问题定量规律的教材，能够运用于综合评价分析、因果分析以及经济预测等经济数据实证分析，旨在帮助学生系统地掌握相关方法在经济分析与商业统计中的实践应用。

本书共包括十章，分别为经济数据实证研究概述、现代综合评价方法、区域差异测度及分解方法、经济数据分布特征及其动态测度、多元线性回归模型、面板数据回归模型、随机前沿模型在生产效率测算中的应用、双重差分方法因果推断、机器学习因果推断、经济预测中的机器学习。这些内容涵盖了统计测度方法、计量经济学方法以及机器学习等，具有广泛的适用性和实践指导性。

本教材依托本科生和硕士研究生经济学研究方法与写作课程以及经济学专业学生科研指导实际需要而编写。经济学专业的学生普遍需要针对经济数据开展实证分析，从而深化对现实经济问题的理解，提升经济数据分析的能力。许多学生在学习该课程时撰写的论文在国内外核心期刊上发表，本教材中涉及的实证分析方法也是经济学相关专业学生开展科学研究常用的方法。

本教材在编写过程中得到了南昌大学经济管理学院教师和学生的支持，在此表示感谢。感谢南昌大学经济管理学院对本教材出版的经费支持，感谢同事们对教材编写提供的意见，也感谢梁伟涛等学生在从事经济学科研训练过程中积累的素材。除了教材署名编者外，南昌大学经济管理学院硕士研究生余慧玲、尚骏杰、江骏、赖昱豪、易美琳，南昌大学新结构经济学实验班学生胡可煜等也参与了本教材的编写，在此表示衷心感谢。

由于时间和精力有限，教材中可能存在部分错误和表述不清晰之处，恳请读者见谅并批评指正。

编者

2024 年 10 月

目　录

第一章

经济数据实证研究概述

第一节　经济学的研究范式

研究范式（Research Paradigm）是一套关于研究应该如何进行的基本信念和假设，是在一定研究方法论基础上形成的研究原则和方法体系。它决定了研究者对知识、科学探究和研究方法的看法。美国著名的科学哲学家托马斯·塞缪尔·库恩（Thomas Sammual Kuhn）在 1962 年出版的《科学革命的结构》一书中，率先提出“范式”一词。随着该书的出版和广泛流传，“范式”一词逐渐在不同学科的研究中广泛提起和应用。其实，库恩并没有对范式给出明确定义，但根据他在著作中对范式的陈述：以“共同范式”为基础进行研究的人，都承诺以同样的规则和标准从事科学实践。后续学者们通过对概念进行系统叙述和归纳总结，普遍认同“范式”是指科学共同体采取基本一致的思维方式来研究同一领域的特定问题，是常规科学研究赖以运作的理论基础和实践规范。一些学者表明，“范式”是一门学科成为科学的必要条件和成熟标志。经济学家更是运用库恩的范式理论，解释了一些经济理论的形成，评价其在经济史上的地位。范式不是一成不变的，即范式指导学科的研究活动，当科学发展碰到危机和困难时，范式也会进行调整进而形成新的范式来推进科学的发展。梳理经济学的发展史，发现经济学的发展经历了数次重大的改变，是一个不断积累的过程。从重商主义、重农主义阶段再到古典经济学，就是一个范式形成到范式调整再到范式形成的过程。

学者们在研究时采取的研究范式并不相同，且不同的研究范式可能导致对同一现象的不同理解和解释。在经济社会科学的研究中，常见的研究范式包括：实证研究法和规范研究法。其实，不同的研究范式适用于不同的研究领域和问题，研究者应根据研究目标和研究问题选择最合适的研究范式。

（一）什么是实证研究

1. 实证研究的概念

实证研究（Empirical Research）是一种科学研究方法，它侧重于通过观察和实验来收集数据，并使用统计和数学工具来分析这些数据，以验证或推翻理论假设。实证研究的目的在于发现事实、规律和模式，它强调的是可观察和可测量的现象，而不是基于理论的推理或哲学的思辨。

从广义上看，实证研究是一种以经验事实为基础，通过观察、实验和调查等方法来获取数据，并利用统计和逻辑分析来探究现象的本质属性和发展规律的研究方法。它起源于自然科学领域，特别是培根的经验哲学和牛顿、伽利略的自然科学研究，后来被引入社会科学和其他领域。它强调以实践为研究起点，认为经验是科学的基础，包括所有经验型研究方法，如调查研究法、实地研究法、统计分析法等。从狭义角度看，实证研究通常是指在社会科学领域中，特别是经济学和计量经济学中，使用定量分析技术来研究经济现象和经济理论的一种方法。它侧重于通过数学和统计方法来分析和确定变量之间的数量关系和作用机制。

实证研究方法在不同领域的应用可能会有所不同，但它们都遵循着从经验事实出发，通过科学方法来探索和验证知识的原则。

实证研究分析方法具有以下特点：

（1）经验主义：实证研究强调基于观察和实验的经验事实，认为知识来源于对现实世界的直接经验。它侧重于通过实际数据来探索和分析现象，而不是仅仅依赖理论推导或逻辑推理。

（2）客观性：客观性是科学研究的核心原则之一，尤其在实证研究中占据重要地位。实证研究通常采用标准化的数据收集和分析方法，力求排除主观偏见，以确保研究结果的准确性和可靠性。

（3）量化分析：在实证研究中体现为对数据的量化分析，使用统计方法来检验假设和评估结果的可靠性，以获得更为精确和可靠的结论。研究者可以通过观察、调查、实验或现有数据源收集相关数据，通过图表和图形展示数据分布和关键趋势，对数据进行可视化分析，运用线性回归或多元回归分析来探究变量之间的关系，确定自变量对因变量的影响。量化分析的结果通常更易于与其他研究者分享和比较，有助于科学知识的积累和发展。

（4）普遍性：实证研究从样本中得到的结论能推广到更大的群体，说明研究得到的结论和规律旨在具有普遍性，即在相同条件下可以被广泛适用。研究结论能够跨越特定的研究背景，对广泛的情境提供见解和指导。

（5）可证性：实证研究的结果应当是可检验的，即其他研究者可以在相同条件下重复实验来验证结果，或者在相同条件下可以被其他研究者重复验证，这是经验主义对科学方法的基本要求。

（6）系统性：实证研究通常采用系统化的方法进行，包括在逻辑上和结构上的完整性和有序性。从引言、数据收集、研究设计、方法、结果、讨论再到结论，每一部分都相互关联。这能够为理解研究问题提供一个清晰、连贯的视角。

（7）跨学科性：实证研究方法可以跨越不同学科领域的界限，应用在多个学科领域中，包括自然科学、社会科学、人文学科等，有助于加强不同学科领域之间的交流和合作，促进研究结论的跨学科理解和应用。

2. 实证研究的三要素

实证研究的三要素通常指的是在进行实证研究时不可或缺的三个基本组成部分，它们共同构成了实证研究的基础。

（1）科学理论。科学理论是实证分析的基础，它提供了研究的理论背景和概念框架。理论用于指导研究问题的提出、研究假设的构建以及研究变量的选择。理论推导帮助研究者解释变量之间的关系，并形成可检验的假设。

（2）数据。数据是实证分析的原材料，包括定量数据和定性数据。数据的质量和完整性对实证研究的可靠性至关重要。研究者需要收集与研究问题和假设相符的数据，并确保数据的准确性和代表性。

（3）方法。方法指的是研究的整体策略和研究过程中所采用的技术和程序。方法包括数据收集方法、样本选择、数据编码、统计分析技术等。研究者需要选择合适的方法来确保研究结果的有效性和可重复性。

这三个要素相互关联，共同确保了实证研究的科学性和严谨性。没有科学理论的指导，实证研究可能缺乏方向和深度；没有高质量的数据，理论无法得到有效的检验；没有恰当的方法，研究可能无法准确回答研究问题或得出可靠的结论。实证研究者必须仔细考虑这三个要素，以确保其研究的质量和影响力。

3. 实证研究方法与计量经济方法的区别与联系

实证研究和计量经济是经济学研究中的两种重要方法。很多学者把两者混为一谈，其实它们在目的和应用上有所区别，但也相互联系。

实证研究是一种基于观察和实验取得的大量事实和数据，利用统计推断的理论和技术进行分析的方法。它侧重于通过经验检验来揭示社会现象的本质联系，主要进行定量分析，依据数据说话，使研究更精确、更科学。实证研究方法包括所有经验型研究方法，如调查研究法、实地研究法、统计分析法等。计量经济学则是结合了经济学理论和统计学的一门学科，它更偏重于模型的估计。计量经济学分析需要经济学理论模型作为基础，而统计学更偏重于发掘数据之间的相互关系，而对它们之间的理论基础不太重视。

实证研究可以采用计量经济学的方法进行数据分析，但实证研究的范围更广，不仅限于经济模型的估计。实证研究包括对现象的描述性分析，而计量经济学更侧重于通过模型来预测和解释经济变量之间的关系。此外，实证研究的结果可能用来构建或测试理论，而计量经济学则更侧重于参数估计的准确性和模型的预测能力。

总的来说，实证研究是一种广泛的研究方法，它可以使用计量经济学的工具，也包括其他类型的数据分析和研究方法。计量经济学则专注于使用统计方法来估计经济模型并分析经济数据。

拓展阅读 1－1：计量经济学的兴起与发展

计量经济学的概念是由挪威经济学家弗里希（R. Frisch）于 1926 年率先提出并着手研究的，弗里希被公认为是计量经济学的创始人。1930 年 12 月，弗里希、丁伯根和费歌尔等在美国克利夫兰市成立计量经济学会。1933 年，弗里希在费雪的帮助下筹集资金创立了著名杂志《计量经济学》，标志着计量经济学作为独立学科正式诞生，此后弗里希担任该杂志主编长达 22 年。

计量经济学的发展和应用经历了由简单到复杂、由微观分析到宏观分析、由局部均衡分析到全局均衡分析等过程。计量经济学的产生与当时的经济背景密切相关。世界经济经历了前所未有的大萧条，特别是 1929 年的股市崩盘，这场经济危机迅速从美国蔓延到全球，造成了工业生产和国际贸易的大幅下降，以及大量企业倒闭和失业问题。这场大危机暴露了市场机制的缺陷和宏观经济政策的不足，迫切需要新的理论和方法来分析和预测经济现象，从而促进了计量经济学的发展。在 20 世纪 20 年代，传统的经济理论无法充分解释和应对经济危机，这促使学者们寻求更为科学和精确的分析工具。计量经济学的引入，为经济学提供了数学和统计学的支持，使经济理论更加贴近实际，更具有解释力和预测力。20 世纪 30 年代的计量经济学主要侧重于微观分析或个量分析，如个别生产者、消费者、家庭和厂商的经济行为分析等。20 世纪 40 年代至 70 年代，计量经济学的研究开始侧重于宏观分析或总量分析，如消费、储蓄、投资以及收入等宏观经济总量的计量分析。20 世纪 80 年代以后，计量经济学的应用更为广泛，逐渐成为改善经济计划和管理的有效工具。目前，计量经济模型被广泛应用于经济学研究的各个领域，检验经济变量中的因果关系，以模拟经济规律、解释经济现象和验证经济理论。

（二）实证研究的产生与发展

实证主义在过去一百多年演变中经历了三个阶段——19 世纪末的实证主义、20 世纪上半叶的新实证主义、20 世纪后半叶的后实证主义（曾荣光等，2018）。在各阶段的发展轨迹中，不断遭遇到其他范式的强力挑战。

实证研究产生于 19 世纪中叶培根的经验哲学以及牛顿、伽利略的自然科学研究。法国哲学家孔多塞（Condorcet，1743—1794）、圣西门（Saint - Simon，1760—1825）、孔德（Comte，1798—1857）倡导将自然科学的实证精神应用于社会现象研究中，强调从经验出发，通过程序化、操作化和定量分析手段，使社会现象研究达到精细化和准确化的水平。1830—1842 年孔德的《实证哲学教程》在巴黎陆续出版，标志着实证主义运动的开始，并在西方哲学史上形成了实证主义思潮。奥古斯特·孔德是法国著名的哲学家，社会学、实证主义的创始人，在《实证哲学教程》中提出人类思辨的发展经历了三个阶段，即神学阶段、形而上学阶段和实证阶段。在神学阶段，世界和人类命运主要通过上帝和神灵来解释；形而上学阶段使用抽象概念来解释世界；而实证阶段则实现了观念和客体的统一，详细阐述了哲学思想和实证主义的核心原则。他表示哲学不应是抽象推理，而应当采用自然科学的观察、实验和比较等方法来研究人类社会，以实证的、确实的事实为依据，探寻其发展规律。

虽然孔德最早提出“实证哲学”及“实证科学”研究，但真正影响20世纪特别是第二次世界大战后英美社会科学研究的哲学学派应属“维也纳圈”。在20世纪20年代，逻辑实证主义作为新实证主义的主要流派之一，其核心就是维也纳学派。该学派的代表人物包括石里克（Moritz Schlick）和卡尔纳普（Rudolf Carnap），他们借助现代逻辑对语言进行形式分析，试图建立形式化的人工语言和系统理论，以便更好地进行科学概念和科学陈述的重新构造。逻辑实证主义强调哲学的任务是对知识进行逻辑分析，特别是对科学语言的分析，并把所有命题区分为综合命题和分析命题两种类型，通过语言的逻辑分析消灭形而上学。它主张所有综合命题都以经验为基础，并提出可证实性或可检验性和可确认性原则。新实证主义在20世纪30年代至40年代进一步发展，莫里茨·石里克和鲁道夫·卡尔纳普将实证主义与数学原理结合起来。他们拒斥一切形而上学，强调经验实证的重要性，提出可证实性原则作为研究人类行为的正确方法，以此来瓦解传统的形而上学。黄其洪（2006）认为逻辑实证主义坚持了证实原则。

20世纪后半叶，随着对逻辑实证主义的批评和反思，后实证主义开始兴起。后实证主义认为，虽然实证主义强调了经验的重要性和逻辑分析的作用，但它忽视了社会现象的复杂性和历史性。后实证主义者试图超越逻辑实证主义的局限，强调社会现象的多元性和历史性，以及社会科学研究中的价值取向和批判性思考。它承认研究者的价值观、背景知识和理论可以影响观察和研究结果，表示认识偏见带来的可能影响，有助于实现客观性。后实证主义强调人类知识是基于猜想，这些猜想的断言是有理由的，并且可以通过一套权证来证明，注意知识和客观现实的相对可分性。陈汉文（2006）认为科学实证主义更坚持证伪原则。

卡尔·波普尔与托马斯·库恩两位学者对“后实证主义”持有两种不同的观点，并于1965年在伦敦大学同台辩论。托马斯·库恩受伦敦大学贝德福德学院（Bedford College）的邀请，在科学哲学国际研讨会上就“发现的逻辑或研究的心理学”这一主题进行演讲。伦敦经济学院教授卡尔·波普尔则被邀请担任主持人和评论员。两位学者就科学知识的性质和科学发展的过程展开了激烈讨论。波普尔的批判理性主义强调科学的客观性和理性，而库恩的观点则被认为是相对主义的，坚持认为科学知识的形成和发展受到社会、历史和文化因素的影响。尽管库恩与波普尔的同台辩论并没有达成任何定论，但他们都对科学哲学产生了重要影响，为理解科学的本质和发展提供了不同的视角。

最早将实证主义思想和方法引入经济学领域的是美国著名经济学家米尔顿·弗里德（Milton Friedman）。在他的著作《实证经济学论文集》（*Essays in Positive Economics*，1953年出版）中，强调了实证经济学的重要性，提出了著名的实证经济学研究纲领。他提出了实证经济学的方法论，主张经济学应该关注还未观察到的现象，作出有效和富有意义的预测。受其影响，实证经济研究在各个学科领域得到了显著的发展和应用。例如，20世纪60年代美国会计学者一改在会计领域中常用的规范研究法，将实证经济学的方法引入会计研究。

2021年，三位美国经济学家大卫·卡德（David Card）、约书亚·安格里斯特（Joshua

D. Angrist）、吉多·因本斯（Guido W. Imbens）共同获得诺贝尔经济学奖。瑞典皇家科学院将三人的贡献称为“实证研究的革命”，让经济学的研究更可信。约书亚·安格里斯特和吉多·因本斯凭借因果关系分析的方法论而获奖，卡德获奖则是因为他对劳动经济学的实证贡献。卡德和普林斯顿大学教授艾伦·克鲁格关于美国最低工资的研究，在经济学界产生了很大的影响。过去经济学家普遍认为，最低工资提高之后，提高了企业用工成本，将导致企业减少雇佣人数。后来，卡德和克鲁格通过对麦当劳连锁店的研究发现，在提高最低薪资后，雇佣人数并没有下降。20 世纪 90 年代之前研究是偏理论的，而包括经济学在内几乎所有的社会科学和自然科学理论都需要检验。然而，自然科学可以在实验室里做实验，经济学则比较复杂。因为在经济学世界里的经济主体（如家庭、人等）是比较特殊的，他们有自由选择权，我们不可能把人放到实验室里做实验。直到 20 世纪 90 年代掀起的可信度革命，他们提出了解决因果关系的方法，整个真实的世界俨然成为经济学的实验室。可信度革命使经济学研究的可信度得到了显著提升，让经济学研究变得更有意义。

（三）实证研究与规范研究的对比

规范研究（Normative Research）方法是一种与实证研究方法相对应的方法。规范研究主要关注规范性命题或规范问题，而实证研究主要关注实证性命题或实证问题。规范研究是指根据假设，按事物内在联系，运用演绎推理得到结论的一种研究方法，即规范研究就是从理论出发看待一个事物应该是怎么样的。它回答“应该怎样”或“应然”的问题，是一种作出判断和决策行动的方式，给出解决方案或实施标准。实证研究是一种以观察和实验为基础，通过收集和分析数据来探究现象的实际情况和规律的研究方法。它关注的是“是什么”或“为什么”的问题，即事物在现实世界中是如何存在和运作的。

规范研究与实证研究作为社会科学和经济学领域中两种不同的研究方法，它们在研究问题、研究目的、研究方法和研究结论上存在明显差异。

1. 研究问题

任何研究都需要首先阐述研究背景、问题和动机，研究的动机越强烈，说明研究问题越迫切。规范研究回答“应该怎样”或“应然”的问题，通常涉及“应该”“最好”“必须”等词汇。经济学中的规范研究问题更关注如何实现特定的社会目标或改善经济行为和政策，例如，经济学的“应如何设计税收系统，以实现公平和效率的平衡?”等。这些规范研究问题往往需要经济学家运用理论分析、道德哲学、经验数据和政策评估等工具来探讨和提出解决方案。

实证研究致力于探索“是什么”“为什么”的问题，通常涉及“是什么”“如何”“为什么”等词汇。经济学中的实证研究问题主要关注对经济现象的观察、测量和分析，以验证经济理论或评估经济政策的效果。例如，“数字经济为什么会对制造业高质量发展产生影响”“交通基础设施投资如何影响区域经济发展和环境质量”等。

2. 研究目的

规范研究旨在探讨应该如何，关注理想状态、价值判断和道德规范。它注重价值判断，研究者会基于某些价值观或标准来评估现象。而实证研究旨在描述是什么，关注现实世界的事实、现象和规律。它的研究目的在于发现事实、模式和关联，并通过量化分析来验证或建立理论，力求价值中立，避免价值判断，强调事物的客观性和科学性，专注于描述和解释现象。实证研究的运用可以提供决策依据和预测未来趋势，以验证经济理论或评估经济政策的效果。

3. 研究方法

规范研究通常采用演绎推理，更多依赖理论分析、道德哲学和逻辑推理，从一般原则或价值观出发，推导出具体情境下的行为准则或标准。规范研究不依赖经验数据，而实证研究则以数据为中心，强调科学性。实证研究通常依赖定量数据和统计分析方法，如回归分析、时间序列分析、面板数据分析和自然实验设计等。通过这些方法，经济学家可以测试假设、评估因果关系并为政策制定提供依据。

4. 研究结论

规范研究一般是基于一定的价值观和标准提出建议或规范，得到的结论往往主观性较强，也一般难以进行检验。它的研究结论也会受到不同价值观的影响，即对同一事物持不同价值标准的人会得出不同甚至完全相反的评价和结论。而实证研究的内容具有较强的客观性，所得出的结论可以通过事实来检验，一般不以人的意志为转移。它提供了对现象的解释、预测或相关性分析，常用于解释现象、预测结果、评估政策效果和指导实践操作。

拓展阅读 1-2：规范研究与实证研究示例

（1）典型规范研究——高培勇，袁富华，胡怀国，刘霞辉．高质量发展的动力、机制与治理［J］．经济研究，2020，55（04）：4-19.

研究问题：应该如何激发高质量发展的动力？应该如何进行高质量治理？

研究目的：立足于整体发展观，对经济、社会和治理结构高质量的特征及其关联进行分析，探讨应该如何推动以经济建设为中心的工业化理念转变，以及实现经济发展服务于社会发展。

研究方法：采用演绎推理，立足于整体发展观，基于中国以经济建设为中心的发展观形成历程，论证“经济、社会和治理结构高质量的特征及其关联”。

研究结论：高质量发展是一个总括性理念，经济高质量是社会高质量和治理高质量的输出。中国迈向发达国家的核心经济机制在于要素质量升级和创新，但需要社会高质量和制度高质量作为前提。经济高质量的基础是知识中产群体扩大再生产，通过就业能力提升和消费结构升级，知识中产群体充当经济高质量与社会高质量的纽带，也是决定要素质量升级的关键环节。以经济发展服务于社会发展为导向，加强就业保护和社会保障建设，同时国家应将关乎国家命运的战略部门——农业和医疗卫生部门——纳入公共安全体系建设。

（2）典型实证研究——黄勃，李海彤，刘俊岐，等．数字技术创新与中国企业高质量发展——来自企业数字专利的证据［J］．经济研究，2023，58（03）：97－115.

研究问题：数字技术创新会赋能企业高质量发展吗？数字技术创新为什么能赋能企业高质量发展？

研究目的：刻画数字技术创新水平和企业高质量发展水平，探究数字技术创新对企业全要素生产率的影响，不仅可以为数字技术赋能实体经济发展的理论机制提供证据支持，也可以为我国促进企业数字技术创新和推动企业高质量发展提供有益启示。

研究方法：以2008—2020年A股上市公司为研究样本，通过文本分析方法识别数字专利以度量企业数字技术创新水平，构建企业数字技术创新水平的度量指标，并利用全要素生产率刻画企业高质量发展水平，探究数字技术创新对企业全要素的影响，以及其中的作用机理与异质性影响因素。

研究结论：数字技术创新显著促进了企业全要素生产率提升，赋能中国企业高质量发展，这一结论在控制内生性因素和进行稳健性检验后依然成立。在作用机制方面，数字技术创新发挥了管理赋能、投资赋能、营运赋能与劳动赋能功能，有助于企业降低内部管控成本，提高投资决策质量与资产营运效率，改善劳动力资源结构，从而推动企业全要素生产率增长。进一步分析发现，完善的知识产权保护体系与数字基础设施将会增大数字技术创新对企业生产率的积极影响；同时，对于高新技术企业以及劳动密集型企业，数字技术创新的生产率效应更为显著。此外，底层技术与实践应用层面的数字技术创新对企业生产率均有提升作用。

第二节　实证经济分析的研究过程和步骤

本节将介绍实证经济分析的研究过程和步骤，讨论如何展开科学可靠的实证研究。实证经济分析的一般过程主要包括以下五个步骤：提出研究问题、文献检索与回顾、数据收集、模型构建与实证检验、分析和解释结果，如图1－1所示。

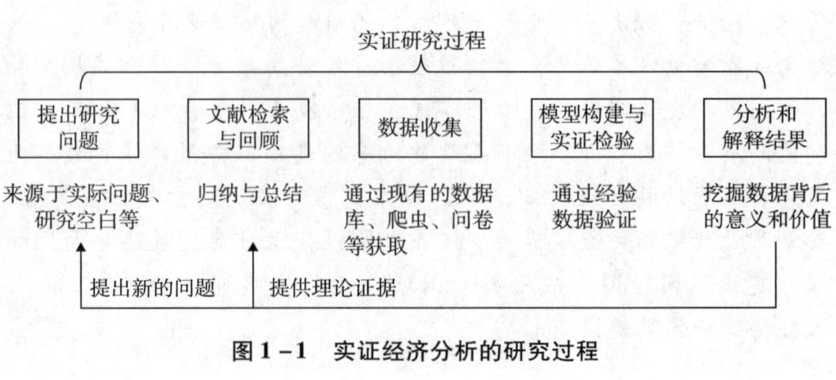

图1－1　实证经济分析的研究过程

（一）提出研究问题

实证研究的第一步是明确和提出研究问题。正如爱因斯坦所说，提出一个问题往往比解决一个问题更为重要，因为解决问题也许只需要数学上或实验上的技巧；而提出新的问题、新的可能性，从新的角度看旧问题，则需要创造性和想象力。如果没有明确的问题和分析目标，研究就无从下手。如果在问题尚未明确和想法尚未成熟之时就开始收集资料，往往会事倍功半。这是因为在没有明确问题、阐述假设和设计模型的情况下，很可能会遗漏某些重要变量的信息，或是从错误的总体中取样，甚至收集错误时期的数据。

一个好的研究问题应当是有趣的、有意义的，并且是可行的。根据 Chow 和 Harrison（2002），一个研究问题之所以有意义，通常要符合以下两类标准之一，或兼而有之：第一类标准，该研究问题能够解决现实世界的问题；第二类标准，该研究问题对文献或知识体系具有重要影响。

细化第二类标准，可以从三个维度展开：

（1）填补了重大空白，或发展了现有理论；

（2）发现了非常突出的结论、新颖的结果或意外的结果；

（3）解决了难以解决的问题，或引入新的技术或程序。

不管是哪个评价标准，均强调了一个好的研究问题必须要有一定的贡献。这种贡献可能体现在利用了新的数据、以新的视角为切入点、基于新的研究方法等，拓展了人们对某些现象或问题的理解，或者纠正了人们对某些现象或问题的误解。如何提出符合上述标准之一的研究问题，并没有统一的规则和方法。可以尝试通过以下方法和途径寻找研究问题：

首先，密切追踪相关文献并进行批判性评价，寻找研究空白，着重关注不同文献中多次提到的未来研究方向。

拓展阅读 1－3：从重商主义到古典自由主义再到凯恩斯主义

16—17 世纪流行的重商主义，主张国家应积极干预经济生活，通过关税、补贴、垄断等手段保护本国产业和市场。他们认为政府应通过保护关税政策来奖励出口、限制进口，以实现贸易顺差。1776 年，亚当·斯密在《国富论》中对重商主义进行了深刻的批判，提出“看不见的手”和政府“守夜人”思想，树立起自由贸易思想。他认为在自由市场经济中，价格机制能够反映商品和服务的供求关系，从而引导资源向最需要它们的地方流动。这种机制使得资源能够被有效地利用，满足社会的需求。1936 年，英国经济学家凯恩斯出版《就业、利息与货币通论》，抨击了古典自由主义的经济思想。他认为，市场并不总是能够自我调节并达到充分就业和经济稳定，因此政府干预是必要的。这需要通过货币、税收以及公共支出等手段来调节总需求，以促进经济增长和稳定。该观点与主张“自由放任”的古典自由主义完全相反，于是被称为“凯恩斯主义革命”。

其次，紧跟现实世界的实际问题，通过浏览财经新闻、政府文件等来明确研究问题。财经新闻和政府文件中经常报告一些重要的经济新闻、管理问题、经济趋势等，这些往往蕴含值得探讨的研究问题。例如，随着数字货币的兴起，研究其对传统金融体系的影响、监管挑战和政策建议是一个重要的议题。

最后，与专业领域中专家或同行进行交流合作。很多学者表示，与专业领域中的专家或同行进行交流合作可以相互促进和启发，实现各种技能的互补和优势资源的共享，进行思想碰撞，激发一些新的研究思想和方向。

（二）文献检索与回顾

文献检索与回顾是学术研究中的重要步骤，它有助于研究者了解某一领域的研究现状、理论发展和研究趋势。所有的研究都是建立在前人研究的基础之上进行深化和拓展的，几乎无人能在尚无前期研究成果的基础上展开分析，尤其是学生。这是因为一个研究领域或方向无人进行研究，要么是毫无意义，要么是无法进行深入研究。

文献检索与回顾的目的主要有：（1）了解特定主题或领域的历史背景、发展过程和当前状态，为研究提供基础；（2）发现现有研究中未被充分探讨的问题或领域，为研究者提供新的研究方向和机会；（3）获得支持或反驳假设的数据和证据，增强研究的说服力；（4）了解已有的研究成果，避免重复他人的工作，提高研究的原创性和价值。因此，当研究者进行文献检索与回顾时，需带着问题进行阅读。如目前哪些内容是已知的？关于该主题到目前为止已经发现了什么？还有哪些问题值得探讨？

根据研究问题，在合适的数据库和资料中通过关键词检索，获取与选题相关的文献，包括中文文献和外文文献。目前，中文数据库主要是中国知网、万方、维普，外文数据库主要有 EBSCO、Elsevier、Web of Science、SpringerLink、Wiley、ProQuest 等。具体检索步骤，登录学校图书馆——数据库导航——中国知网等数据库检索页面。在搜索栏输入英文或中文关键词，点击“搜索”即可，如图 1－2 所示。研究者还可以通过限定显示期刊、出版时间缩小范围，通过高级搜索来进行更精确的搜索。

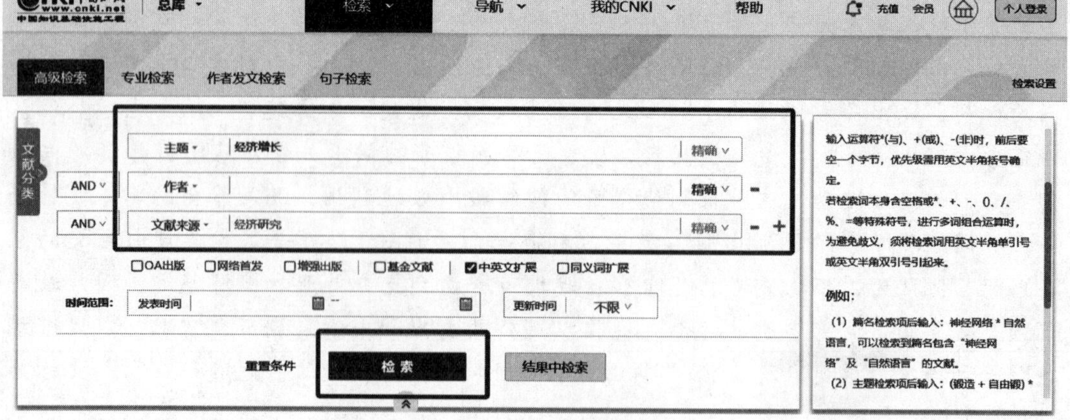

图 1－2　知网检索页面

在阅读文献时，记录关键信息，如作者、出版年份、研究方法、主要发现和结论。这些信息可以为您的研究提供坚实的理论基础和背景支持，还有助于研究者在撰写文献综述时引用和讨论。

（三）数据收集

研究问题的实证分析是否可行，数据是整个实证研究的基础条件。只有研究者能够收集到相关数据，并运用相应的统计与计量方法来进行证伪或证实，实证分析才具有可行性。没有数据，研究就成了“无米之炊”。对硕士或博士研究生而言，在选择研究问题的时候，必须确信现有的数据来源足以让其在指定的时间内回答该研究问题。随着信息技术和数据库的发展，数据的来源越来越多样化。研究者可以通过现有的数据库来获取数据，也可以通过手工或计算机技术（爬虫等）从公开的纸质或电子文档中收集数据，还可以通过设计问卷、进行试验或实地调研来获取数据。

经济学学科的研究者必须熟悉经济学相关的各种数据库。研究者需对常用的数据库有一个基本的了解，常用的有中国统计年鉴、长江经济带数据库、国泰安数据库、万德金融数据库、中国海关数据库、中国工业企业数据库、世界银行数据库、国际货币基金组织（IMF）数据库、中国研究数据服务平台、色诺芬数据库、incoPat 专利分析数据库、锐思数据库、同花顺金融数据库、巨灵数据库等。这些数据库囊括了宏观层面、省市层面、行业层面、企业层面的经济、金融、财务等相关信息。无论是从已有数据库中获取的数据，还是自行收集的数据，在进行统计与计量经济分析前都要仔细检查，熟悉其结构和表达。

研究者在收集数据时还需要确定数据的准确性。准确的数据是确保研究结果有效性和可靠性的基础。没有准确的数据，研究结论就不可能可靠，也无法提供更科学、更客观的结论与建议。数据收集的注意事项包括：遵守伦理规范，即在收集数据时，需要尊重参与者的隐私和权利；考虑数据的代表性，确保样本能够代表研究总体；透明度，研究方法和数据来源应清晰透明，便于验证和复制；数据安全，保护数据不被泄露或滥用，等等。

（四）模型构建与实证检验

实证模型是经济学及其他社会科学领域中用于分析数据和检验假设的统计模型。研究者应根据研究问题和数据类型，选择合适的统计方法，包括描述性统计、回归分析等。描述性统计分析是指对收集的数据进行加工处理和显示，进而通过综合、概括与分析得出反映客观规律性的数据特征。常常通过图表的形式，分析数据的集中趋势（众数、中位数、分位数和均值），离散程度（异众比率、四分位差、方差和标准差），以及偏态和峰态。这可以获得关于数据的直观印象，以及关于变量特征、变量之间简单关系的判断。

在实证研究中，研究者将基于计量经济分析技术建立相应的模型，进行统计与估计，以检验经济理论或解释经济现象。实证模型构建或设定不当会影响研究结果的准确性和可靠性，以下是一些常见的原因：（1）变量选择不当。即未能包括所有重要的解释变量，存在遗漏变量的问题，或引入无关因素与噪声。（2）模型形式错误。例如，错误地假设变量之间存在线性关系，而实际情况可能更为复杂，未能考虑变量间的非线性关系等。（3）数据不适当。使用了不适合当前模型的数据，如使用时间序列数据进行横截面分析，或数据存在多重共线性等问题。

最常用的统计方法是建立多元回归模型，并采用普通最小二乘法（OLS）进行估计。但是，被解释变量并非都是连续变量，有时被解释变量是离散的，如企业有无出口行为等。这种情况通常不宜采用 OLS 进行回归，建议使用二值选择模型（Probit）或多值选择模型（Logit）。许多研究关注到各省之间的互动关系，即各省经济有着密切的联系，此时运用空间计量模型是更为适合的。DID 方法常用于评估政策变化的影响，如税收政策、教育政策、健康政策等，需要处理组和控制组在干预前后的数据。

（五）分析和解释结果

分析和解释结果是研究过程中至关重要的一步。这需要研究者基于研究问题和目的，对实证结果进行深入分析和挖掘，从而发现数据背后的意义和价值。论文中的实证结果直接反映了研究的数据和分析过程，因此在呈现实证结果时应该尽可能准确和清晰，有助于理解数据背后的趋势、模式和因果关系。研究者根据实证结果，解释模型参数的经济意义和统计显著性，讨论它们对研究假设的支持或反驳，说明变量之间的关系等。

在实证研究中，许多研究生或博士生经常把计算机得出的经验性结果当作研究过程的最终结果。实际上，实证结果只是论文中的一部分，解释分析则是对实证结果进行进一步解读和分析的过程。研究者对这些结果的解释可能比获得数据的过程更具挑战性和重要性。首先，通过解释分析，可以阐明实证结果与研究问题、假设或理论之间的关系，从而使读者对研究的价值和影响有更深入的认识。其次，解释分析可以通过中介分析、调节机制检验结果等，揭示研究问题的更多细节和提供深层次的理解，帮助读者深入了解实证结果背后的潜在机制。最后，解释分析不仅是对实证结果进行解释，还能为学科的发展提供启示。研究者可以展示自己对于研究问题的深刻思考，并为后续研究提供理论和实证的基础。

在分析和解释结果过程中，研究者需回答以下几个问题：对研究假设进行经验检验的结果是什么？它们与理论的预测一致吗？从结果能得出什么结论？它们与之前的研究相比结果如何？有什么启示等？在实际操作中，研究者常见的问题有：（1）夸大或缩小研究结果；（2）对统计结果的过度解读或简化；（3）过度要求支持研究假设。其实，即使结果拒绝了研究假设，仍可以是一个高质量的研究。研究的本质在于探索和验证理论，而不仅仅是为了得到支持研究假设的结果。当研究结果不支持预期的假设时，它可以提供新视角和思考，引导研究者发现新的研究问题或者研究方向。

值得注意的是，上述五个步骤并不是一蹴而就的，而是需要经历反复循环的过程，研究者可能在任何一个步骤停止，并返回到上一个步骤或者前几个步骤。事实上，研究者在进行经济实证分析的时候要不断深化对问题的认识，不断修正研究问题、改善研究思路与方法。学术研究与实验训练最大的区别也在于学术研究是不断的探索，需要在这些步骤中不断循环，而实验训练通常是按照五个步骤逐一进行。

第三节 经济数据的结构形式

经济数据的结构通常指的是经济数据的组织和分类方式，以及如何通过不同的维度数据来分析经济现象。接下来，本节将阐述在实证分析研究中经常遇到的三种重要的数据结构。

（一）横截面数据

横截面数据（Cross - Sectional Data）是一种观察数据的类型，它在某一特定时间点上捕捉并记录不同个体或单位的特征和行为，即在给定时间点对个人、家庭、企业、城市、州、国家或各种其他单位采集样本所构成的数据集。数据可能来自问卷调查、普查、行政记录、数据库等，通常是基于一次性的调查或观察，而不是连续的跟踪调查。这种数据类型在经济学、社会科学、医学研究等领域中非常常见。例如，一个国家的人口普查数据就是一个典型的横截面数据集，它在某一特定时间点记录了该国居民的年龄、性别、职业、收入等信息。通过分析这些数据，研究者可以了解不同人群的特征和差异。

值得注意的是，在一个纯粹的横截面分析中，我们可以忽略数据搜集中细小的时间差异。例如，在一个月中的不同时间段观测若干个家庭的具体情况。虽然一系列家庭都是在同一月份的不同星期被调查的，但我们仍视之为横截面数据集。横截面数据的局限性体现在：由于缺乏时间序列的变化，该数据无法直接用于分析动态变化过程。

（二）时间序列数据

时间序列数据（Time Series Data）是一种按照时间顺序记录的数据类型，由对一个或几个变量不同时间的观测值构成，通常用于分析随时间变化的趋势、季节性模式、周期性波动等。由于过去的事件可以影响未来的事件，而且行为滞后在社会科学中又相当普遍，所以时间是时间序列数据集中的一个重要维度。与横截面数据的排序不同，时间序列对观测值按时间先后排序，也传递了潜在的重要信息。经济时间序列数据表现出很强的季节性趋势，在经济学、金融学、气象学、环境科学等多个领域都有广泛应用。例如，一个国家的国内生产总值（GDP）数据就是一个典型的时间序列数据，它观测了某一个国家在某一时间段国内生产总值的变化情况。通过分析这些数据，研究者可以了解一国国内生产总值的变化趋势和发展情况。

时间序列数据另一个需要特别注意的特性是收集数据的数据频率（Data Frequency）。

数据按照时间顺序排列，可以是连续的（如每小时、每天）或离散的（如每月、每年）。在经济学中，最常见的频率是每天、每周、每月、每个季度和每年。金融领域中关于股票价格的研究主要是以天为时间单位进行记录。宏观层面的数据记录频率较低，一般都是每个季度、每半年或者每年报告一次。

时间序列分析常用于预测未来的数据点，如经济指标预测、股票价格预测等，常用的分析方法包括移动平均、指数平滑、自回归模型、移动平均模型、自回归移动平均模型、自回归积分滑动平均模型等。时间序列分析通常通过折线图、柱状图或面积图进行可视化，以展示随时间的变化趋势。

（三）面板数据

面板数据（Panel Data），也称为纵向数据（Longitudinal Data），是一种特殊的数据类型，它结合了时间序列和横截面数据的特点。面板数据记录了多个个体（如个人、家庭、企业、国家等）在多个时间点上的特征和行为，允许研究者观察各个个体随时间的变化。例如，我们可以在中国统计年鉴中收集到不同省份或地区在各年的经济增长率、投资、教育水平和政府支出等数据；劳动力调查每年对同一群体进行调查，收集一国居民的就业状态、收入水平、教育背景等信息，这样的数据集就是一个典型的面板数据集。通过分析这些数据，研究者可以了解劳动力市场的变化趋势、教育对收入的影响等。面板数据适用于分析个体行为和特征的动态变化和因果关系，如经济增长、健康变化、消费模式等，被应用于经济学、社会学、人口学、健康科学、环境科学等领域。

面板数据有别于混合横截面数据的关键特征是，同一横截面数据的数据单位（个人、企业或县）都在给定的时间段内被跟踪。由于面板数据要求对同一个体的不同时期进行重复观测，所以要得到面板数据（特别是那些个人、家庭和企业的数据），比得到时间序列数据、横截面数据更加困难。考虑到可以观察到同一个体在不同时间的变化，面板数据更多用于推断因果关系。这是因为对同一单位的多次观测，使我们可以控制个人、企业等观测个体某些观测不到的特征，而只观测一个横截面较难推断因果关系，推断结果有偏。面板数据包括平衡面板（所有个体在所有时间点都有数据）或非平衡面板（某些个体在某些时间点缺少数据），可以运用固定效应模型控制个体不观测异质性，提高估计的准确性。面板数据常用的分析方法包括固定效应模型、随机效应模型、差分模型、事件研究方法等。

经济数据还可以根据其他层面和标准进行分类，主要包括：

1. 按数据性质分类

定量数据主要用于测试假设和量化关系，通常以数字形式表示，如 GDP、通货膨胀率、失业率。它主要依赖统计和数学分析，被认为更可靠和可重复。而定性数据主要用于探索和理解现象，依赖文本分析和解释，如消费者满意度、生活质量。它通常是描述性或主观性的数据，更依赖研究者的解释和判断。在许多研究中，定量数据和定性数据常常结合使用，以获得更全面的见解。

2. 按数据来源分类

一手数据是指直接从数据源收集的数据，没有经过任何中间处理或分析。一般直接来源于研究对象，如调查问卷、实验、观察等。相对而言，收集一手数据通常成本较高，需要时间和资源投入。二手数据是指不是直接从研究对象收集的，而是从现有的数据源获取的，那些已经由其他研究者或组织收集并分析过的数据。相对而言，二手数据成本较低，因为不需要从头开始收集数据，比较容易获取。许多数据可以通过公开数据库、出版物或数据共享平台获取，如人口普查数据、统计年鉴等。在实际研究中，研究者可能需要根据研究目的、资源和时间等因素，选择使用一手数据、二手数据，或者两者的结合。

3. 按数据覆盖范围分类

宏观经济数据涉及整个经济体的总体情况，反映经济的总体趋势和表现，如 GDP、贸易平衡。微观经济数据则关注个体经济单位的行为和决策，以揭示个体层面的经济特征，如家庭、企业、消费者等。

一些学者将数据覆盖范围进一步细化，可以分为：全球数据、国家数据、地区数据、城市数据、县级数据、行业数据和企业数据等。全球数据涵盖整个世界的数据，通常由国际组织如联合国、世界银行、国际货币基金组织（IMF）等收集和发布；国家数据涵盖单一国家的数据，通常由国家统计机构、中央银行或其他政府部门收集；地区数据涵盖特定地区或地理区域的数据，可以是国家内部的地区或跨国区域；城市数据涵盖单一城市或城市群的数据，通常由地方政府或城市管理部门收集；县级数据涵盖较小的行政区划，如县或乡镇的数据，通常由地方政府或地方统计机构收集；行业数据涵盖特定经济行业的数据，包括制造业、服务业、金融业等；企业数据涵盖单一企业或公司的数据，通常由企业自身或通过财务报告披露；家庭和个人数据涵盖家庭或个人层面的数据，通常通过调查或行政记录收集。

4. 按数据频率分类

年度数据是指按年度收集和报告的数据，数据通常较为稳定，适合进行长期比较和预测；季度数据是指按季度收集和报告的数据，适合分析中期趋势和季节性变化；月度数据是指按月收集和报告的数据，数据每月更新一次，能够捕捉更频繁的经济活动和市场变化；每日数据是指按日收集和报告的数据，能够捕捉短期内的市场和经济变化；即时数据是指在一天内实时收集和报告的数据，有时也称为日内数据或实时数据，能够提供市场和经济活动的即时信息，适合需要快速反应的决策。

第四节　经济学领域学术期刊

学术研究的重要成果通常会发表在学术期刊上。想要快速了解经济学领域的前沿研究，可以阅读这些经济学领域主要学术期刊上发表的学术成果。本节先介绍国际上的主要学术期刊，然后介绍国内的主要学术期刊，让读者对经济学领域的期刊有一个基本的了解。在这里，由于篇幅限制，我们主要选取比较有代表性的期刊进行概要描述，主要包括学术期刊的基本出刊信息、风格特点与通常的评价级别。

（一）了解学术期刊的重要性

从研究学者的角度看，能够在重要或有影响力的专业领域学术期刊上发表自己的研究成果，是一件非常重要的事情。这不仅有助于提升自己的学术影响力，也有助于研究者的教职晋升和获取科研奖励等。因此，识别本研究领域内的重要或有影响力的主要学术期刊，并在上面发表学术成果，对于研究学者而言无疑是至关重要的。此外，本研究领域内的重要或有影响力的主要学术期刊一般都刊发专业领域最新研究成果，以便学者快速感知或者了解当前研究前沿。

从学生的角度看，领域内的国内外学术期刊给学生提供了解专业领域知识的渠道。学生们可以按照自己感兴趣的期刊、专题和学者等进行自由选择。但是，学术论文质量存在较大差异，而学生的学习时间和精力有限，在大量学术文献中筛选出自己感兴趣、想要的高质量研究成果成为难题。因此，在不违背兴趣的前提下，选择更加重要或更有影响力的学术期刊，可以在合理的时间内以更高的概率阅读到重要的研究成果。

综合类期刊和专门领域期刊是学术出版的两种主要类型，综合类期刊适合那些具有广泛吸引力和跨学科影响的研究，而专门领域期刊则聚焦于特定的学科、子学科或研究主题，内容更为深入和专业化。两者之间的选择取决于研究的学科领域、研究的深度和广度、目标读者群体以及研究者希望传达的信息类型。不同期刊的出版单位并不相同，通常学术期刊的创办机构有两类：一类是国家或地区的经济学会或其他学术团体；另一类是大学的相关专业院系（包括不同大学的志同道合的学者及院系联盟）。出版单位的不同会影响期刊的学术声誉、读者群体、出版标准和审稿流程。

不同期刊的出版频率也不同，在经济学领域，学术期刊的出版频率从每年 12 期（月刊）到每年 1 期（年刊）不等，较为普遍的频率是每年 4 期（季刊）、6 期（双月刊）和 12 期（月刊）。即使是同一份期刊，在创刊初期往往受到知名度和高质量稿源的限制，出版频率也较低，而随着期刊影响的不断扩大和高质量稿源的不断增加，期刊的出版频率和每期版面都会相应增加。此外，不少期刊会举办期刊的学术年会或主题会议，入选的论文将刊登在增刊中或者会议论文集中。研究者在选择发表渠道时，应考虑其研究的定位和目标受众，以及期刊的出版频率、学术声誉、影响力和出版伦理等。

（二）国际的部分学术期刊

经济学领域较好的国际学术期刊以社会科学引文索引（Social Sciences Citation Index，SSCI）期刊为主，也有部分科学引文索引（Science Citation Index，SCI）期刊欢迎经济学论文。事实上，SSCI 和 SCI 期刊的数量非常多，包含的研究内容也十分广泛，本部分介绍几本经济学领域认可度最高的期刊，这应该作为经济学研究者一直追踪和学习的期刊（见表 1－1）。

表 1-1　　经济学重要国际学术期刊

<table>
<tr><th>期刊</th><th>期刊介绍</th><th>JCR 分区</th></tr>
<tr><td>The American Economic Review
（ISSN：0002-8282）
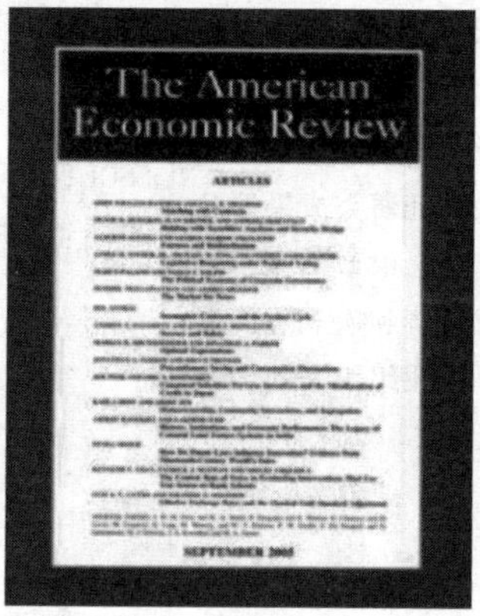
</td><td>《美国经济评论》是一本综合性经济学期刊，成立于 1911 年，是美国历史最悠久、最受尊敬的经济学学术期刊之一。该期刊每年出版 12 期，刊登有关广泛主题的文章。每期发表论文 10 篇左右，只录取高质量的论文成果。</td><td>SSCI 1 区
2023 年影响因子：10.5</td></tr>
<tr><td>The Quarterly Journal of Economics
（ISSN：0033-5533）
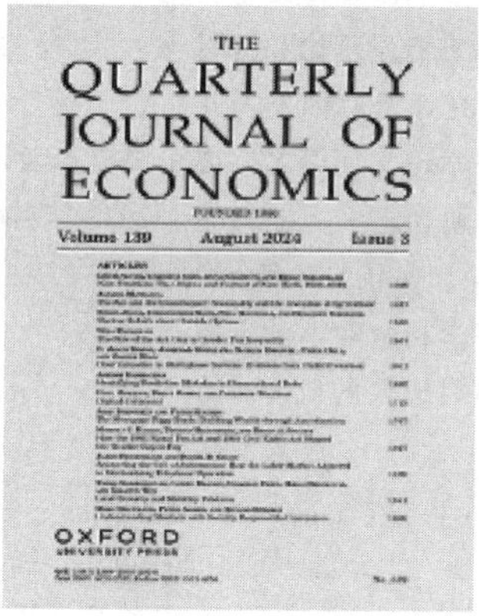
</td><td>《经济学季刊》是英语中历史最悠久的经济学专业期刊。该期刊由哈佛大学经济学系编辑，涵盖该领域的各个方面。《经济学季刊》对世界各地的专业和学术经济学家和学生来说都是无价之宝。每期发表论文 12 篇左右。</td><td>SSCI 1 区
2023 年影响因子：11.1</td></tr>
<tr><td>Econometrica（ISSN：0012-9682）
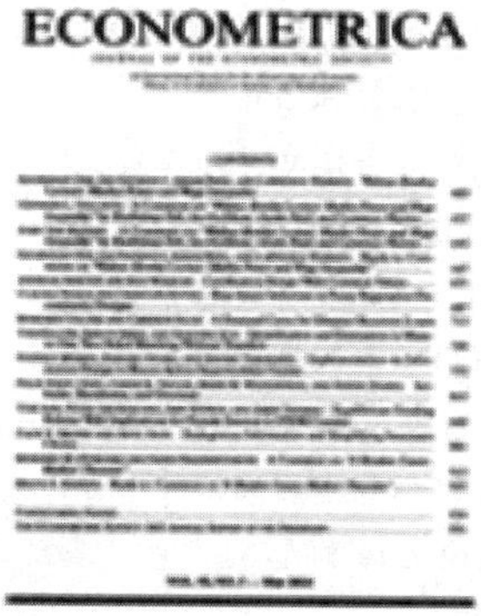
</td><td>Econometrica 是一本计量经济学期刊，刊登经济学各个分支领域的原创文章，涵盖理论和实证、抽象和应用，涵盖整个学科领域。它提倡旨在统一理论定量和实证定量方法以解决经济问题的研究，并渗透建设性和严谨的思维。它每年探索一系列独特的主题，从许多新兴重要领域的理论发展前沿，到当前应用经济问题的研究，再到计量经济学方法创新、理论和应用研究。双月刊，每期发表论文 18 篇左右。</td><td>SSCI 1 区
2023 年影响因子：6.6</td></tr>
</table>

续表

期刊	期刊介绍	JCR 分区
Journal of Political Economy （ISSN：0022－3808） 	《政治经济学》杂志是经济学领域历史最悠久、最负盛名的期刊之一，它提供了经济理论和实践方面的重要学术成果。该杂志发表的分析、解释和实证研究成果涉及多个领域，包括货币理论、财政政策、劳动经济学、发展、微观经济和宏观经济理论、国际贸易和金融、产业组织和社会经济学。月刊，每期发表论文 8 篇左右。	SSCI 1 区 2023 年影响因子： 6. 9
The Review of Economic Studies （ISSN：0034－6527） 	《经济研究评论》由一群年轻的英美经济学家于 1933 年创办，旨在鼓励理论和应用经济学研究。《经济研究评论》因发表开创性的理论和应用经济学论文而闻名，被公认为五大核心经济学期刊之一。自 1989 年以来，《经济研究评论》每年 5 月都会举行会议，为年轻的经济学和金融学学生提供向欧洲观众展示其研究成果的机会。每期发表论文 16 篇左右。	SSCI 1 区 2023 年影响因子： 5. 9
Journal of Environmental Economics and Management （ISSN：0095－0696） 	《环境经济与管理》（JEEM）杂志发表与自然资源和环境相关的经济问题的理论和实证论文。感兴趣的主题包括：环境政策设计和工具选择；非市场估值方法及其在新的政策相关环境中的应用；企业、政府官员和机构、非营利组织、家庭或个人的环境行为；可再生和不可再生资源管理和政策，如渔业、林业和化石燃料的经济学；气候变化；环境和资源经济学与发展经济学交叉的主题。每期发表论文 14 篇左右。	SSCI 1 区 2023 年影响因子： 5. 5

续表

期刊	期刊介绍	JCR 分区
China Economic Review （ISSN：1043－951X） 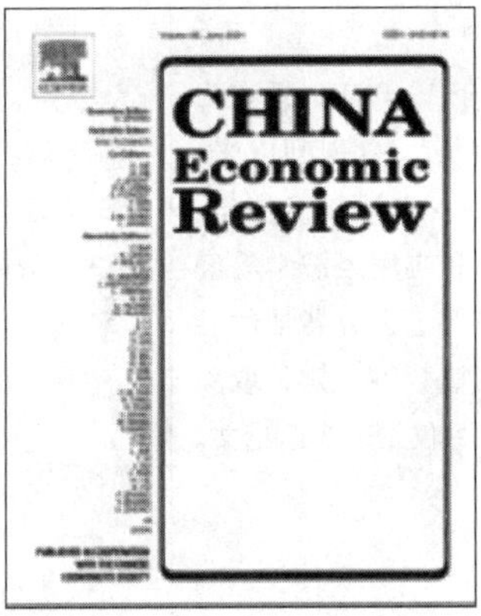	《中国经济评论》是中国留美经济学会的官方期刊，发表有关中国经济及其与世界经济关系的原创研究论文。寻求的主要是有关中国经济的制度变迁、政策和绩效的定量分析论文，鼓励将中国的发展进程与其他国家的发展进程进行比较的研究。每期发表论文 10 篇左右。	SSCI 1 区 2023 年影响因子：5.2
Journal of Development Economics （ISSN：0304－3878） 	《发展经济学》杂志发表与经济发展各个方面有关的原创研究论文——从当前的政策问题到欠发达的结构性问题。重点是定量或分析工作，这些工作新颖且相关，该杂志不发表书评。欢迎那些探讨发展经济学中引起杂志一般读者兴趣的问题，然后使用特定国家或地区的数据来回答这些问题的论文。双月刊，每期发表论文 12 篇左右。	SSCI 1 区 2023 年影响因子：5.1
Journal of Public Economics （ISSN：0047－2727） 	《公共经济学》杂志旨在鼓励对公共经济学问题作出原创性科学贡献，特别强调应用现代经济理论和定量分析方法。它为国际读者提供了一个讨论公共政策的论坛。自 2021 年 4 月起，未经请求的新稿件的提交费为 165 美元，学生的提交费为 82.50 美元。每期发表论文 14 篇左右。	SSCI 1 区 2023 年影响因子：4.8

续表

期刊	期刊介绍	JCR 分区
International Economic Review （ISSN：0020－6598） 	《国际经济评论》创刊于 1960 年，旨在为现代量化经济学提供论坛。自创刊以来，该期刊一直致力于通过发表计量经济学、经济理论、宏观经济学和应用经济学等经济学领域的前沿论文来促进世界各地的经济研究。每期发表论文篇数不一定，取决于稿件质量，2024 年 6 月仅发表 3 篇论文。	SSCI 2 区 2023 年影响因子：1. 5

（三）国内的部分学术期刊

经济学领域较好的国内学术期刊主要是中文社会科学引文索引（Chinese Social Sciences Citation Index，CSSCI）期刊。作为经济学研究者，必须要扎根中国大地进行学术研究，从中国经济社会发展的生动实践中提炼学术问题，升华经济学理论，这些成果可以在国内相关学术期刊上发表，加速促进中国经济学理论的发展。本部分介绍一些国内经济学权威期刊，应该作为经济学研究者追踪和学习的重点期刊（见表 1－2）。

表 1－2　　　　经济学重要国内学术期刊

期刊	期刊介绍	期刊评价
	《经济研究》创办于 1955 年，是综合性经济理论类期刊，由中国社会科学院经济研究所主办，中国社会科学院主管。本刊致力于发表关于中国特色社会主义经济建设事业中重大现实问题的高水平理论研究类文章，为构建中国特色经济学学科体系、学术体系、话语体系而努力。每期发表论文 10 篇，录用率极低。	CSSCI （2023 版）复合影响因子：20. 288 （2023 版）综合影响因子：15. 382

续表

期刊	期刊介绍	期刊评价
	《管理世界》是国务院发展研究中心主管、主办的经济类管理类学术期刊，1985 年创刊。《管理世界》致力于研究中国问题，讲好中国故事，构建有中国特色、中国风格、中国气派的学科体系、学术体系、话语体系，研究我国经济社会发展中的重大现实问题。月刊，每期发表论文 12 篇。	CSSCI (2023 版) 复合影响因子：31. 204 (2023 版) 综合影响因子：22. 55
	《中国社会科学》是中国社会科学院主办的综合性哲学社会科学杂志，主要发表哲学社会科学前沿研究成果，包括马克思主义理论、哲学、经济学、政治学、法学、社会学、历史学、教育学、文学、语言学等学科以及跨学科研究的论文、调研报告、学术综述等，被学术界誉为中国最高水平的综合类人文社会科学期刊。月刊，每期发表论文 10 篇。	CSSCI (2023 版) 复合影响因子：14. 9 (2023 版) 综合影响因子：11. 783
	《中国工业经济》期刊创办于 1984 年，是中国社会科学院主管、中国社会科学院工业经济研究所主办的学术性期刊。《中国工业经济》以工业经济和工商管理为主要内容，主要栏目有形势与展望、国民经济运行、产业经济、经济体制改革、企业经营与管理、书评等。月刊，每期发表论文 10 篇。	CSSCI (2023 版) 复合影响因子：24. 929 (2023 版) 综合影响因子：18. 213

续表

<table>
<tr><th>期刊</th><th>期刊介绍</th><th>期刊评价</th></tr>
<tr><td>
</td><td>《数量经济技术经济研究》创办于 1984 年，由中国社会科学院主管，中国社会科学院数量经济与技术经济研究所主办。本刊以“引领学术前沿、聚焦重大问题，促进交叉融合、服务国家战略”为办刊理念，发表经济管理领域的原创性学术论文，涉及宏观经济、发展战略、政策评估、科技创新、数字经济、绿色低碳、模型方法等重要领域。月刊，每期发表论文 10 篇。</td><td>CSSCI
（2023 版）复合影响因子：13. 176
（2023 版）综合影响因子：9. 157</td></tr>
<tr><td>
</td><td>《经济学（季刊）》由北京大学中国经济研究中心主办、北京大学出版社出版。本刊采取国际通行的匿名审稿制度，发表原创性的理论、经验、综述和评论性的中文经济学论文，倡导规范严谨的研究方法，鼓励理论和经验研究相结合的学术取向，提倡学术批评和交锋，致力于学习现代经济学前沿理论和方法，研究中国本土问题。双月刊，共 6 期，每期发表论文 20 篇。</td><td>CSSCI
（2023 版）复合影响因子：12. 598
（2023 版）综合影响因子：9. 158</td></tr>
<tr><td>
</td><td>《世界经济》是由中国社会科学院主管，中国世界经济学会、世界经济与政治研究所共同主办的学术期刊，创刊于 1978 年，是国内创刊最早的世界经济类刊物之一。本刊有选择地刊登一些国外经济发展中可供借鉴的做法、经验教训和相应的政策建议，供有关机构研究和政府决策参考。同时，本刊还根据国际经济领域的新变化和新情况，及时反映社会各界关心的一些热点问题。月刊，每期发表论文 8 篇。</td><td>CSSCI
（2023 版）复合影响因子：8. 615
（2023 版）综合影响因子：6. 04</td></tr>
</table>

续表

期刊	期刊介绍	期刊评价
	《中国经济史研究》是由中国社会科学院主管，中国社会科学院主办，国内外公开发行的学术期刊。1986 年创办时为季刊，2015 年起改为双月刊。《中国经济史研究》主要刊登中国古代经济史、近代经济史、现代经济史、中国经济思想史以及中外经济比较研究等方面的论文，中国经济史的专题资料，中国经济史论著的评介及经济史研究专题述评，国内外经济史研究动态的报道，国外经济史新理论的介绍文章，并适当刊登世界经济史方面的研究论著。双月刊，共 6 期，每期发表论文 16 篇。	CSSCI （2023 版）复合影响因子：1. 158 （2023 版）综合影响因子：0. 829

第二章

现代综合评价方法

第一节　现代综合评价方法概述

（一）综合评价概述

1. 综合评价的概念

评价是现实生活和科学研究中一种经常性的活动。所谓评价，指的是通过计算、观察和咨询等方法对某个对象进行一系列的复合分析研究和评估，从而确定对象的意义、价值或者状态。总的来说，评价大致可以分为单指标评价和多指标综合评价。单指标评价主要依据单个指标的比较对评价对象进行排序，相对较为直接、简单。例如，通过对大学生绩点的排序、对不同地区国内生产总值（Gross Domestic Product，GDP）增速的比较，等等，可以很容易得出某位同学学习成绩优异、某个地区经济增速更快的结论。然而，由于现实问题的多面性、复杂性，很多评价并非仅仅依靠单一的指标就能完成，而是涉及多指标的综合评价和比较。例如，比较大学生的综合素质、对不同地区经济发展质量进行排序，等等，就很明显无法采用绩点、GDP 增速等单一指标完成评价目标。

如上所述，由于现实生活和科学研究中很多评价对象的多维性，仅仅利用单一指标难以合理有效地进行比较和排序，因而通常需要综合多个反映评价对象内涵的基础指标，将这些指标的信息综合起来进行汇总合成，得到一个综合指标，并基于综合指标的大小对评价对象进行比较分析。将多个指标进行汇总、合成、比较的过程，即为综合评价。

在经济学研究中，综合评价的重要性不言而喻。早在 1982 年，国家经委、国家计委、国家统计局、财政部、劳动人事部和中国人民银行就联合制定了包括 16 项指标构成的工业综合经济效益评价指标体系（见表 2 - 1），标志着我国经济领域综合评价活动的开端。此后，综合评价广泛地运用于区域综合发展水平、区域科技创新能力、区域可持续发展绩效等领域。此外，在国别比较中，逐渐由单一的 GDP、人均 GDP 等指标转向更加多元化的比较，国际竞争力水平、人类发展指数、环境绩效指数、全球化指数等也在不断被开发和改进，综合评价逐渐成为经济学研究不可回避的重要手段之一。

表 2－1 工业综合经济效益评价指标体系

序号	指标
1	工业总产值和增长率
2	主要工业产品产量和计划完成情况
3	主要工业产品质量稳定提高率
4	主要工业产品原材料燃料动力消耗降低率
5	工业产品优质品率
6	万元产值消耗能源和降低率
7	工业企业销售收入和增长率
8	工业企业实现利润和增长率
9	工业企业上缴利润和增长率
10	工业企业产值利润率和增长率
11	工业企业销售收入利润率和增长率
12	工业企业定额流动资金周转天数和加速率
13	工业企业产成品占用资金和降低率
14	可比成本降低额和降低率
15	工业企业全员劳动生产率和增长率
16	工业企业职工重伤死亡人员和降低率

2. 综合评价在经济学研究中的重要地位

在中国知网中，以“综合评价”为主题词进行检索，相关文献总数超过 15 万篇（检索于 2024 年 8 月 20 日）。其中，CSSCI 期刊文献数量约 1. 29 万篇，北大核心期刊文献数量约 5. 57 万篇，占比分别为 8. 50% 和 36. 74%，足以显示综合评价在学术研究中的重要性和广泛性。从时序来看，图 2－1 报告了 20 世纪 80 年代以来长达 40 多年的综合评价相关文献的年度分布情况。可以看出，综合评价相关文献数量呈现出快速增长的态势，从 1980 年的 23 篇快速增长至 2023 年的 7224 篇，年均增长率高达 14. 31%。具体来说，在 1995 年之前，综合评价的相关文献数量始终保持在 1000 篇以内，虽然增速较快，但整体基数相对较小。此后，分别于 2003 年、2004 年、2006 年、2007 年、2009 年和 2014 年依次突破 2000 篇、3000 篇、4000 篇、5000 篇、6000 篇和 7000 篇“大关”。2014 年之后，相关文献数量总体趋于平稳，基本保持在 7000～7500 篇。由此可见，综合评价在学术研究中始终扮演着重要角色。

图 2－2 描绘了综合评价相关文献的主要学科分布情况。可以看出，在排名前 10 的学科中，“宏观经济管理与可持续发展”“企业经济”“工业经济”“农业经济”“经济体制改革”5 个学科均属于经济学学科，占据了本领域研究的“半壁江山”。在其他 5 个学科中，“环境科学与资源利用”“高等教育”等与环境经济学、教育经济学等学科存在深度的交叉情况，其中相当数量的文献可能也可以划分为经济学学科。因此，综合评价在经济学研究中的地位可见一斑。

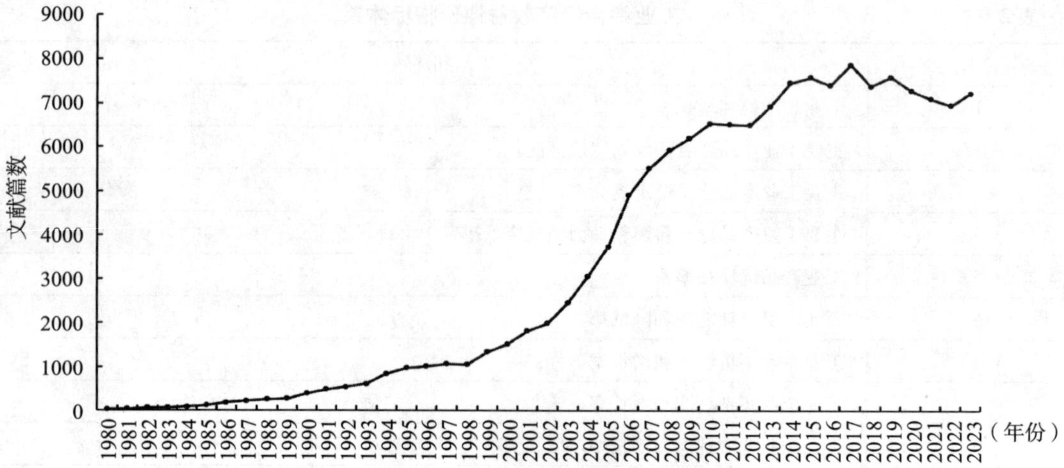

图 2-1　综合评价的研究现状

资料来源：中国知网。

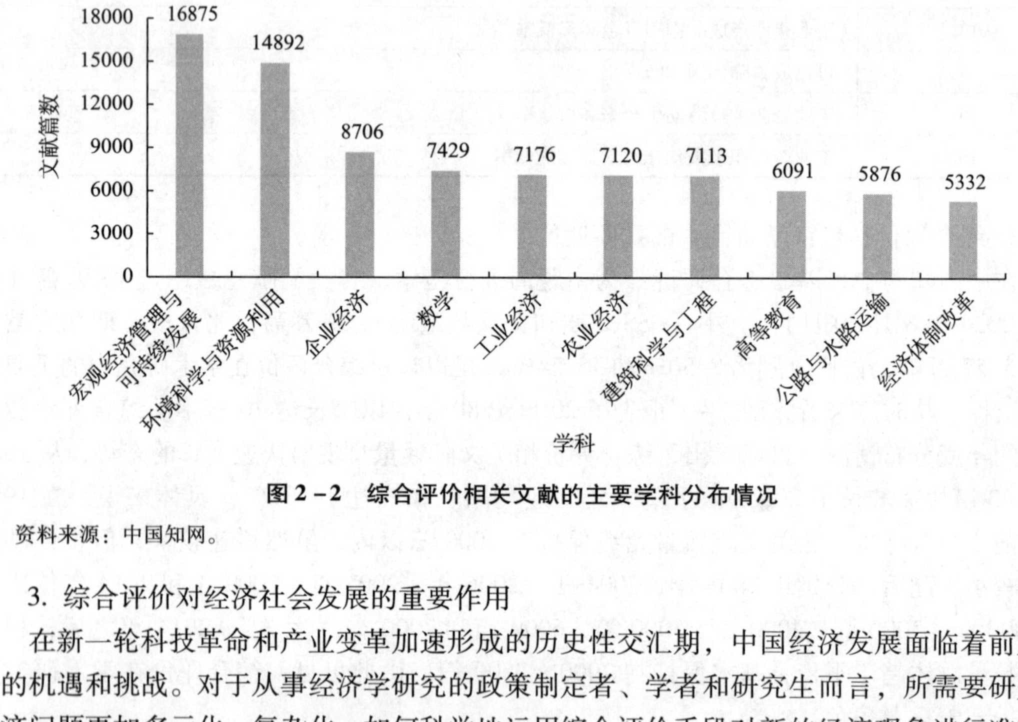

图 2-2　综合评价相关文献的主要学科分布情况

资料来源：中国知网。

3. 综合评价对经济社会发展的重要作用

在新一轮科技革命和产业变革加速形成的历史性交汇期，中国经济发展面临着前所未有的机遇和挑战。对于从事经济学研究的政策制定者、学者和研究生而言，所需要研究的经济问题更加多元化、复杂化。如何科学地运用综合评价手段对新的经济现象进行准确的描述、刻画和分析，是不可回避的重要问题。

例如，在新发展阶段，经济学研究不仅需要从理论上阐释高质量发展、数字经济、共同富裕、经济安全、中国式现代化、新质生产力等重要概念，更要基于真实客观的数据，对中国高质量发展水平、数字经济水平、共同富裕水平、经济安全水平、中国式现代化水平、新质生产力水平等进行测度、分析和比较。对于这些议题的研究，不仅有助于客观地把握全国和不同地区在相关领域发展的现状和方位，而且能够更好地指导经济发展实践，帮助制定更好、更有针对性的经济政策。

事实上，在经济发展过程中，中国政府十分注重“目标导向”，即根据经济发展的阶段性目标制定相关考核评价体系，并基于该考核评价体系对辖区进行定期监测和考核。以“高质量发展”为例，自党的十九大报告首次提出高质量发展的概念以来，“十四五”规划、党的二十大报告等相继提出坚持以高质量发展为主题。因此，追求更高的发展质量而非数量，成为各地方政府发展经济的首要任务。在此背景下，很多地方政府根据本地区的发展实际，构建了相应的高质量发展评价指标体系（见表2－2），并配套了一系列保障措施和奖惩制度，以保证辖区经济发展质量的切实有效提升。

表2－2　　部分省市构建的经济高质量发展指标体系概览

地区	年份	文件	指标体系构成	指标数量	资料来源
天津	2018		质量变革、效益变革、动力变革3个维度	20	中国信息报
河北	2019	《关于完善和落实高质量发展统计指标体系的意见》		64	沧州市人民政府
山西	2018	《关于开展质量提升行动的实施意见》	产品质量、工程质量、服务质量、产业质量、区域质量、质量基础设施6个维度	40	山西省人民政府
江苏	2018	《江苏高质量发展监测评价指标体系与实施办法》《设区市高质量发展年度考核指标与实施办法》	“六个高质量”，即高质量经济发展、高质量改革开放、高质量城乡建设、高质量文化建设、高质量生态环境、高质量人民生活6个维度	40	江苏省统计局
浙江	2019	《关于建立新评价体系促进我省经济高质量发展建议（政协提案472号）提案的会办意见》	质效提升、结构优化、动能转换、绿色发展、协调共享、风险防范6个维度	66	浙江省统计局
安徽	2020		综合质效、创新发展、协调发展、绿色发展、开放发展、共享发展、主观感受7个维度	54	安徽省统计局
湖北	2018	《关于印发湖北省高质量发展评价与考核办法（试行）的通知》（鄂政办发〔2018〕73号）	以提高发展的“含金量”“含新量”“含绿量”为基本框架构建指标体系	22	湖北省人民政府
湖南	2019	《关于印发〈湖南省高质量发展监测评价指标体系（试行）〉的通知》（湘政办发〔2019〕2号）	综合质量效益、创新发展、协调发展、绿色发展、开放发展、共享发展6个维度	67/48	湖南省人民政府

续表

地区	年份	文件	指标体系构成	指标数量	资料来源
广东	2018	《广东高质量发展综合绩效评价体系》（试行）（粤府办〔2018〕45号）	综合、创新、协调、绿色、开放、共享6个维度	33	广东省发展和改革委员会
海南	2019	《海南省高标准高质量发展指标体系》（琼厅字〔2019〕50号）	经济发展、开放水平、科技教育、营商环境、资源利用、生态环境、民生福祉7个维度	37	海南省2020年《政府工作报告》
四川成都	2018	《关于探索建立〈成都市高质量发展评价指标体系（试行）〉的工作方案》	质效提升、结构优化、动能转换、绿色低碳、风险防控、民生改善6个维度	52	成都市统计局
云南昆明	2020	《关于贯彻落实〈推动高质量发展的实施意见〉工作方案》	经济质效、创新发展、协调发展、绿色发展、开放发展、共享发展、主观感受7个维度	50	昆明市委

资料来源：作者根据官方公开文件整理。

由此可见，综合评价对经济社会发展至关重要。掌握好综合评价的基本原理、操作方法等是十分必要的。

（二）综合评价的构成要素

综合评价是包括评价者、评价对象、评价指标体系、指标权重、评价模型和评价结果等诸多要素共同构成的有机整体，每个要素在评价过程中都扮演着不可或缺的角色。

1. 评价者

评价者是综合评价的主体，是整个综合评价活动的主导者、实施者和执行者。一般来说，评价者可以是个人（如研究者等），也可以是团体（如研究机构、政府部门等）。评价者知识水平和相对偏好等往往会对评价结果产生重要的影响，因而在评价过程中的作用十分重要。

2. 评价对象

评价对象是综合评价的客体，是评价活动的具体作用目标和对象，可以是人（如对学生综合素质进行比较）、物（如比较不同地区的高质量发展水平）等。一般来说，评价对象的数量要大于1，且具有可比性（即被评价对象通常要在同一个层级），否则评价活动就失去了意义。

3. 评价指标体系

评价指标体系是综合评价的核心依据，是相关概念内涵的指标化体现。所谓评价指标体系，通常是指依据评价对象、评价目的等的不同，选取若干反映评价对象某一方面情况的基础指标构成的有机整体。评价指标体系能够清晰、直接地反映评价活动的目的。

4. 指标权重

指标权重主要是刻画评价指标体系中各指标相对重要性的要素。一般来说，评价指标体系中不同指标对评价事物的相对重要性是不同的，因而在综合评价中所占的权重系数也通常有所差异。指标权重设定的不同，往往会直接导致评价结果和评价对象排序的差异，因此在评价活动中是不可忽视的关键要素。

5. 评价模型

评价模型是指在将若干个基础指标合成一个综合指标过程中，所运用的合成方法或模型。在评价活动中，评价模型往往有多种选择，并且不同评价模型往往会得出不同的评价结果，如何根据评价目标选取适当的评价模型，是综合评价中又一个重要的议题。

6. 评价结果

评价结果是指利用综合评价模型测度的结果。评价结果通常用来对评价对象进行比较、排序和特征分析等，进而找出各评价对象的优势和短板，用于指导具体的决策实践。

（三）综合评价的基本流程

在操作流程方面，综合评价通常包括确定评价对象、构建评价指标体系、确定基础指标权重、建立评价模型、评价结果分析与应用等步骤。

1. 确定评价对象

根据综合评价目标，选取能够支撑评价目标的评价对象。一般而言，评价对象既可以是横向比较（同类对象，即截面数据），也可以是纵向比较（同一对象多个时期，即时间序列数据），还可以是纵横向兼具（同类对象具有多个时期，即面板数据）。

2. 构建评价指标体系

根据总的评价目标和对评价事物的界定，将评价综合指标逐级分解成若干个二级子指标，再依次选取各基础指标反映二级子指标。这种由“评价综合指标—二级子指标—基础指标”分层次构成的系统称为评价指标体系。在该阶段，通常还需要进行评价对象的基础指标数据搜集工作。

3. 确定基础指标权重

基于不同的评价需求，选择合适的指标权重确定方法，并对各基础指标进行赋权。一般来说，各指标权重之和为 1。综合指标是利用各个指标及其指标权重计算得到。

4. 建立评价模型

基于评价指标体系和指标权重的结果，进一步选取适当的评价模型，对评价对象的综合绩效进行测度，得到一个反映多维度特征的综合指标。评价模型往往可能影响评价结果，因而需要确保评价模型的稳健性。

5. 评价结果分析与应用

综合评价的根本目的是更好地指导实践决策。因此，综合评价还包括评价结果的分析与应用过程。通常而言，通过对评价结果的比较，有助于更加清晰地认识和把握不同对象绩效的优劣程度。此外，还可以进一步结合地理学、统计学等多学科分析方法，从不同视角对综合指标进行更加详细深入的比较分析。

（四）综合评价的模式

根据综合评价过程中主观成分的多少，综合评价大致可以分为传统综合评价和现代综合评价两类（见表2-3）。传统综合评价通常评价标准较为模糊，相应的评价指标体系也不够全面，同时，在评价指标体系中可能包含大量的难以量化的主观指标，如评定“优秀大学生”，除了定量的学习绩点等定量指标外，往往还包含平时表现、社会服务等主观性相对较强的指标，从而导致综合评价结果通常具有较强的主观性。相较而言，现代综合评价拥有一套相对规范、完整的操作流程和要求，评价指标体系更加系统全面，同时由于以定量指标为主且评价方法更为科学，从而较好地保证了评价结果的客观性和公正性。在实践中，现代综合评价的运用范围越来越广泛，也是学术界和相关部门常用的评价手段，因此，本章接下来主要对现代综合评价的相关内容进行讨论。

表2-3　　综合评价的模式

评价模式	特征	优缺点	举例
传统综合评价	评价指标体系不全面；定性指标较多；评价方法主观性强	操作较为简单、难度较低，但缺乏科学性	如评定“优秀大学生”
现代综合评价	评价指标体系系统全面；定量指标为主；评价方法相对客观	操作难度较大，但更具科学性、客观性	如比较不同地区的高质量发展水平

第二节　评价指标体系的构建

（一）评价指标体系构建的主要方法

在综合指标测度的实践中，评价指标体系的构建主要有两种方法，即经验法和数学法。两种方法各有优势，经验法可能更加符合研究者对于经济实践的理解，而数学法得到的结果可能更为客观。实际操作中，可以针对两种方法的结果进行对比验证，并需要解释两者差异的主要原因。

1. 经验法

所谓经验法，即在备选的指标集中，根据对评价事物概念、内涵、特征等的理解，依次确定指标体系的二级子指标和基础指标的方法。在采用经验法构建评价指标体系时，通常是依照惯例或相关文献资料等方式进行。此外，在条件允许的情况下，亦经常采用专家调研法，即通过对本领域不同专家的咨询、论证和多轮讨论，确定最终的评价指标体系构成。经验法操作相对简便，而且由于其本身就涵盖了对评价事物的理解，通常情况下评价指标体系较为合理，特别是关键指标往往不容易被遗漏，能够较好地反映评价事物，因而在综合评价活动中被广泛使用。经验法的缺陷在于：构建的评价指标体系往往受到评价者或专家的知识、经验等的影响，从而带有一定的主观性。

2. 数学法

所谓数学法，即在备选的指标集中，根据指标之间的相似性、关联度等，采用数学方法确定基础指标的方法。在评价活动中，为了更加全面地反映评价事物，通常备选指标数量较多。为了使评价指标体系尽可能精简，在经验法中通常是基于评价者或专家的认识进行筛选。为尽可能剔除评价者或专家主观认识的影响，在实践中，有时会基于定量分析方法，如相关分析法、回归分析法等确定评价指标体系。这种方式的优点在于能够很好地克服主观因素的影响，但缺点在于仅仅根据基础指标的数据关系进行筛选，可能会导致关键性、重要性指标被剔除，从而与预期的评价目标相背离。

总之，无论是经验法还是数学法，在评价指标体系构建过程中均有其自身的优劣势，需要根据实际评价目标选择合适的方法。需要说明的是，虽然数学法具有更强的客观性，但在实务部门的评价实践中仍然主要以经验法为主。学术领域的研究者往往缺乏经济实践的理解，更加倾向于数学法。一个更为合理的选择是学院派和实务派根据数学法、经验法的结果一起进行讨论。

（二）评价指标体系构建的基本原则

评价指标体系构建是一个综合、复杂的问题。不同的评价指标体系往往得出不尽相同、甚至完全相反的评价结果。因此，评价指标体系构建通常需要遵循一定的原则。在经济学研究中，综合评价活动的基本原则主要包括全面性、代表性、可操作性和简约性等原则。

1. 全面性原则

所谓全面性原则，指的是指标体系必须能够系统、完整、全面地反映评价事物的状况和特征，从而能够较好地反映评价对象的综合绩效。

2. 代表性原则

所谓代表性原则，指的是在指标设计过程中，由于不可能穷尽所有指标，应主要选取认可度高、具有代表性的指标，在保证关键指标不得缺位的前提下，剔除相关度较高的指标，避免不同指标之间的过度重合和信息冗余。

3. 可操作性原则

所谓可操作性原则，指的是在指标选取过程中，要兼顾数据可得性等客观实际问题，主要选取数据来源可靠、计算方法明确的指标，从而保证构建的指标体系具备有效性和应用性。

4. 简约性原则

所谓简约性原则，指的是构建的评价指标体系尽可能简单、明确。一般来说，评价指标体系的基础指标数量不宜过多，也不是越少越好，而是应该根据实际评价目标的需要，在基本反映评价事物基本状况的基础上尽可能精简，以避免指标数量过多淹没了关键指标的信息，导致综合评价结果不准确。

（三）经济学研究中评价指标体系构建的注意事项

在经济学研究中，评价指标体系构建除了需要采用特定的方法、依据相应的原则外，还应该尤其关注两点：一是注重对评价对象的阐释，需要根据评价对象的内涵进行指标体系构建和评价方法的选择；二是注重评价结果的政策性和实践性，评价结果需要符合经济实践和政策指导性。

评价对象多维特征和科学内涵的阐释决定指标体系的构建，从而影响综合评价结果。由于在实践中通常依据经验法进行评价指标体系构建，因此对评价对象的阐释就显得尤为重要。通常而言，经济学研究的对象具有多维、复杂的特点，从不同角度去理解，往往对同一评价事物的解读、阐释也不尽相同（如表 2－2 中各个地区构建的高质量发展评价指标体系差别较大）。因此，在确定评价指标体系之前，必须尽可能充分、准确地说明评价指标体系构建的思路和基础指标选取的依据。

评价结果的运用要求其必须符合实践规律和具有政策导向。由于经济学研究中很多综合评价活动与经济发展实践结合较为紧密，因此评价结果与实践和政策的结合十分重要。除了从综合指标上提取评价信息、进行评价结果分析外，还必须思考、分析评价信息和评价结果背后所隐藏的经济发展现象及其产生的原因，只有这样，综合评价活动才能更好地指导和服务经济发展实践。

第三节　现代综合评价方法的基本步骤

现代综合评价方法，即在现代综合评价活动中所采用的统计学或数学方法。一般而言，现代综合评价方法主要包括三个重要的技术环节：一是指标权重的确定；二是指标标准化处理；三是综合指标的合成。

（一）指标权重的确定

科学确定评价指标的权重，是综合评价中的关键。总体而言，指标赋权方法大致可以分为主观赋权法、客观赋权法和主客观赋权法（或称为组合赋权法）三类。其中，主观赋权法指的是评价者依靠自身的专业知识、经验，通过主观判断来确定指标权重的方法，这种方法的优点在于可以集思广益，有较强的权威性，同时能够反映出参与决策者对不同指标的重视程度，而且指标权重一旦确定后相对固定，不随研究对象、研究样本时间跨度等而改变，便于在一个统一的框架下进行比较；但缺点是客观性相对较差，权重的确定缺乏客观依据，甚至在一些情况下主观判断可能会产生一定的偏差。主观赋权法主要包括专家打分法（德尔菲法）、均等权重法等，通常运用于政府部门和官方组织的研究中。

客观赋权法指的是评价者根据原始数据之间的关系通过一定的数学方法来确定指标权

重的方法，这种方法的优点在于判断结果不依赖人的主观判断，有较强的数学理论依据，评价结果相对客观；但缺点是不能反映出参与决策者对不同指标的重视程度，而且指标权重的确定依赖研究样本，随着考察对象的变化而发生改变，在某些情况下可能引起争议。客观赋权法主要包括熵值法、纵横向拉开档次法、因子分析法、主成分分析法等，在学术研究中较为常见。表2－4对主观赋权法和客观赋权法进行了对比。

表2－4　主观赋权法和客观赋权法的对比

方法特点	主观赋权法	客观赋权法
权重确定的依据是什么？	主要依据评价者自身的专业知识、经验等	主要依据客观的数学方法
指标权重是否受主观判断的影响？	是	否
指标权重是否随研究样本的变化而改变？	否	是
方法的主要运用领域是什么？	主要运用于政府部门和官方组织等	主要运用于学术研究
代表性的方法有哪些？	专家打分法（德尔菲法）、均等权重法等	熵值法、纵横向拉开档次法、因子分析法、主成分分析法等

需要说明的是，主客观赋权法介于二者之间，即在指标权重确定过程中同时采取主观赋权法和客观赋权法，从而兼顾了二者的优缺点。组合赋权法在实践中运用较为广泛，例如，南昌大学中部经济社会发展研究中心发布的《中国中部经济高质量发展报告(2022)》（刘耀彬，2022），基于新发展理念的视角，从创新、协同、绿色、开放、共享5个维度构建了中部城市经济高质量发展指标体系。在对每个指标进行赋权时，采用了主客观赋权法，即首先基于均等权重法这一主观赋权法将每个维度的权重设置为20%，再进一步采用熵值法这一客观赋权法对每个维度内的基础指标进行赋权。

（二）指标标准化处理

由于评价指标体系的不同指标在量纲上往往存在差异，在进行综合指标合成之前，通常需要对基础指标的原始数据进行标准化处理。数据标准化处理的方法有很多，主要包括极差标准化法、功效系数法、线性比例法、正态变换法、正态累计密度标准化方法等。其中，在实际运用中认可度较高、使用范围较广的是极差标准化法，该方法具有能够满足单调性、差异不变性、平移无关性、缩放无关性、区间稳定性等优势（郭亚军，2007；许宪春等，2020）。

在经济学研究中，很多时候需要对评价对象同时进行“横向”和“纵向”的双维比较，即研究样本是面板数据而非截面数据或时间序列数据，因此在采用极差标准化方法处理时又面临两个选择：一是采用定基极差标准化法，即通常以研究样本初始时间的指标值为基期，进行标准化处理，如国内著名的“市场化指数”的编制就是采用这种方法（王小鲁等，2019）；二是采用面板极差标准化法，即将面板数据整体看成是一个个独立个体组成的样本合集，进而采用与截面数据或时间序列数据类似的做法进行标准化处理，如瑞士经济学会编制的 KOF 全球化指数就是采用这种方法（Gygli et al.，2019）。

表 2－5 列出了定基极差标准化法和面板极差标准化法的对比。可以看出，两种方法均能够实现综合指数横向和纵向两个维度的比较，因而在实际运用中均被广泛使用。然而，相比于面板极差标准化法，定基极差标准化法在处理过程中，主要是基于基期所有样本某个指标的最大值和最小值来进行的，从而可能出现标准化处理后指标为负值的情形，由此计算的综合指数也不存在上下限，例如，可能出现综合指数小于 0 的样本；同时，定基极差标准化法对异常值更为敏感，在指标数据较多、样本量较大的情况下，可能存在个别异常值，如果采用定基极差标准化法将容易造成较大的误差。

表 2－5　定基极差标准化法和面板极差标准化法的对比

方法特点	定基极差标准化法	面板极差标准化法
标准计算公式是什么？	x_j 为正向指标： $s_{ij}(t_k)=\frac{x_{ij}(t_k)-\min[x_j(t_0)]}{\max[x_j(t_0)]-\min[x_j(t_0)]}$ x_j 为逆向指标： $s_{ij}(t_k)=\frac{\max[x_j(t_0)]-x_{ij}(t_k)}{\max[x_j(t_0)]-\min[x_j(t_0)]}$	x_j 为正向指标： $s_{ij}(t_k)=\frac{x_{ij}(t_k)-\min[x_{ij}(t_k)]}{\max[x_{ij}(t_k)]-\min[x_{ij}(t_k)]}$ x_j 为逆向指标： $s_{ij}(t_k)=\frac{\max[x_{ij}(t_k)]-x_{ij}(t_k)}{\max[x_{ij}(t_k)]-\min[x_{ij}(t_k)]}$
能否实现综合指数的横向比较？	能	能
能否实现综合指数的纵向比较？	能	能
标准化处理后是否会出现负值情况？	是	否
对异常值的敏感程度？	较为敏感	较不敏感
综合指数的大小是否有上下限？	综合指数值无上下限，小于 0 或大于 1 均可	综合指数值在 0～1
代表性的案例有哪些？	市场化指数	全球化指数

注："标准计算公式"中，i、j、t_k 分别表示地区、指标和时间，$x_{ij}(t_k)$ 和 $s_{ij}(t_k)$ 分别表示指标原始值和标准化处理后的值，$\max[x_j(t_0)]$ 和 $\min[x_j(t_0)]$ 分别表示初始时间（即 t_0 时期）所有地区第 j 个指标的最大值和最小值，$\max[x_{ij}(t_k)]$ 和 $\min[x_{ij}(t_k)]$ 分别表示所有时期所有地区第 j 个指标的最大值和最小值。

（三）综合指标的合成

在确定指标权重和原始数据标准化处理的基础上，就可以采用指数合成的方式计算出综合指标并进行比较分析。指数合成的方法主要包括线性加权法、非线性加权法以及理想点法等。其中，线性加权法是在实际运用中使用最为广泛、认可度最高、普及度最广的方法，相较于其他指数合成方法，该方法的主要优点在于易于计算，且能够实现各评价指标之间的线性补偿（郭亚军，2007）。相比之下，非线性加权法主要突出的是表现较差指标值的作用，例如，在两个系统的对比中，其中一个系统多数指标表现良好，但存在一个明显的"短板"，而另一个系统所有指标均表现一般，但也不存在某个明显"拖后腿"的指标，最终的评价结果可能是后者优于前者，这可能与实际情况不相符合。理想点法相对而言计算过程最为复杂，主要反映的是评价系统同最优“理想系统”之间的差距状况，但计算结果相对不那么直观。

第四节　现代综合评价方法运用的注意事项

随着经济社会不断发展，现代综合评价方法得到了越来越广泛的关注和运用。对于经济学研究而言，尤其需要注意对评价结果的正确解读。

第一，需要正确看待综合评价结果。综合评价结果能够将多维的特征反映在一个具体的数字上，便于评价者进行分析和决策。但是，需要注意的是，这里的综合指标并不具有数学意义上的精确性。因为综合指标不像很多基础指标那样具有计量单位，能够精确地进行大小的比较。因此，在实践中，综合评价结果应该主要用于排序参考、分析利弊得失，而不能直接机械地代替决策。

第二，需要科学地选择现代综合评价方法。如前所述，在现代综合评价中，指标权重的确定、指标标准化处理以及综合指标的合成三个重要技术环节都包含多种不同的具体方法，如果将多种方法进行随机组合，即使是对于同一个评价指标体系和同样的评价对象，评价结果也往往会存在差异。因此，在实际评价活动中，一方面要根据实际的评价目标和评价活动的性质谨慎选取相应的评价方法，另一方面可以在采用某一种方法测度出评价结果后，综合运用其他评价方法作为稳健性检验的方式，并对不同的评价结果进行比较分析，确保评价活动更加科学和更具合理性。

第三，需要充分地发挥评价结果的功能。通常而言，现代综合评价最重要、最基本的功能是帮助对评价对象的综合绩效进行排序，但这仅仅是评价结果运用的一个方面。实际上，可以综合运用统计学、计量经济学、数学、地理学等学科的分析方法，对评价结果进行进一步的挖掘和分析。例如，本书第三章关于区域差异的分析、第四章关于经济数据分布特征的分析以及面板计量回归、双重差分、机器学习因果推断等方法，都能与测度的综合指标进一步结合，从而能够得出更加丰富的研究发现。

第三章

区域差异测度及分解方法

第一节　区域时间演变差异及分解方法

（一）收敛性分析

收敛性分析是研究区域经济社会发展差异动态变化的重要工具之一。其核心在于考察不同区域间经济社会发展中各指标水平差距是否随着时间推移而缩小，即区域间的经济是否趋于收敛。收敛性分析通常分为绝对收敛和条件收敛两种形式。绝对收敛假设各地区在长期内将趋向相同的经济水平，无论初始条件如何；而条件收敛则考虑各地区在不同的结构特征（如人口增长率、资本积累、技术水平等）下趋向各自的稳定状态。通过收敛性分析，研究者可以判断区域发展政策的有效性，并为制定区域协调发展战略提供理论依据。

收敛性分析的发展背景源于经济增长理论中对不同地区或国家间收入差距长期趋势的关注。20 世纪 50 年代和 60 年代，随着新古典经济增长模型（如 Solow – Swan 模型）的提出，经济学家开始系统地研究不同经济体之间的增长路径。Solow 模型通过引入资本积累、劳动和技术进步等要素，提出了长期经济增长的均衡状态，即稳态，并且预测了如果没有外部冲击，各经济体最终将收敛到相同的收入水平。这一理论为后来的收敛性分析奠定了基础。在 20 世纪 80 年代末和 90 年代初，收敛性分析得到了广泛的关注和进一步发展。Robert Barro 等经济学家通过实证研究提出了绝对收敛和条件收敛的概念。绝对收敛指的是所有经济体在长期内会趋同到相同的收入水平，即初始收入较低的经济体将比初始收入较高的经济体增长得更快。而条件收敛则放宽了这一假设，认为不同经济体由于结构特征、政策环境、技术水平等因素的不同，将趋向各自不同的稳态收入水平，但在控制这些因素后，仍然可以观察到趋同现象。这些理论发展背后的驱动力主要源于政策制定者和研究者对区域不平衡发展的关注。随着全球化进程加快，许多国家和地区内部经济发展不平衡的问题日益突出，如何有效缩小区域间的经济差距，促进均衡发展，成为一项重要的政策目标。收敛性分析为理解这些区域差异提供了理论和实证工具，特别是在评估区域政策效果、分析经济增长模式时具有重要意义。

在检验方法上，收敛性分析通常通过线性回归模型进行实证检验。例如，可以使用 β

收敛模型对人均收入增长率和人均收入水平的相关关系进行分析，绝对β收敛模型通过对地区人均收入增长率与初始人均收入水平之间的负相关关系进行估计，验证是否存在收入趋同的现象；而条件β收敛则在回归模型中加入一系列控制变量（如投资率、人口增长率、教育水平等）来校正各地区的结构性差异。此外，还可以使用σ收敛模型对收入分布的标准差或变异系数和时间的收敛情况进行分析，从而反映整体区域差异的变化趋势。

总之，收敛性分析方法在经济社会发展中对区域经济增长模式及其不均衡现象的深入研究，为政策制定者提供了有力的工具，以促进区域协调发展、实现更为平衡的经济增长。

（二）β收敛模型分析

β收敛模型是收敛性分析中最为常用的工具，用于研究不同地区或国家之间经济增长率和初始经济水平之间的关系。该模型的核心思想是，通过观察各区域的初始收入水平与其后续增长率之间的负相关性，判断收入水平是否在不同区域之间趋同。β收敛模型可以分为绝对β收敛和条件β收敛两种形式。

1. 绝对β收敛模型

绝对β收敛模型假设所有区域在长期内都趋向于相同的稳态经济水平。因此，如果一个区域的初始收入水平较低，该区域的增长率则可能更高，以逐渐赶上其他区域的收入水平，这就体现为不同区域之间收入或者经济的趋同性。绝对β收敛的基本回归模型可以表示为式（3－1）。

$$\frac{1}{T}\ln\left(\frac{Y_{i,T}}{Y_{i,0}}\right)=\alpha-\beta\ln(Y_{i,0})+\epsilon_i \qquad \text{式（3－1）}$$

其中，$Y_{i,0}$表示第i个区域在初始时点$t=0$的指标水平；$Y_{i,T}$表示第i个区域在终止时点$t=T$的指标水平；$\frac{1}{T}\ln\left(\frac{Y_{i,T}}{Y_{i,0}}\right)$表示在$T$年期间第$i$个区域的指标水平增长率；$\alpha$为常数项；$\beta$为关键参数，反映初始收入水平对后续增长率的影响；$\epsilon_i$为误差项，表示模型中未能解释的部分。如果估计结果中$\beta>0$，则表明初始收入水平较低的区域增长更快，经济趋同，即存在绝对收敛。

2. 条件β收敛模型

在现实中，各区域往往存在不同的结构特征（如技术水平、人口增长率、资本积累率等），这些差异可能影响各自的长期经济稳态水平。条件β收敛模型通过在回归方程中加入这些控制变量，校正不同区域间的结构差异，以分析在考虑这些差异后的趋同现象，条件β收敛模型的基本回归模型形式如式（3－2）所示：

$$\frac{1}{T}\ln\left(\frac{Y_{i,T}}{Y_{i,0}}\right)=\alpha-\beta\ln(Y_{i,0})+\sum_{j=1}^{k}\gamma_j X_{i,j}+\epsilon_i \qquad \text{式（3－2）}$$

其中，$X_{i,j}$表示第i个区域的第j个结构特征变量（如投资率、教育水平、技术进步率等）；γ_j为与这些结构特征相关的回归系数。在条件β收敛模型中，如果估计结果显示$\beta>0$，则表明在控制了结构性差异后，初始收入较低的区域仍然增长更快，表明在相似的经济条件下存在趋同现象。

3. 收敛速度的估计

β 收敛模型不仅可以检验收敛性，还可以估计收敛的速度。通常，通过式（3－3）计算收敛速度：

$$\hat{\lambda} = -\frac{1}{T}\ln(1-\beta) \qquad \text{式（3－3）}$$

其中，$\hat{\lambda}$ 表示收敛速度，即各区域向其长期稳态水平收敛的速度。收敛速度越快，区域间差距缩小的过程就越快。

4. 实证应用与局限性

β 收敛的检验模型在实证研究中被广泛应用于分析区域间或国家间的经济趋同现象，尤其是在探讨政策影响、经济结构变迁和区域经济发展等方面。然而，该模型也存在一些局限性，实证检验应用中也可能存在挑战。例如，假设经济增长是趋同的，但实际中可能存在持续性的区域差异，甚至差异扩大的趋势。此外，误差项中的随机扰动可能会影响估计结果的稳定性。

总之，β 收敛模型为研究区域经济或者社会发展的差异供了一种强有力的分析工具，它可以帮助经济学家和政策制定者理解不同区域间经济发展的动态关系及其潜在的收敛趋势。

（三）σ 收敛模型分析

σ 收敛模型是另一种用于分析区域经济差异变化的常用方法。与 β 收敛模型关注各区域经济增长率和初始收入水平之间的关系不同，σ 收敛模型直接研究区域间收入分布的离散程度是否随着时间的推移而缩小，即考察区域间经济差距的总体变化趋势。

1. σ 收敛的定义

σ 收敛的核心思想是通过衡量一组区域在不同时间点上的收入分布的离散程度，来判断区域间的经济差异是否缩小。如果在某一时间段内，区域间收入的标准差或变异系数逐渐减少，则可以认为存在 σ 收敛，即区域经济差异在减少。

2. σ 收敛的测量

通常，σ 收敛通过计算一段时间内人均收入或 GDP 的标准差（或变异系数）来进行测量。基本步骤如下：

（1）计算初始时点的离散程度：对于 N 个区域，计算初始时点 $t=0$ 的人均收入 $Y_{i,0}$ 的标准差，见式（3－4）。

$$\sigma_{t=0} = \sqrt{\frac{1}{N}\sum_{i=1}^{N}(\ln Y_{i,0} - \ln \overline{Y}_0)^2} \qquad \text{式（3－4）}$$

其中，$\overline{Y}_0$ 是所有区域的人均收入平均值。

（2）计算后续时点的离散程度：在后续时间点 $t=T$，计算人均收入的标准差，见式（3－5）。

$$\sigma_{t=T} = \sqrt{\frac{1}{N}\sum_{i=1}^{N}(\ln Y_{i,T} - \ln \overline{Y}_T)^2} \qquad 式（3-5）$$

其中，$\overline{Y}_T$ 是所有区域在 $t=T$ 时的人均收入平均值。

（3）分析 σ 收敛：通过比较不同时点的标准差 $\sigma_{t=0}$ 和 $\sigma_{t=T}$，判断是否存在 σ 收敛。如果 $\sigma_{t=T} < \sigma_{t=0}$，则说明区域间的收入差距在缩小，存在 σ 收敛；如果 $\sigma_{t=T} > \sigma_{t=0}$，则表明收入差距在扩大，区域差异增大。除了标准差，还可以使用变异系数（即标准差与均值的比率）来度量 σ 收敛，这种方法在不同样本均值变化较大时更为有效。

3. σ 收敛与 β 收敛的关系

尽管 σ 收敛和 β 收敛都是用于研究区域差异的动态变化，但它们之间有重要的区别和联系：

（1）关系：σ 收敛与 β 收敛有一定的关系，通常情况下，如果一个地区群体存在 β 收敛，意味着初始收入水平较低的区域增长更快，那么这些区域的收入分布的离散程度可能会减少，从而可能出现 σ 收敛。然而，β 收敛并不必然导致 σ 收敛，因为 σ 收敛还受到收入分布的整体变动、外部冲击等因素的影响。

（2）区别：β 收敛是基于个体区域的初始收入与其增长率之间的关系来判断收敛，而 σ 收敛是直接观察整个区域群体的收入差距的变化。即使某个群体存在 β 收敛，收入差距的整体波动仍可能导致 σ 收敛不成立。

4. 实证应用与局限性

σ 收敛模型在实证研究中广泛应用于衡量不同国家、地区或城市群体间的经济差异是否在缩小。它为政策制定者提供了关于区域发展政策有效性的重要信息。

然而，σ 收敛模型也有一些局限性。例如，它只提供了收入分布离散程度的变化信息，而未能解释导致这些变化的具体原因。此外，σ 收敛模型对外部冲击较为敏感，在经济波动较大的时期，可能难以准确反映长期的收敛趋势。

5. 结论

σ 收敛模型通过考察区域间收入分布的变化趋势，提供了一种简单而直观的方法来衡量区域经济差异的动态变化。尽管其分析的结果较为宏观，但在与其他收敛性分析工具结合使用时，能够为理解区域经济差异的演变提供有力支持。

第二节　区域空间演变差异及分解方法

（一）空间区域差异可视化分析

随着地理信息系统（GIS）技术和数据可视化工具的不断发展，区域经济差异的研究不仅限于定量分析，还可以通过可视化手段更直观地呈现各地区间的差异。可视化分析不仅能够揭示区域差异的空间分布特征，还可以帮助政策制定者更清晰地理解区域发展的动态变化与其潜在影响因素。本章将介绍空间区域差异的主要可视化方法，包括地理热图、集聚分析图和时空动态图等，并探讨这些方法在实际应用中的优势和局限性。

可视化分析在区域经济差异研究中有重要作用，主要方法包括以下几类：

1. 点密度地图

点密度地图是一种通过在地理背景上绘制相同大小的点来表示数据在地理空间上分布的方法。点密度地图共有两种类型：一对一，即一个点代表一个数据或对象。该类型要保证点位于正确的空间地理位置；一对多。即一个点代表一个特殊单元。此时的点代表聚合数据，往往任意放置在地图上，不能将点理解为实际位置。点密度地图主要用于观察数据的分布情况。以下为使用场景示例：2010 年芝加哥人口种族分布图。

2. Choropleth 地图

Choropleth 是一种专题地图。其中，颜色、阴影或图案用于表示与其属性值相关的地理区域。较大的值可以用比较小值更深的颜色来表示。这一地图主要用来观察数据如何在定义的区域或地缘政治区域之间的变化。以下为使用场景示例：流行病感染人口总量分布图。

3. 比例符号地图

比例符号地图是一种类似于等值线地图的专题地图，但不是使用颜色，而是使用与值相关的符号来指示属性的值，例如，较大的值可以用比较小值更大的符号来表示，可以使用此类地图实现跨地理区域数据的可视化，以下为使用场景示例：流行病国家累计确诊数量图。

4. 地理热图

地理热图是最为常用的空间可视化工具之一，通过颜色深浅或亮度变化表示不同区域的某一经济指标（如人均 GDP、收入水平、失业率等）。热图能够直观地反映各区域之间的差异，揭示经济活动的空间分布特征。地理热图用于演示某些事情发生的位置，指定数据的高密度和低密度区域。与分区统计图不同，地理热图不限制将地理空间数据显示到指定的边界。它运用色彩或暗影来表明不同的值或值设计。地理热图可以更精确地可视化变量的高浓度（“热点”）和低浓度（“冷点”）。使用场景示例为：全国客户分布情况图。绘制地理热图需要率先收集并整理各区域的相关经济数据，利用 GIS 软件（如 ArcGIS）或可视化工具将数据映射到相应的地理位置上。通过设置合适的颜色标度（如渐变色或离散色）以突出不同区域的经济差异。地理热图的优势是能够快速识别经济差异的空间聚集或分散模式，是政策制定者进行区域规划时的有效工具。但是地理热图颜色选择和标度的设定可能影响解读结果，且在空间单元较大时（如省级、国家级）可能掩盖区域内部的异质性。

5. 六边形分箱图

六边形分箱图是另一种分区统计图变体，它将地理区域划分为由正六边形和导数图形组成的网格，以便在创建连续形状的同时，仍然精确地覆盖土地面积。另外，网格中的每个单元格都被赋予一种颜色或阴影来表示变量的值。六边形分箱图精确映射一组粒度数据点，不会通过将离散数据转换为连续数据来降低准确性。使用场景示例：交通情况图。

空间区域差异的可视化分析为研究区域经济提供了一种直观而强有力的工具。通过多种可视化方法的应用，研究者能够深入理解区域间的经济差异及其演变过程，为区域政策的制定和调整提供科学依据。然而，随着数据复杂性的增加和区域经济问题的多样化，可视化分析的挑战也随之增加。因此，未来的研究应进一步结合先进的地理信息技术和大数据分析方法，不断提高可视化分析的精度和解释力。

（二）Dagum 基尼系数方法概述

衡量贫富差异或者区域经济发展差异的指标有很多，比较常用的是基尼系数、Dagum 基尼系数、泰尔指数等方法。这三类都是用于衡量收入或财富分配不平衡的指标，但也可以应用于其他经济社会指标的不平等或者差异。在计算方式上有些许区别，本章我们着重讲解 Dagum 基尼系数。

1. 基尼系数

（1）基尼系数概念。基尼系数（Gini Coefficient）是用于衡量一个国家或地区收入或财富分配不平等程度的常用指标，由意大利统计学家科拉多·基尼（Corrado Gini）于 1912 年提出。它在经济学、社会学和其他社会科学领域中广泛应用，尤其是用来分析和比较不同国家或地区的不平等状况，我们可以使用基尼系数来量化分析地区间发展的差异化程度，基尼系数通过计算实际收入分布与完全平等的收入分布之间的差异来测量不平等程度。其取值范围从 0 到 1：0 表示完全平等，即所有人拥有相同的收入或财富；1 表示完全不平等，即一个人拥有所有的收入或财富，其他人没有任何收入或财富。实际情况下，基尼系数的值通常介于 0 和 1 之间，数值越大，表示不平等程度越高。基尼系数的原理是基于洛伦兹曲线的思想。

（2）洛伦兹曲线。20 世纪初，统计学家洛伦兹提出了洛伦兹曲线，洛伦兹曲线（Lorenz Curve）是用来描述和分析收入或财富分配不平等情况的一种方法，由美国统计学家马克斯·洛伦兹（Max O. Lorenz）于 1905 年首次提出。它广泛应用于经济学、社会学以及其他研究收入或财富分布的领域。将社会总人口按收入由低到高的顺序平均分为 X 个等级组，每个等级组均占 X% 的人口，再计算每个组的收入占总收入的比重。然后以人口累计百分比为横轴，以收入累计百分比为纵轴，绘出一条反映居民收入分配差距状况的曲线，即为洛伦兹曲线。洛伦兹曲线是一个二维图形，它展示了累计人口百分比与累计收入或财富百分比之间的关系。具体来说：横轴（X 轴）表示累计人口的百分比，按照收入从低到高排列，范围从 0 到 100%。纵轴（Y 轴）表示累计收入或财富的百分比，同样从 0 到 100%。洛伦兹曲线如图 3 - 1 所示，通过图形，可以直观地看出一个社会中收入或财富的分配状况。

绘制洛伦兹曲线的过程包括以下步骤：①排序：将所有个体或家庭按照收入或财富从低到高进行排序；②计算累计人口百分比：对于每个收入阶层，计算其在总人口中的累计百分比。这些数据作为横轴的坐标；③计算累计收入百分比：对于每个收入阶层，计算其在总收入中的累计百分比，这些数据作为纵轴的坐标；④绘制曲线：将所有点连接起来，得到洛伦兹曲线。

洛伦兹曲线越接近45°的对角线（称为完全平等线），表示收入分配越平等；曲线越偏离对角线，说明收入分配越不平等。完全平等线：如果收入分配完全平等，那么洛伦兹曲线将与对角线重合。也就是说，前10%的人口获得了10%的收入，前20%的人口获得了20%的收入，依此类推。极端不平等：如果一小部分人拥有所有收入，洛伦兹曲线将接近横轴和纵轴，形成一个极度弯曲的形状。

洛伦兹曲线主要用于分析和比较不同群体、地区或国家的收入或财富不平等程度。通常用于收入分配分析：通过绘制不同时间点或不同国家的洛伦兹曲线，可以比较和评估收入分配的变化和差异；政策影响评估：政府可以通过洛伦兹曲线来评估社会福利政策或税收政策对收入分配的影响。如果政策有效，洛伦兹曲线将更接近完全平等线；财富分配研究：洛伦兹曲线也可以用于分析财富分配情况，揭示财富积累的集中度。

洛伦兹曲线的优点是：直观性强，洛伦兹曲线提供了一种可视化方法，使研究者能够直观地理解和比较不同收入或财富分配的平等性；能够与基尼系数结合，它与基尼系数结合使用，能够提供关于不平等程度的定量分析。同时也存在以下缺点：缺乏分布细节，虽然洛伦兹曲线展示了总体分配情况，但它并未提供关于分布细节的信息，如特定收入阶层的分布特征。易受极端值影响，如同基尼系数一样，洛伦兹曲线对极端值敏感，尤其是在少数人占据大量财富的情况下，曲线会变得非常陡峭。

（3）基尼系数计算。根据图3－1可以计算基尼系数。假设实际收入分配曲线和收入分配绝对平等曲线之间的面积为A，实际收入分配曲线右下方的面积为B。基尼系数等于A/(A+B)，其取值范围为0~1，取值越大，说明基尼系数越大。

当A为零时，此时基尼系数为0，表示收入分配完全平等；

当B为零时，此时基尼系数为1，表示收入分配绝对不平等。

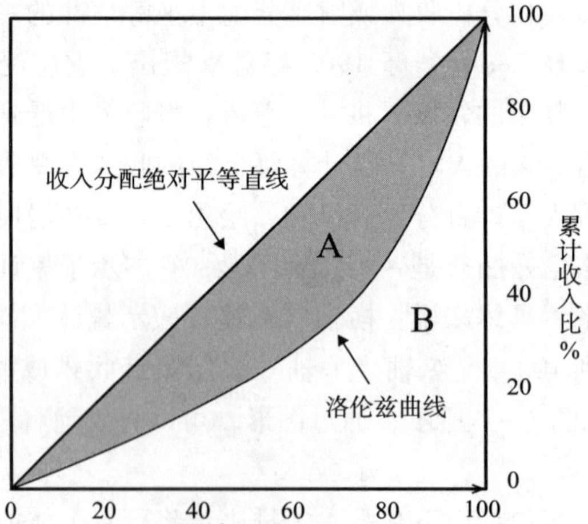

图3－1 洛伦兹曲线

基尼系数是收入分配领域的不平等分析最常用的指标，国际相关研究对于基尼系数的合理区间提供了一些经验参考（见表3－1）。国际相关研究通常把基尼系数取值为0.4作为收入分配差距的警戒线，如果大于这一数值，意味着收入分配较为不平等，经济社会可能会出现较大的动荡。据世界银行统计，2019年美国基尼系数已升至0.415，超过贫富差距过大（大于0.4）的警戒水平；中国国家统计局公布的基尼系数2019年为0.465，亦超过贫富差距过大的警戒水平。值得注意的是，基尼系数作为收入分配的差异衡量具有较强的实践指导意义，但0.4作为警戒线的标准也并非绝对的规律，国家之间经济社会发展基础的差异使得基尼系数差异背后的经济内涵也存在差异。

表3－1　基尼系数评价表

基尼系数评价表				
低于0.2	0.2—0.29	0.3—0.39	0.4—0.59	0.6以上
高度平均	比较平均	相对合理	差距较大	差距悬殊

基尼系数具有如下优点：直观易懂：基尼系数提供了一个单一的数值，可以简单明了地表达不平等程度；广泛应用：它适用于多种类型的数据，包括收入、财富、教育和健康资源等分布情况。同时也存在缺陷：对极端值敏感：基尼系数可能对收入分布中的极端值敏感，尤其是当少数人的收入或财富异常高时，会导致基尼系数较大；无法反映分布细节：基尼系数只提供整体不平等的度量，无法显示不平等的具体来源或结构；不易分解：传统基尼系数无法轻易分解成群体间和群体内不平等的部分。

基尼系数常被用于国家和地区收入不平等的比较：基尼系数常用于比较不同国家或地区的收入不平等程度。例如，发展中国家的基尼系数通常高于发达国家，反映出更大的收入差距；政策评估：通过观察基尼系数的变化，可以评估不同政策对收入分配的影响。例如，税收政策和福利支出对减少收入不平等可能有显著作用；而在社会学相关的研究中，基尼系数也应用于分析其他形式的不平等，如教育、健康资源分配等。

2. Dagum基尼系数

（1）Dagum基尼系数概念。Dagum基尼系数是一种改进的基尼系数，由意大利经济学家Camilo Dagum提出，用于更准确地测量收入分配中的不平等性。它不仅提供了传统基尼系数的优点，还引入不平等分解的能力，尤其是在跨区域或跨群体不平等研究中，Dagum基尼系数表现出独特的优势。传统的基尼系数是一种衡量收入或财富分配不平等的标准指标，广泛应用于经济学和社会学领域。然而，基尼系数的一个限制在于它无法直接分解不同群体之间的不平等贡献。Dagum基尼系数则是在基尼系数的基础上，考虑了分布之间的交叠效应，能够更加精确地分析总体不平等中的不同来源。Dagum基尼系数是在基尼系数的基础上进行改进和修正的指标。与传统基尼系数不同，Dagum基尼系数通过引入一个参数来调整基尼系数的计算，变得更具有灵活性。Dagum基尼系数可分解为组内系数、组间系数和超变密度系数，即Dagum＝组内Gw＋组间Gb＋超变密度Gt。组内Gw反映各地区内部水平的差距、组间Gb反映各地区之间水平的差距，超变密度Gt反映各地区交叉重叠现象，体现相对差距情况。Dagum 基尼系数弥补了其他用于测度地区差距方法因无法解决考察数据存在交重叠现象的不足，能够更好地识别地区差距来源问题。

Dagum 基尼系数的计算并不复杂，R 语言、python 等都可以实现计算分解，由于 STATA 提供了较为完善的计算命令，因此在此仅介绍用 STATA 计算 Dagum 基尼系数的方法：

```
*调入计算基尼系数的截面数据
use Gini_Coefficient.dta,clear
*将变量 province 的数值属性由字符串（string）修改为数值
encode province,g(area)
*计算某年地区间的基尼系数
ineqdeco gdppc,by(area)
*安装 egen_inequal 命令
sscinstall egen_inequal,replace
*计算出基尼系数
egen gini = inequal(gdppc),by(area)
*将冗余数据进行加工
keep year province gini
duplicates drop year province gini,force
*保留保存有效数据
Save 某年地区间的基尼系数.dta,replace
```

（2）结果解读。Dagum 基尼系数分析通常会得到两个表格和两个图，说明如下（见表 3-2）。

表 3-2　Dagum 基尼系数分析结果

表格/图名称	说明
Dagum 基尼系数及贡献率结果	展示组内 Gw、组间 Gb 和超变密度 Gt 值，并且展现贡献率值
贡献率图绘制	图示化展示组内 Gw、组间 Gb 和超变密度 Gt 贡献率
Dagum 基尼系数差异分解结果	展示具体两两组间基尼系数值
组内基尼系数分解	图示化展示组内基尼系数 Gw

Dagum 基尼系数有如下特点与优势：

①分解能力：相比传统基尼系数，Dagum 基尼系数可以清晰地分解出群体内、群体间以及跨群体重叠的不平等部分。这使得研究者能够更精确地分析不平等的来源，特别是在涉及多个群体或区域时。

②交叠考虑：Dagum 基尼系数引入跨群体重叠不平等的概念，这在处理群体之间收入分布有重叠时尤为重要。这种情况下，传统的基尼系数可能会低估不平等程度，而 Dagum 基尼系数则能更全面地捕捉这种复杂性。

③广泛适用性：Dagum 基尼系数不仅适用于收入分配的研究，还可以推广应用于其他社会经济现象的分布不平等分析，如教育水平、健康资源分布等。

3. 泰尔指数

泰尔指数（Theil Index）是经济学中用于测量不平等程度的一种熵基指数。它是由荷兰经济学家亨利·泰尔（Henri Theil）提出的，可以量化收入、财富或其他经济变量在不同区域或群体间的分布不平等情况。泰尔指数的一个显著特点是它能够被分解为区域内不平等和区域间不平等的贡献部分，这在研究不同区域或群体之间的差异时非常有用。泰尔指数的数学原理是“熵”，“熵”是一种衡量数据“有序性”的指标，当“熵”值越大时，数据越无序，那么意味着“不平均”情况越严重。结合具体的泰尔指数计算原理，其可分为四种类型分别是 T 指数、L 指数、GE1 指数和 GE0 指数。具体公式见式（3－6）。

$$T = \frac{1}{k}\sum_{q=1}^{k}\left(\frac{S_q}{\bar{S}} \times \ln\frac{S_q}{\bar{S}}\right)$$

$$T_p = \frac{1}{k_p}\sum_{q=1}^{k_p}\left(\frac{S_{pq}}{\bar{S}_p} \times \ln\frac{S_{pq}}{\bar{S}_p}\right)$$

$$T = T_w + T_b = \sum_{p=1}^{4}\left(\frac{k_p}{k} \times \frac{\overline{S_p}}{\bar{S}} \times T_p\right) \qquad \text{式（3－6）}$$

$$\sum_{p=1}^{4}\left(\frac{k_p}{k} \times \frac{\bar{S}}{\bar{S}} \times \ln\frac{\bar{S}}{\bar{S}}\right)$$

其中，T 表示区域间某一发展指标的总体差异泰尔指数，其大小处于［0,1］，泰尔指数越小，说明总体差异越小，反之，则说明总体差异越大。另外，定义 T_w/T 和 T_b/T 分别为区域内差异和区域间差异对总体差异的贡献率，$(S_p/S)\times(T_p/T)$ 为各区域对区域内总体差异的贡献率，S_p 表示区域 p 内各省份某一指标发展水平之和，S 则表示全国这一指标发展水平之和。

四种类型的指数在原理上稍有区别，但应用上均是对“不平均”情况的衡量，其中 T 指数使用最多。具体区别说明如下：

T 指数和 L 指数的对比：T 指数以收入数据计算加权权重；L 指数以人口数据计算加权权重。基于上述原理，在计算 T 指数或 L 指数时，通常需要提供类似 GDP 和人口共两项数据。GE1 指数和 GE0 指数的对比：如果提供的原始数据为人均 GDP 一项（没有 GDP 和人口两项数据），那么此时则需要使用 GE1 或 GE0 指数，二者是基于广义熵概念计算得到，区别在于广义熵时的 alpha 值，GE1 时 alpha 值为 1，GE0 时 alpha 值为 0，GE1 和 GE0 指数使用相对较少。

泰尔指数具有如下特点：

（1）无尺度性：泰尔指数是无尺度的，这意味着它不受数据的单位或尺度的影响，这使得它可以在不同的上下文中进行比较。

（2）灵敏性：泰尔指数对不同收入段的不平等敏感。例如，泰尔 T 指数对高收入群体的不平等敏感，而泰尔 L 指数对低收入群体的变化更敏感。

（3）可分解性：泰尔指数可以被分解为两个部分——区域内不平等和区域间不平等。这个特性对于研究不平等的来源非常有用。

泰尔指数广泛应用于收入不平等、教育不平等、区域经济发展差异等领域。例如：区域经济差异：通过计算不同省份或地区的泰尔指数，可以揭示国家或地区内的经济不平等现象；教育不平等：通过泰尔指数，可以分析不同教育水平的人群间的不平等程度及其变化趋势；全球收入不平等：泰尔指数被用来衡量全球各国之间以及各国内部的收入不平等，帮助制定国际经济政策。

泰尔指数主要具有如下优缺点：

（1）优点：

分解能力：泰尔指数可以分解为区域内和区域间不平等，提供了关于不平等来源的详细信息；灵敏性：对数据的变动较为敏感，能够捕捉到不同群体之间的细微差异。

（2）缺点：

复杂性：计算相对复杂，尤其是在数据量大或分解时。

泰尔指数是一个强大且灵活的工具，适用于不平等研究和区域经济分析。其分解特性使得它在政策分析和不平等来源的研究中具有独特优势。在实际应用中，泰尔指数可以与其他不平等测度指标结合使用，以提供更全面的分析视角。

（三）聚类分析组间连接法

聚类就是将样本划分为由类似的对象组成的多个类的过程。聚类后，我们可以更加准确地在每个类中单独使用统计模型进行估计、分析或者预测；也可以探究不同类之间的相关性和主要差异，我们可以使用聚类分析的方法分析地区间经济社会发展情况的差异。和分类不同，聚类是未知的。聚类的模型有很多，比如模糊聚类（模糊聚类的特例就是 k - means 聚类）、DBSCAN 算法、系统（层次）聚类算法等，虽然方法很多，但是聚类的基本原理大多相同。我们具体来介绍系统聚类算法，其具体流程如下：

（1）将每个对象（样本）看作一类（也即有几个样本就有多少类），计算两两之间的最小距离；

（2）将距离最小的两个类合并成一个新类（此时类别个数减 1）；

（3）重新计算新类与所有类之间的距离；

（4）重复步骤（2）（3），直到所有类最后都合并成一类；

（5）结束。

以上就是系统聚类的算法流程，系统聚类分析的前提是计算和确定类间距离，常见的类间距离定义有七种，分别为：

（1）最短距离法：指用两个类别中各数据点间最短的距离代表类间距离，依据此最短距离将其并成一类。

（2）最长距离法：指用两个类别中各数据点间最长的距离代表类间距离，再用距离最小的来合并成类。

（3）中间距离法：指用介于最长、最短距离之间的距离代表类间距离，再用最小的距离聚类。

（4）重心法：指用两个类别的重心间距离来表示类间距离，“重心”为各类样品的均值，因而对类有很好的代表性。

（5）组间连接法：指用两个类别中各数据点两两之间距离平方的平均数表示类间距离，也称类平均法。

（6）组内连接法：指用两个类别中平均欧式平方距离最小的点间距离表示类间距离。

（7）离差平方和法：也称 Ward 法，基本思想来自方差分析，即若分类正确，则类内离差平方和较小、类间离差平方和较大。每次聚类时，离差平方和要增大，此时选择方差增加最小的两类进行聚合，直到聚类完成。

以上方法中，最为稳健的类间距离计算方法是组间连接法，大量实践证明其在多数情况下表现优异，因此推荐使用组间连接法进行聚类分析。

聚类分析法可以输出冰状图（见图 3－2）和谱系树状图（见图 3－3），通过观察谱系图我们可以清楚地发现不同地区之间发展的差异以及总结出区域发展情况的类别，如图 3－3 中我们可以发现裁判 8 和其他裁判之间存在明显的差别，裁判 8 和其他裁判分属于两类。

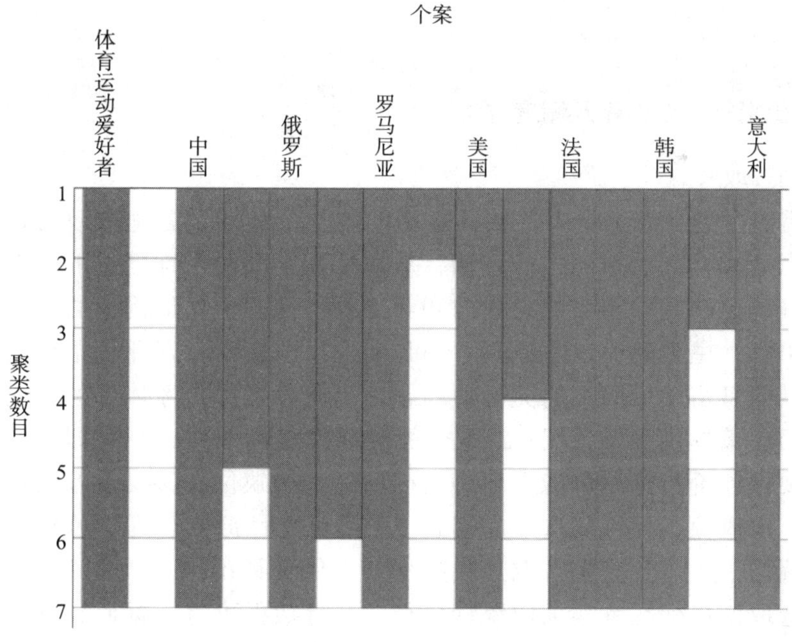

图 3－2　冰状图示例

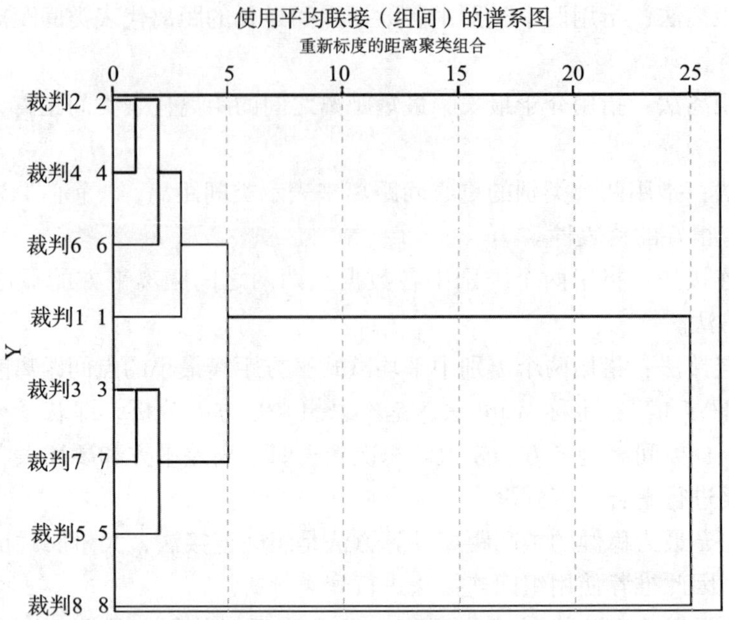

图 3-3 谱系树状图示例

第三节 中国共同富裕的时空演进与区域差异分析案例

（一）评价指标体系构建及测度方法

1. 指标的选取

本部分借鉴习近平总书记有关共同富裕的重要论述以及各地方政府推动共同富裕的政策实践，紧扣共同富裕的核心意涵，从富裕和共同两个维度选取代表性指标，尽可能全面、准确刻画共同富裕的时代内涵和主要特征。为保证构建的评价指标体系科学、合理、可行，主要遵循以下原则：一是问题导向原则，即评价指标的遴选要能反映当前中国共同富裕发展面临的关键性问题，以充分发挥指标体系的风向标作用，并能为相关部门决策提供参考依据；二是全面性和代表性兼顾原则，即在指标体系构建过程中，既要求评价指标尽可能全面、关键指标不得缺位，又要求各指标之间重叠信息尽可能低，以避免指标重复选取的问题；三是可比性原则，即评价指标应以比例指标和强度指标为主，避免直接选取规模指标，以保证评价结果的客观性；四是可操作性原则，即选取的指标在考察期内统计口径一致且数据可得。据此，本章构建了由两个一级指标、六个二级指标和 24 个三级指标构成的共同富裕评价指标体系（见表 3-3）。

表 3-3　　共同富裕评价指标体系

一级指标	二级指标	三级指标	衡量方式	属性
富裕水平	经济发展	劳动生产率	GDP/就业人员数（元/人）	+
		资本产出率	GDP/固定资产投资总额	+
		全要素生产率	采用索洛余值法测度	+
	人民生活	收入水平	居民人均可支配收入（元/人）	+
		消费结构	居民人均教育文化娱乐消费支出（元/人）	+
		住房负担	商品房屋平均销售价格/居民人均可支配收入	-
		健康状况	人均预期寿命（岁）	+
	公共服务	教育供给	每万人普通中小学学校数（所/万人）	+
		医疗供给	每千人医疗机构床位数（张/千人）	+
		文化供给	每万人公共图书馆个数（个/万人）	+
		养老供给	城镇基本养老保险覆盖率（%）	+
		数字基础设施供给	人均互联网宽带接入用户数（户/人）	+
共同水平	收入分配	居民总体收入差距	收入基尼系数	-
		初次分配公平程度	劳动者报酬占 GDP 比重（%）	+
	城乡差距	城乡收入差距	城乡居民人均可支配收入之比	-
		城乡教育差距	城乡居民平均受教育年限之比	-
		城乡医疗差距	城乡居民每千人医疗机构床位数之比	-
		城乡社会保障差距	城乡居民人均转移净收入之比	-
		城乡数字基础设施差距	城乡居民人均互联网宽带接入用户数之比	-
	区域协调	区域收入差距	省内地级市人均 GDP 变异系数	-
		区域教育差距	省内地级市每万人普通中小学学校数变异系数	-
		区域医疗差距	省内地级市每千人医疗机构床位数变异系数	-
		区域社会保障差距	省内地级市城镇基本养老保险覆盖率变异系数	-
		区域数字基础设施差距	省内地级市人均互联网宽带接入用户数变异系数	-

富裕水平方面，主要按照“在高质量发展中促进共同富裕”要求，从“质”的方面刻画富裕的基本内涵。具体而言，本章主要从经济发展、人民生活和公共服务三个层面对富裕程度进行测度。其中，经济发展优质是前提基础，人民生活美好是核心目标，公共服务完善是关键保障。经济发展层面，选取劳动生产率、资本产出率和全要素生产率三个基础指标进行反映，因为经济效率是体现经济发展质量最为重要的指标。人民生活层面，从人民群众切实关心的收入、消费、住房和健康问题出发，选取收入水平、消费结构、住房负担和健康状况四个基础指标进行表征。公共服务层面，选取教育供给、医疗供给、文化供给、养老供给、数字基础设施供给五个基础指标进行衡量，以全方位满足人民日益增长的物质生活需要和精神生活需求。

共同水平方面，主要聚焦中国群体差距、城乡差距和区域差距的“三大攻坚战”，从收入分配、城乡差距和区域协调三个层面对富裕程度进行刻画。收入分配层面，分别选取收入基尼系数和劳动者报酬占 GDP 比重刻画居民总体收入差距和初次分配公平程度。城乡差距层面，现有文献主要聚焦于对城乡收入差距的考察，而忽略了城乡差距的多维性特征，为此，按照城乡多维差距分析框架，选取城乡收入差距、城乡教育差距、城乡医疗差距、城乡社会保障差距、城乡数字基础设施差距五个基础指标对中国城乡差距的状况进行综合反映。区域协调方面，对应于城乡差距考察的关键领域，选取区域收入差距、区域教育差距、区域医疗差距、区域社会保障差距和区域数字基础设施差距五个基础指标对中国区域差距的状况进行综合衡量。

同现有评价指标体系相比，本章按照高质量发展的要求，从多维视角更加准确地刻画了“富裕”和“共同”两大关键词，不仅涵盖了经济发展和收入分配维度，还包含了教育、医疗、文化、养老以及数字基础设施等的供给水平和发展平衡性，更加符合中国共同富裕的核心要求。

2. 样本、数据与指标说明

以中国 2013—2019 年 26 个省为研究对象。之所以选择以 2013 年为研究起点，是因为党的十八大之后，中国经济开始逐步由“数量型增长”转向“质量型发展”，更加契合新时代共同富裕的内在要求。其中，由于西藏数据缺失较为严重，被排除在研究样本之外。同时，还剔除了四个直辖市样本，主要是因为：第一，直辖市与其他省份在行政等级等方面存在较大差异；第二，区域协调是共同富裕的重要内涵之一，现有文献往往采用区域内辖区某一指标的差异程度来反映，在实践中，省内地级市和直辖市市辖区的统计数据分别收录在《中国城市统计年鉴》和《中国县域统计年鉴》中，由于市辖区部分指标统计不全等原因从而可能导致测度结果偏误。

原始数据来源于《中国统计年鉴》《中国城市统计年鉴》《中国人口与就业统计年鉴》以及 EPS 数据平台。对于少数缺失的指标数据，主要通过查阅各省、市国民经济和社会发展统计公报等官方资料进行补充，极个别无法获得的数据采用增长率法或插值法予以补齐。对于指标体系中涉及的人均 GDP、人均可支配收入等名义变量，统一采取相应的平减指数换算成 2013 年不变价格的实际变量，以剔除价格因素的影响。

在后续研究中，本节将分别按照东中西和南北两种区位划分方式对中国共同富裕的特征进行分析。东部地区包括河北、辽宁、江苏、浙江、福建、山东、广东、海南 8 个省份；中部地区包括山西、吉林、黑龙江、安徽、江西、河南、湖北、湖南 8 个省份；西部地区包括内蒙古、广西、四川、贵州、云南、陕西、甘肃、青海、宁夏、新疆 10 个省份。南北地区以秦岭—淮河作为分界线进行划分，南方地区包括江苏、浙江、安徽、福建、江西、湖北、湖南、广东、广西、海南、四川、贵州、云南 13 个省份；北方地区包括河北、山西、内蒙古、辽宁、吉林、黑龙江、山东、河南、陕西、甘肃、青海、宁夏、新疆 13 个省份。

3. 指标权重的确定及测算

相较于主观赋权法，客观赋权法能够有效避免主观因素影响，故主要采用客观赋权法确定基础指标的权重。同时，在诸多客观赋权法中，纵横向拉开档次法更加适用于动态、跨期比较分析，因而本章主要运用该方法进行赋权。基本赋权原理为：

设 $s = \{s_1, s_2, \cdots, s_n\}$ 为被评价对象集，$w = (w_1, w_2, \cdots, w_m)^T$ 为指标权重系数向量，$x_{ij}(t_k)$ 表示 i 省第 j 个指标在第 t_k 年的原始值，$x_{ij}^*(t_k)$ 为经过极值处理法后的无量纲化值。对于时刻 t_k，取综合评价函数 $y_i(t_k) = \sum_{j=1}^{m} w_j x_{ij}(t_k)$。

评价对象之间的差异可用 $y_i(t_k)$ 总离差平方和来表示，见式（3-7）。

$$\sigma^2 = \sum_{k=1}^{N}\sum_{i=1}^{n}[y_i(t_k) - \bar{y}]^2 \qquad \text{式（3-7）}$$

由于对原始数据的标准化处理，有式（3-8）。

$$\bar{y} = \frac{1}{N}\sum_{k=1}^{N}\left[\frac{1}{n}\sum_{i=1}^{n}\sum_{j=1}^{m} w_j x_{ij}^*(t_k)\right] = 0 \qquad \text{式（3-8）}$$

进一步化简，得到式（3-9）。

$$\sigma^2 = \sum_{k=1}^{N}\sum_{i=1}^{n}[y_i(t_k) - \bar{y}]^2 = \sum_{k=1}^{N}[w^T H_k w] = w^T \sum_{k=1}^{N} H_k\, w = w^T H w \qquad \text{式（3-9）}$$

可以证明，若限定 $w^T w = 1$，当取 w 为矩阵 H 的最大特征值所对应的特征向量时，σ^2 取最大值。同时，为保证所有指标权重为正，可进一步限定 $w > 0$。因此，指标权重系数向量可通过求解以下规划问题确定，见式（3-10）。

$$\max\ w^T H w \quad \text{s.t.}\ \|w\| = 1\ 且\ w > 0 \qquad \text{式（3-10）}$$

采用面板标准化方法对原始指标进行标准化处理，基本公式见式（3-11）。

$$s_{ij}(t_k) = \begin{cases} 10 \times \dfrac{x_{ij}(t_k) - \min(x_j)}{\max(x_j) - \min(x_j)} & x_j\ 为正向指标 \\ 10 \times \dfrac{\max(x_j) - x_{ij}(t_k)}{\max(x_j) - \min(x_j)} & x_j\ 为逆向指标 \end{cases} \qquad \text{式（3-11）}$$

其中，$s_{ij}(t_k)$ 表示 i 省第 j 个指标在第 t_k 年标准化的值，$\max(x_j)$ 和 $\min(x_j)$ 分别表示所有省份第 j 个指标在样本期的最大值和最小值，由此测度的共同富裕指数取值范围在 0~10。

运用线性加权法，即可测度历年各省份共同富裕指数及其分维度指数，共同富裕指数 Q 的合成公式见式（3-12）。

$$Q_{it}(t_k) = \sum_{j=1}^{m} w_j s_{ij}(t_k) \qquad \text{式（3-12）}$$

4. 时空演进分析与区域差异测度方法

为全面考察中国共同富裕的时空演进趋势，本章首先采用核密度估计方法刻画中国共同富裕指数的总体变化特征，其次采用 Markov 转移概率矩阵测度中国共同富裕指数的演进趋势，最后采用全局莫兰指数（Moran's I）和莫兰散点图方法对中国共同富裕指数的空间相关性特征进行分析。与此同时，Dagum 基尼系数法不仅能刻画评价对象的总体区域差异，还能揭示区域差异的来源，因而在区域差异的分析中得到了广泛的应用，本章主要采用该方法对中国共同富裕指数的区域差异进行分析。

5. 收敛分析模型

σ 收敛模型主要通过观测评价对象对数标准差的时序变化趋势来判定是否存在 σ 收敛。其基本公式见式（3-13）。

$$\sigma_t = \sqrt{\frac{1}{n}\sum_{i=1}^{n}(\ln Q_{it} - \frac{1}{n}\sum_{i=1}^{n}\ln Q_{it})^2} \qquad 式（3-13）$$

其中，下标 i 和 t 分别表示省份和年份，$\ln Q$ 为共同富裕指数的对数，σ_t 为共同富裕指数第 t 年的 σ 收敛系数。若满足 $\sigma_{t+1} < \sigma_t$，则表示 σ 收敛系数是逐年递减的，从而中国共同富裕水平存在 σ 收敛，反之，则不存在 σ 收敛。

由于追求共同富裕是全国所有省份的共同目标，因而各省共同富裕水平很可能在未来趋于某一稳定状态，从而 β 收敛模型非常适合用于考察中国共同富裕水平的长期变化特征。按照稳态水平是否相同，β 收敛可分为绝对 β 收敛和条件 β 收敛两类，对应的估计模型如式（3-14）和式（3-15）所示。

$$\ln Q_{i,t+1} - \ln Q_{it} = \alpha + \beta \ln Q_{it} + \mu_i + \eta_t + \varepsilon_{it} \qquad 式（3-14）$$

$$\ln Q_{i,t+1} - \ln Q_{it} = \alpha + \beta \ln Q_{it} + \delta X_{it} + \mu_i + \eta_t + \varepsilon_{it} \qquad 式（3-15）$$

其中，式（3-14）和式（3-15）分别为绝对 β 收敛模型和条件 β 收敛模型。下标 i、t 分别表示省份和年份，$\ln Q_{i,t+1} - \ln Q_i$ 表示省份 i 的共同富裕指数在第 t 年的增长率。在条件 β 收敛模型中，本章还加入一系列可能影响共同富裕的控制变量 X，包括产业结构，用第三产业与第二产业产值之比表示；政府干预，用政府财政支出与 GDP 之比衡量；外商投资，用外商直接投资与 GDP 之比反映；对外开放，用进出口总额与 GDP 之比计算；金融发展，用金融机构存贷款业务总额与 GDP 之比表示；研发投入强度，用 R&D 经费支出与 GDP 之比衡量。此外，本章还进一步控制了省份固定效应 μ_i 和年份固定效应 η_t，ε_{it} 为随机误差项。

β 表示收敛系数，若 $\beta<0$ 且在统计上显著，则表明中国共同富裕存在 β 收敛。在此情形下，收敛速度可进一步表示为 $v = -\ln(1-|\beta|)/T$，半程收敛周期可近似表示为 $\ln 2/v$，其中，v 表示收敛速度，T 表示样本考察期的年份数量。

（二）测度结果与分析

根据上述评价指标体系与方法，测度了中国 2013—2019 年 26 个省份的共同富裕水平，具体结果如表 3-4 所示。可以看出，进入新时代以来，中国共同富裕指数总体表现出稳定的上升趋势，但不同地区、不同省份共同富裕的绝对水平以及增速存在明显差异。

表 3-4　　中国 2013—2019 年省际层面共同富裕指数

省份	2013 年	2014 年	2015 年	2016 年	2017 年	2018 年	2019 年	年均增长率
河北	5.26	5.31	5.46	5.59	5.77	5.94	6.20	2.75%
山西	4.74	4.77	5.36	5.08	5.39	5.46	5.60	2.82%
内蒙古	4.75	5.01	5.20	5.37	5.51	5.71	5.88	3.61%
辽宁	5.09	5.13	5.28	5.53	5.64	5.88	5.90	2.51%
吉林	4.82	5.30	5.19	5.38	5.48	5.62	5.91	3.43%

续表

省份	2013 年	2014 年	2015 年	2016 年	2017 年	2018 年	2019 年	年均增长率
黑龙江	4.38	4.54	4.92	5.18	5.47	5.66	6.09	5.65%
江苏	5.63	5.71	5.78	6.09	6.28	6.54	6.80	3.17%
浙江	6.02	6.03	6.12	6.33	6.50	6.70	6.84	2.16%
安徽	4.65	4.64	4.77	5.14	5.34	5.46	5.61	3.19%
福建	5.48	5.52	5.60	5.69	5.79	6.00	6.23	2.18%
江西	4.92	4.92	5.08	5.24	5.36	5.62	5.91	3.10%
山东	5.17	5.23	5.38	5.53	5.74	5.96	6.10	2.81%
河南	4.71	4.83	5.03	5.15	5.40	5.65	5.84	3.65%
湖北	4.87	5.03	5.18	5.44	5.53	5.78	5.94	3.37%
湖南	4.70	4.76	5.05	5.24	5.47	5.72	5.86	3.75%
广东	4.89	5.02	5.21	5.34	5.48	5.61	5.68	2.50%
广西	4.76	4.80	4.96	5.12	5.17	5.28	5.60	2.75%
海南	5.25	5.46	5.31	5.39	5.65	5.87	5.96	2.16%
四川	4.85	5.03	5.25	5.48	5.69	5.73	5.99	3.59%
贵州	4.13	4.24	4.44	4.62	4.82	5.31	5.58	5.14%
云南	4.12	4.15	4.30	4.41	4.65	5.20	5.26	4.19%
陕西	4.70	4.85	4.92	5.23	5.40	5.66	5.81	3.62%
甘肃	3.70	3.81	3.93	4.35	4.46	4.66	4.96	5.00%
青海	2.95	3.31	3.46	3.97	4.26	5.20	5.02	9.28%
宁夏	4.16	4.10	4.28	4.56	5.05	5.46	5.77	5.63%
新疆	5.12	5.08	5.32	5.33	5.29	5.26	5.37	0.79%

1. 全国层面

图 3 -4 描绘了 2013—2019 年全国共同富裕指数的变化趋势。可以看出，自党的十八大以来，中国共同富裕取得了一定的进展，各省共同富裕指数均值从 2013 年的 4.76 提高到 2019 年的 5.84，年均增长 3.45%。从共同富裕的两个维度来看，2013 年中国富裕指数为 1.01，2019 年提升至 1.61，年均增长率高达 8.13%，略高于同期中国 GDP 增速，说明新时代党和政府逐渐将经济发展重心由数量转向质量，由“做大”蛋糕转向“做好”蛋糕，并

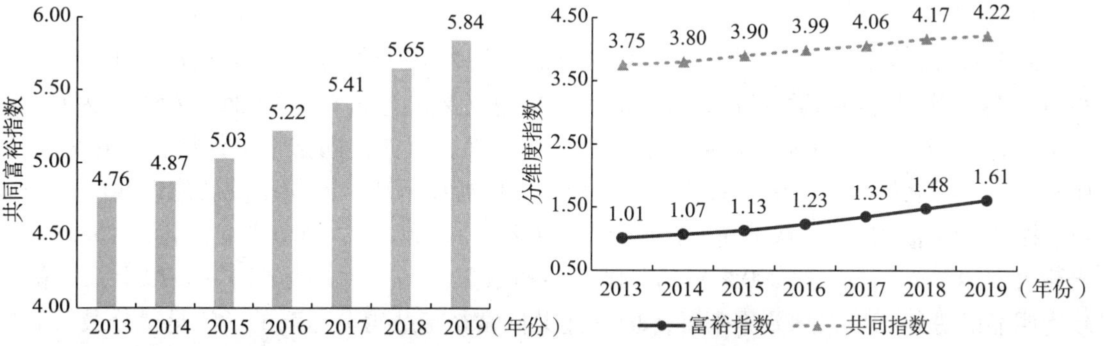

图 3 -4　2013—2019 年全国共同富裕指数的变化趋势

取得了良好的成效。与此同时，中国共同指数由 2013 年的 3.75 提高到 2019 年的 4.22，年均增长率仅为 1.98%，说明新时代中国经济发展不平衡的矛盾虽然有所好转，但改善速度相对较慢，需要在推进共同富裕的历史进程中更加关注群体、城乡和区域等的发展差距问题。

2. 区域层面

图 3－5 刻画了中国共同富裕区域层面的变化特征。从东中西区位划分来看，考察期内所有地区共同富裕指数均稳步提升，且呈现出东、中、西部地区依次递减的空间分布格局。具体而言，在本章的研究区间内，东部地区共同富裕指数均值为 5.73，高于中部地区的 5.25 和西部地区的 4.87。从增长速度来看，样本期内东部地区共同富裕指数由 5.35 提高到 6.21，年均增长 2.53%；中部地区由 4.72 上升到 5.85，年均增长 3.61%；西部地区由 4.32 增加至 5.52，年均增长 4.17%。可见，虽然中部和西部地区共同富裕水平相对较低，但其提升速度较东部地区更快，且年均增长率均高于全国平均水平，说明在共同富裕发展方面，中部和西部地区对东部地区存在“追赶效应”。

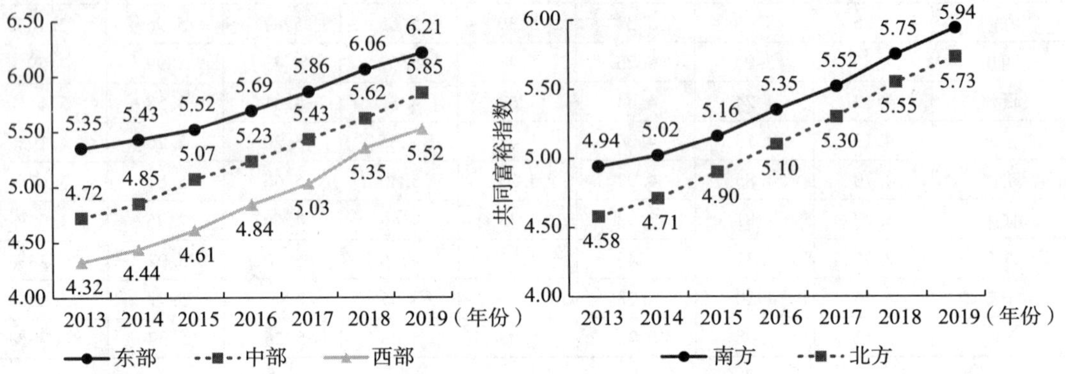

图 3－5　2013—2019 年中国分区域共同富裕指数的变化趋势

从南北区位划分来看，新时代以来南方和北方地区共同富裕水平均表现出稳定的上升态势，且呈现出“南高北低”的空间分布格局。具体来说，样本期内南方地区共同富裕平均水平为 5.38，略高于北方地区的 5.12。从增速来看，2013—2019 年，南方地区共同富裕指数均值由 4.94 提升至 5.94，年均增长率为 3.12%；北方地区由 4.58 提升至 5.73，年均增长率为 3.79%，南北方共同富裕水平绝对差距有所减小。

3. 省际层面

图 3－6 描绘了 2019 年中国 26 个省份的共同富裕指数及其排名情况。可以看出，2019 年各省共同富裕指数介于 4.96～6.84，均值（*M*）为 5.84，标准差（*SD*）为 0.43。其中，有 14 个省份共同富裕指数高于全国平均水平。浙江共同富裕指数得分为 6.84，在所有省份中排名第一，为中国打造浙江样板、提供浙江示范、高质量发展建设共同富裕示范区提供了定量的证据。从增速来看，青海（9.28%）、黑龙江（5.65%）、宁夏（5.63%）、贵州（5.14%）、甘肃（5.00%）的共同富裕指数年均增长率均达到了 5% 以上，取得了较为明显的进展。从省际差异来看，2019 年共同富裕指数得分最高的浙江是得分最低的甘肃的 1.38 倍，说明各省共同富裕发展不平衡的现象仍然存在。

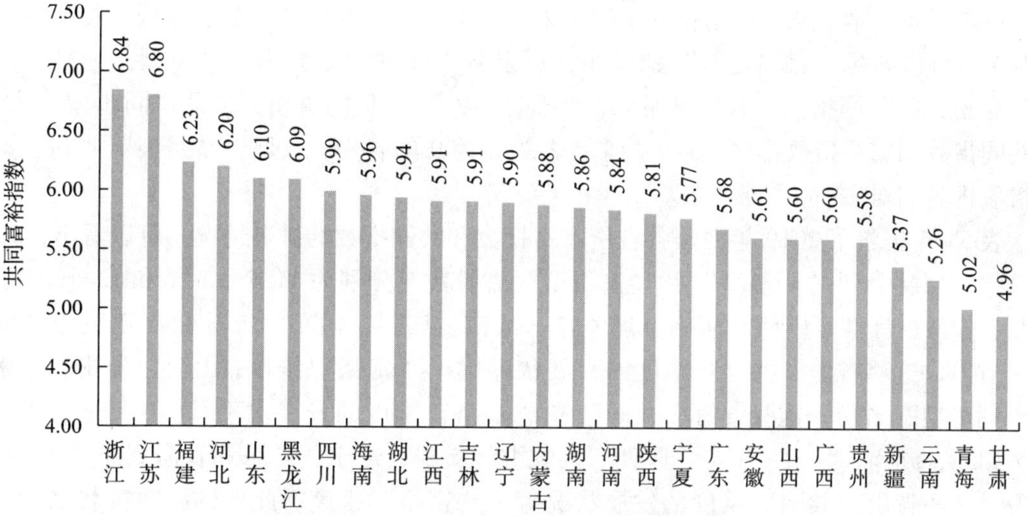

图 3-6　2019 年中国各省共同富裕指数及其排名

进一步地，根据共同富裕水平均值（M）和标准差（SD）的关系，将 2019 年不同省份划分为三种类型：共同富裕指数大于 $M+0.5SD$ 的省份称为“领先型”省份；共同富裕指数介于 $M-0.5SD$ 和 $M+0.5SD$ 之间的省份称为“追赶型”省份；共同富裕指数小于 $M-0.5SD$ 的省份称为“落后型”省份。

表 3-5 汇报了各类型省份区域分布状况。从东中西区位划分来看，6 个“领先型”省份有 5 个位于东部地区，1 个位于中部地区；12 个“追赶型”省份分布较为均匀，东、中、西部地区分别有 3、5、4 个省份；8 个“落后型”省份有 6 个位于西部地区，2 个位于中部地区。这一结果直观地刻画了中国共同富裕发展水平“东部 > 中部 > 西部”的空间分布格局。从南北区位划分来看，不同类型的省份在南方和北方地区总体分布较为均匀。具体而言，南方和北方均包含 3 个“领先型”省份、6 个“追赶型”省份和 4 个“落后型”省份，但由于在同一类型省份中，南方地区所包含的省份共同富裕水平总体高于北方地区（例如，2019 年共同富裕指数排名前 3 的省份均属于南方地区），从而导致了共同富裕“南高北低”的分布格局。

表 3-5　　2019 年中国共同富裕三种类型省份的区域分布

类型	东部	中部	西部	南方	北方
领先型	浙江、江苏、福建、河北、山东	黑龙江		浙江、江苏、福建	河北、山东、黑龙江
追赶型	海南、辽宁、广东	湖北、江西、吉林、湖南、河南	四川、内蒙古、陕西、宁夏	四川、海南、湖北、江西、湖南、广东	吉林、辽宁、内蒙古、河南、陕西、宁夏
落后型		安徽、山西	广西、贵州、新疆、云南、青海、甘肃	安徽、广西、贵州、云南	山西、新疆、青海、甘肃

更进一步，本节从共同富裕两个维度来考察不同省份发展的优势和短板。按照共同富裕两个分维度指数“排名之差”的大小，可以将不同省份划分为三种类型：一是“共同型”省份，即共同指数排名相对靠前、“排名之差”为负的省份；二是“同步型”省份，即共同指数和富裕指数排名一致、“排名之差”为0的省份；三是“富裕型”省份，即富裕指数排名相对靠前，“排名之差”为正的省份。

表3-6报告了2019年中国各省份富裕指数和共同指数的排名情况。可以看出，26个省份中，“共同型”“同步型”和“富裕型”省份数量分别为11个、3个和12个。其中，河北、安徽、江西、广西、河南、黑龙江、海南、四川、山东、吉林和福建属于“共同型”省份，这些省份“共同”维度的发展状况优于“富裕”维度；山西、贵州和云南属于“同步型”省份，这些省份“共同”和“富裕”维度的发展水平基本一致；江苏、浙江、湖北、湖南、甘肃、宁夏、陕西、内蒙古、新疆、辽宁、广东和青海属于“富裕型”省份，这些省份“共同”维度的发展状况劣于“富裕”维度。此外，从“排名之差”的绝对值大小来看，山东、吉林、福建、山西、贵州、云南、江苏、浙江、湖北和湖南10个省份“排名之差”的绝对值小于等于3，说明这些省份“共同”和“富裕”两个维度的发展总体较为协同均衡。相反，其他16个省份“排名之差”的绝对值均大于3，甚至远大于3，在未来推进共同富裕的进程中，不仅要注重保持优势维度的进一步提升，更要关注短板维度的弥补、强化和追赶。例如，广东省作为中国最发达的省份之一，2019年富裕指数排名第4，但由于其省份内部不同城市之间以及城乡间发展的差距较大，使得其共同指数排名位列倒数第4，最终导致广东省共同富裕指数排名相对较低。对于这类省份而言，在今后推动共同富裕的进程中，必须将短板维度的提升摆在更为突出的位置。

表3-6　　2019年中国各省共同富裕分维度指数排名

省份	富裕排名	共同排名	排名之差	类型	省份	富裕排名	共同排名	排名之差	类型
河北	24	1	-23	共同型	湖北	13	14	1	富裕型
山西	18	18	0	同步型	湖南	12	15	3	富裕型
内蒙古	5	20	15	富裕型	广东	4	23	19	富裕型
辽宁	3	22	19	富裕型	广西	25	10	-15	共同型
吉林	14	13	-1	共同型	海南	17	12	-5	共同型
黑龙江	16	4	-12	共同型	四川	15	11	-4	共同型
江苏	2	3	1	富裕型	贵州	19	19	0	同步型
浙江	1	2	1	富裕型	云南	21	21	0	同步型
安徽	26	8	-18	共同型	陕西	9	17	8	富裕型
福建	7	6	-1	共同型	甘肃	20	25	5	富裕型
江西	22	5	-17	共同型	青海	6	26	20	富裕型
山东	10	7	-3	共同型	宁夏	11	16	5	富裕型
河南	23	9	-14	共同型	新疆	8	24	16	富裕型

（三）时空演进特征与区域差异分析

1. 基于核密度估计的动态演进分析

图 3-7 展示了中国共同富裕指数的核密度估计结果。就全国层面而言，共同富裕曲线表现出明显的右移趋势，说明全国共同富裕水平不断提升；主峰高度提高且宽度收窄，说明各省份共同富裕发展不均衡程度逐步缩小；波峰数量由双峰变为单峰，说明各省份共同富裕两极分化特征开始弱化。

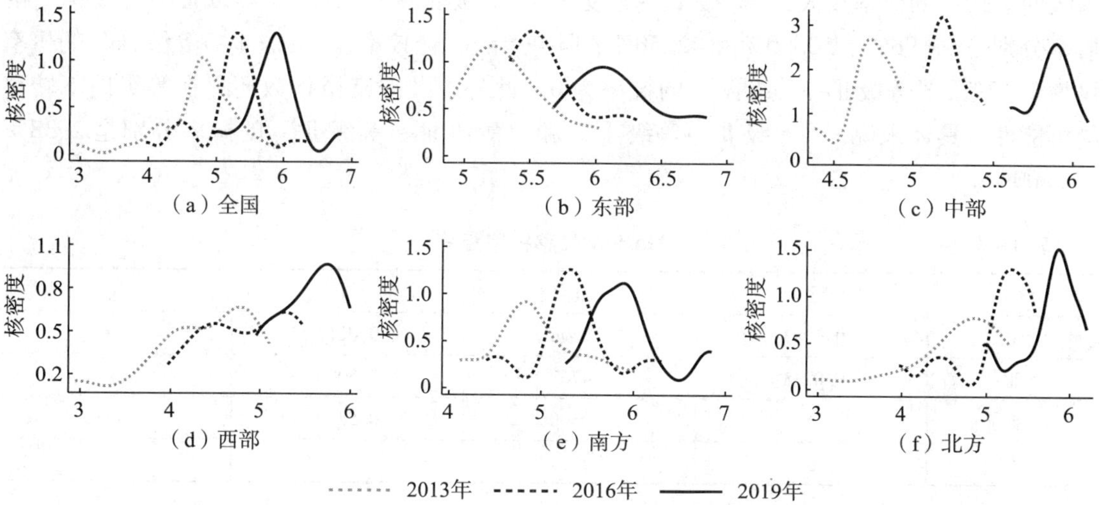

图 3-7　全国及不同地区共同富裕指数的核密度曲线

从东中西区位划分来看，东、中、西部地区核密度曲线均呈现出右移趋势，说明不同地区共同富裕均取得了良好的进展。主峰形态方面，东部和中部地区主峰高度均先升高、后降低，主峰宽度均先收窄、后拓宽，说明东部和中部地区共同富裕水平的绝对差异呈现出先升后降的变化趋势；西部地区主峰高度不断提升，主峰宽度不断收窄，说明西部地区共同富裕水平的绝对差异有所降低。分布延展性方面，东部地区表现出明显的右拖尾现象，这是因为海南省相对于东部地区其他省份共同富裕水平相对偏低；中部地区始终存在一个波峰，未表现出明显的区域极化现象；西部地区波峰数量由双峰变为单峰，表明区域内部差异逐步缩小。

从南北区位来看，南方和北方地区核密度曲线不断右移，说明不同地区共同富裕水平均得到了一定的提升。主峰形态方面，南方地区主峰高度先上升后下降，主峰宽度先收窄后拓宽，说明南方地区共同富裕水平的绝对差异表现出先扩大后缩小的特征；北方地区主峰高度不断上升，主峰宽度不断收窄，说明北方地区共同富裕水平的绝对差异正逐渐缩小。分布延展性方面，南方地区逐步由左右双拖尾转向右拖尾，说明区域内部共同富裕的极化程度有所缓解；北方地区表现出明显的左拖尾现象，这是由于甘肃、青海等省份共同富裕水平相对偏低导致的。

2. 基于 Markov 转移概率矩阵的动态演进分析

根据共同富裕指数的绝对大小不同，本章采用四分位分类法（即 $k=4$）将共同富裕划分为Ⅰ、Ⅱ、Ⅲ、Ⅳ四个等级，等级越高，表明共同富裕水平越高。在此基础上，表 3－7 报告了中国共同富裕的 Markov 转移概率矩阵的计算结果。其中，对角线上的数据表示共同富裕水平在 $t+1$ 年维持原有等级的概率；非对角线上的数据表示共同富裕水平在 $t+1$ 年等级发生变化的概率。可以看出，在 $t+1$ 年各等级共同富裕指数继续保持原有等级的概率依次为 60.87%、47.62%、52.50% 和 100%，表现出较强的稳定性。同时，各等级向上跃迁的概率较大，"等级Ⅰ→等级Ⅱ""等级Ⅱ→等级Ⅲ""等级Ⅲ→等级Ⅳ"的概率分别是 36.96%、50.00% 和 42.50%；但跨等级跃迁较难，"等级Ⅰ→等级Ⅲ"的概率仅为 2.17%，"等级Ⅱ→等级Ⅳ"的概率为 0。此外，共同富裕指数还存在等级向下转移的可能性，具体来说，"等级Ⅱ→等级Ⅰ"和"等级Ⅲ→等级Ⅱ"的概率分别是 2.38% 和 5.00%。

表 3－7 Markov 转移概率矩阵

$t/t+1$	Ⅰ	Ⅱ	Ⅲ	Ⅳ
Ⅰ	0.6087	0.3696	0.0217	0
Ⅱ	0.0238	0.4762	0.5000	0
Ⅲ	0	0.0500	0.5250	0.4250
Ⅳ	0	0	0	1

3. 空间相关性分析

本节分别采用邻近权重矩阵和反距离权重矩阵测度了中国共同富裕水平的 Moran's I，具体结果如表 3－8 所示。可以看出，在两类权重矩阵下，所有年份 Moran's I 均显著为正，表现出明显的空间正自相关特征。同时，不同年份 Moran's I 的绝对大小呈波动变化态势，未表现出明显的变化规律。

表 3－8 中国共同富裕的 Moran's I

Moran's I	2013 年	2014 年	2015 年	2016 年	2017 年	2018 年	2019 年
邻近权重矩阵	0.231**	0.219**	0.185*	0.240**	0.292***	0.347***	0.351***
反距离权重矩阵	0.127***	0.114***	0.129***	0.129***	0.130***	0.091***	0.101***

注：*、** 和 *** 分别表示在 10%、5% 和 1% 的水平上显著。

进一步地，为更加直观地考察共同富裕指数的空间集聚特征，图 3－8 绘制了代表性年份共同富裕指数的莫兰散点图。可以看出，中国绝大多数省份落在第一、第三象限，即要么处于 HH 集聚区，要么处于 LH 集聚区，呈现出明显的空间正向集聚特征；仅少数省份落在第二、第四象限，表现出空间负向离群特征。浙江、江苏、福建等共同富裕发展水平位居前列的省份始终位于第一象限，对周边省份共同富裕的发展产生了示范和溢出效应。甘肃、青海、贵州等共同富裕发展水平相对偏低的省份始终落在第三象限，说明这些省份自身和周边省份的共同富裕水平均相对较低。为此，必须加快推动高质量发展建设共同富裕示范区，为共同富裕发展相对落后的省份提供高质量、可借鉴的“样板”，实现全国各省共同富裕“齐头并进”的新局面。

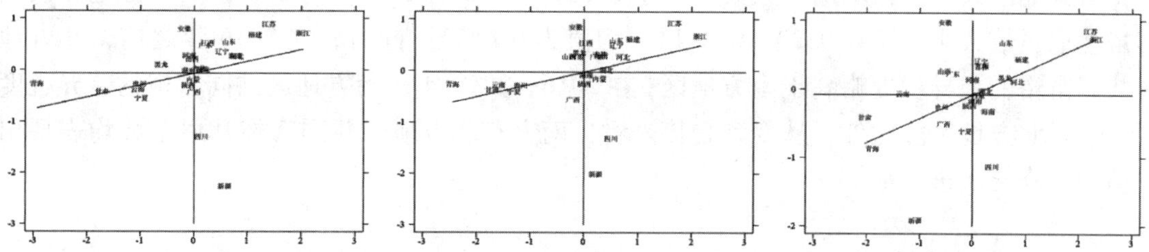

(a) 2013年　　(b) 2016年　　(c) 2019年

图 3－8　莫兰散点图

4. 区域差异分析

基于东中西部和南北方两种区域划分，采用 Dagum 基尼系数法对中国 26 个省份共同富裕的总体差异、区域间差异、区域内差异和总体差异来源进行测度分析。

图 3－9 展示了中国共同富裕总体差异的测度结果。2013—2019 年中国各省份共同富裕总体基尼系数介于 0. 0378 ~0. 0673，均值为 0. 0522。从变化趋势来看，除 2019 年总体基尼系数略有上升外，其余年份的总体基尼系数均表现出下降趋势，说明新时代以来中国共同富裕发展虽然存在着区域不均衡现象，但不均衡程度整体有所减弱。

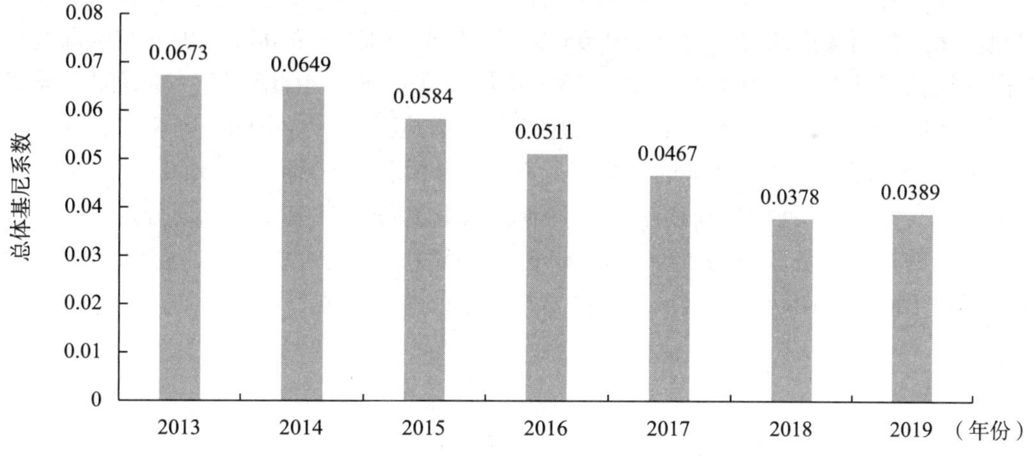

图 3－9　总体差异变动趋势

图 3－10 展示了中国共同富裕区域内差异的测度结果。从东中西区位划分来看，区域内基尼系数呈现出“西部 > 东部 > 中部”的空间分布格局，说明西部地区内部省份共同富裕的差异程度最大，东部地区次之，中部地区最小。从变化趋势来看，东部地区共同富裕基尼系数大小介于 0. 0276 ~0. 0340，均值为 0. 0308，样本期内变化较为稳定；中部地区共同富裕基尼系数大小介于 0. 0064 ~0. 0252，均值为 0. 0149，总体呈现出“先上升、后下

降、再上升”的特征；西部地区共同富裕基尼系数大小介于 0.0301 ~ 0.0769，均值为 0.052，除 2019 年略有上升外，其余年份逐年降低，与全国总体基尼系数的变化特征相似。从南北区位划分来看，南方和北方地区在考察期内共同富裕的差异程度较为接近。其中，南方地区共同富裕基尼系数大小介于 0.0396 ~ 0.0584，均值为 0.0496；北方地区共同富裕基尼系数大小介于 0.0323 ~ 0.0711，均值为 0.0511。同时，在 2016 年之前，北方地区共同富裕的差异程度略高于南方地区；在 2016—2019 年，南方地区共同富裕的差异程度则超过了北方地区。此外，从变动趋势来看，南方和北方地区共同富裕基尼系数均表现出波动中下降的演进特征。

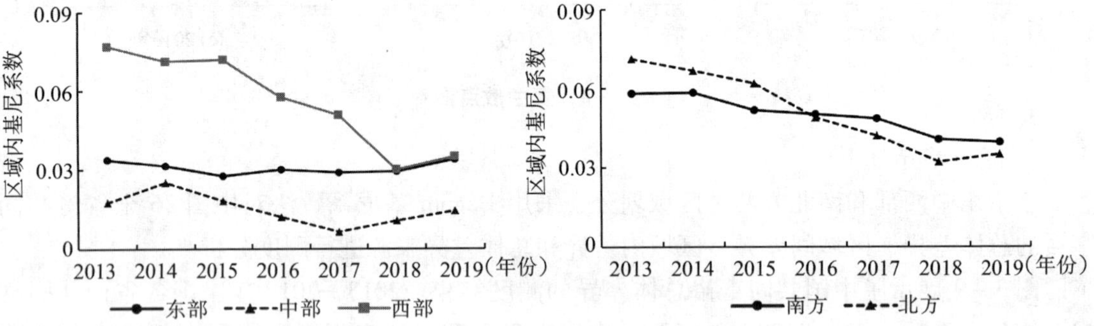

图 3 – 10　区域内差异变动趋势

图 3 – 11 展示了中国共同富裕区域间差异的测度结果。从东中西区位划分来看，考察期内东部与中部地区间的共同富裕基尼系数介于 0.0354 ~ 0.0622，均值为 0.0453；东部与西部地区间的共同富裕基尼系数介于 0.0606 ~ 0.1068，均值为 0.0827；中部与西部地区间的共同富裕基尼系数介于 0.0300 ~ 0.0618，均值为 0.0490。由此可见，区域间差异以东部和西部地区为主，东部与中部地区以及中部与西部地区共同富裕的差异相对较低。从变化趋势来看，东部与西部地区共同富裕基尼系数逐年降低，东部与中部地区以及中部与西部地区共同富裕基尼系数则表现出波动中下降的变化特征。从南北区位划分来看，南方与北方地区间的共同富裕基尼系数介于 0.0396 ~ 0.0584，均值为 0.0496，且以年均 6.62% 的速度逐年下降，说明南北方区域间共同富裕水平的差异整体不断缩小。

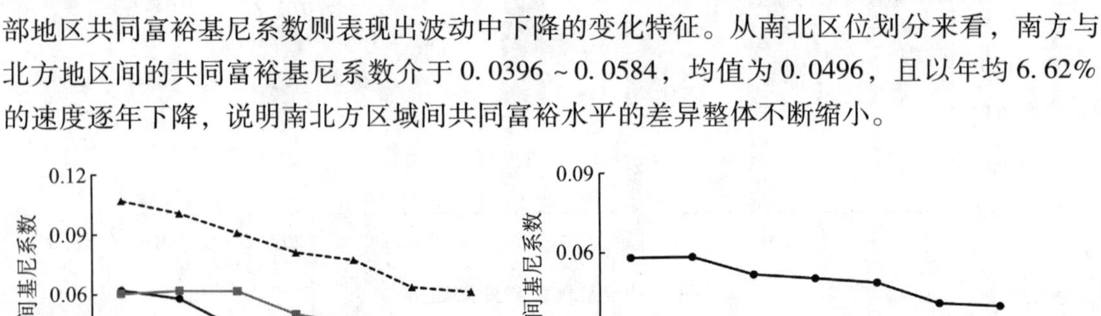

图 3 – 11　区域间差异变动趋势

图 3－12 展示了中国共同富裕区域差异各组成部分的贡献度。从东中西区位划分来看，中国共同富裕的区域差异主要来源于区域间差异，贡献度大小介于 68.06%～74.30%，均值高达 71.05%；其次是区域内差异，贡献度大小介于 21.66%～24.94%，均值为 23.46%；超变密度贡献度最低，其大小介于 3.85%～7.00%，均值为 5.49%。从变化趋势来看，各部分贡献度在考察期内较为稳定，未发生大幅波动情况。因此，降低共同富裕的区域间差异，尤其是东部地区与西部地区共同富裕发展水平的差异，是推动共同富裕目标实现的重中之重。从南北区位划分来看，中国共同富裕的区域差异主要来源于区域内差异，贡献度大小介于 47.84%～48.50%，均值达到 48.26%；区域间差异与超变密度贡献度较为接近，前者大小介于 21.65%～28.36%，均值为 24.06%，后者大小介于 23.80%～29.85%，均值为 27.68%。从变化趋势来看，与东中西区位划分的结果类似，各部分贡献度在考察期内同样较为稳定。

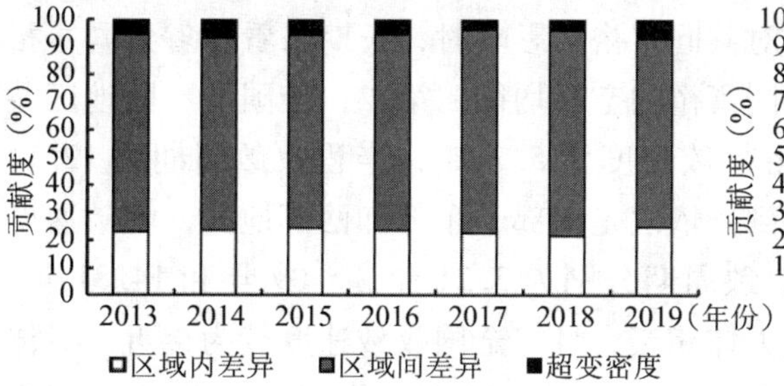

（a）东中西区域划分

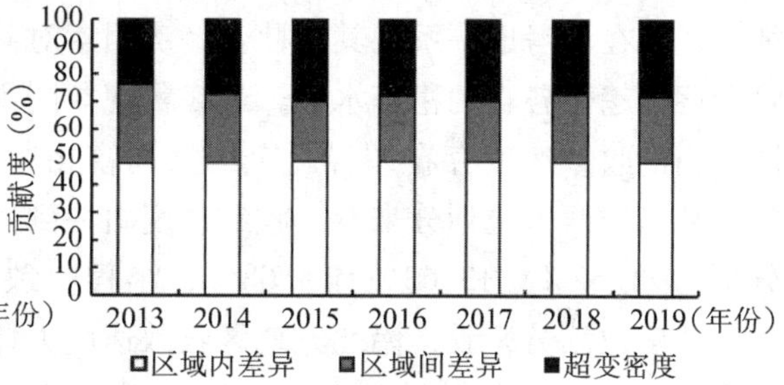

（b）南北方区域划分

图 3－12　总体差异的来源及其贡献度

（四）收敛性分析

1. σ 收敛检验与结果分析

表 3－9 报告了中国共同富裕的 σ 收敛检验结果。从全国范围来看，中国共同富裕表现出明显的收敛趋势，σ 收敛系数除 2019 年略有反弹外，其余年份均表现出稳步的下降趋势。从东中西区位划分来看，东部和中部地区的 σ 收敛系数虽然在考察期内总体有所降低，但并未表现出逐年降低的趋势，因而不存在 σ 收敛特征，这可能是因为东部和中部地区内部各省份共同富裕发展相对均衡，且共同富裕指数的增速差距也相对较小，从而未表现出明显的 σ 收敛性质；西部地区的 σ 收敛系数变化特征与全国较为相似，可以认为存在 σ 收敛。从南北区位划分来看，无论是南方地区还是北方地区，σ 收敛系数均表现出逐年递减的特征（北方地区 σ 收敛系数 2019 年略有上升），因而存在 σ 收敛。综合而言，除东部和中部地区外，全国及其他地区共同富裕普遍存在 σ 收敛特征，说明中国共同富裕的非均衡性正在不断改善，这与前文的研究结论一致。

表 3－9　　σ 收敛检验结果

年份	全国	东部	中部	西部	南方	北方
2013	0.1417	0.0649	0.0358	0.1643	0.1095	0.1618

续表

年份	全国	东部	中部	西部	南方	北方
2014	0.1293	0.0598	0.0484	0.1427	0.1087	0.1433
2015	0.1215	0.0539	0.0351	0.1417	0.0975	0.1401
2016	0.1018	0.0594	0.0231	0.1106	0.0969	0.1044
2017	0.0926	0.0582	0.0122	0.0954	0.0920	0.0921
2018	0.0724	0.0594	0.0205	0.0610	0.0764	0.0663
2019	0.0740	0.0657	0.0285	0.0663	0.0753	0.0709

2. β 收敛检验与结果分析

表3-10报告了中国共同富裕的绝对 β 收敛检验结果。可以看出：第一，所有模型 β 收敛系数均为负值，且至少通过了5%的显著性检验，即全国及各个地区均存在 β 收敛特征，说明在不考虑一系列其他社会经济因素对共同富裕的影响时，长期来看各省共同富裕将会逐渐趋于各自的稳态水平，最终实现共同富裕的空间均衡。第二，全国及不同地区共同富裕的收敛速度存在差异。全国共同富裕收敛速度为5.71%，半程收敛周期为12.14年。从东中西区位划分来看，收敛速度由快到慢依次是中部、东部和西部地区，收敛速度分别为21.62%、13.63%和4.68%，半程收敛周期分别为3.21年、5.09年和14.81年。从南北区位划分来看，南北方地区收敛速度大体相当，且与全国收敛速度较为接近。具体来说，南方地区收敛速度为6.05%，半程收敛周期为11.45年；北方地区收敛速度为5.62%，半程收敛周期为12.33年。

表3-10　　绝对 β 收敛检验结果

项目	全国	东部	中部	西部	南方	北方
β	-0.2900***	-0.5585***	-0.7268**	-0.2448**	-0.3046**	-0.2864***
	(0.0568)	(0.1383)	(0.2766)	(0.0773)	(0.1053)	(0.0662)
省份固定	是	是	是	是	是	是
年份固定	是	是	是	是	是	是
收敛速度	0.0571	0.1363	0.2162	0.0468	0.0605	0.0562
半程收敛周期	12.1425	5.0869	3.2055	14.8129	11.4477	12.3256
N	156	48	48	60	78	78
R^2	0.2178	0.4614	0.3976	0.2664	0.3062	0.1900

注：括号内为异方差稳健标准误；*、** 和 *** 分别表示在10%、5%和1%的水平上显著。

在进一步考虑产业结构、政府干预、外商投资、对外开放、金融发展及研发投入强度的影响后，本节检验了中国共同富裕的条件 β 收敛特征，回归结果如表3-11所示。可以看出：第一，所有模型 β 收敛系数均显著为负，说明全国及各个地区均存在条件 β 收敛特征。其经济学含义在于，在考虑产业结构等经济社会因素的影响后，从长期来看各省共同富裕收敛于各自稳态水平的特征仍然存在。第二，全国及各地区共同富裕的条件 β 收敛速

度相对快慢与绝对 β 收敛保持一致。同时，与绝对 β 收敛相比，条件 β 收敛速度更快。具体而言，全国共同富裕收敛速度提高到 6.04%，半程收敛周期相应缩减至 11.47 年。从东中西区位划分来看，东、中、西部地区共同富裕收敛速度分别为 15.44%、32.21% 和 6.28%，半程收敛周期分别为 4.49 年、2.15 年和 11.05 年。从南北区位划分来看，南方和北方地区共同富裕收敛速度分别为 8.96% 和 6.38%，半程收敛周期分别为 7.73 年和 10.87 年。

表 3－11　　条件 β 收敛检验结果

项目	全国	东部	中部	西部	南方	北方
β	−0.3041*** (0.0611)	−0.6040** (0.2139)	−0.8552** (0.2466)	−0.3137*** (0.0476)	−0.4160** (0.1459)	−0.3179*** (0.0846)
控制变量	是	是	是	是	是	是
省份固定	是	是	是	是	是	是
年份固定	是	是	是	是	是	是
收敛速度	0.0604	0.1544	0.3221	0.0628	0.0896	0.0638
半程收敛周期	11.4699	4.4895	2.1522	11.0459	7.7334	10.8704
N	156	48	48	60	78	78
R^2	0.2516	0.5290	0.5136	0.4248	0.4021	0.2874

注：括号内为异方差稳健标准误；*、** 和 *** 分别表示在 10%、5% 和 1% 的水平上显著。

第四章

经济数据分布特征及其动态测度

第一节　分布函数的定义

分布函数（Cumulative Distribution Function，CDF），是概率统计中重要的函数，通过分布函数可以用数学分析的方法来研究随机变量。分布函数是随机变量最重要的概率特征，分布函数可以完整地描述随机变量的统计规律，并且决定随机变量的一切其他概率特征。

（一）总体分布函数

研究对象的某项特征指标值的全体称为总体，组成总体的每个元素称为个体。总体是一个随机变量，常用 X 来表示。总体的分布函数称为总体分布函数。

设 X 是一个随机变量，x 是任意实数，函数 $F(x)=P(X\leqslant x)$ 称为随机变量 X 的分布函数。有时也记为 $X\sim F(x)$。如果将 X 看成是数轴上的随机点的坐标，那么，分布函数 $F(x)$ 在 x 处的函数值就表示 X 落在区间上的概率。

对于任意实数 x_1、$x_1(x_1<x_2)$，有式（4-1）和式（4-2）。

$$P(x_1<X\leqslant x_2)=P(X\leqslant x_2)-P(X\leqslant x_1)=F(x_2)-F(x_1) \qquad 式（4-1）$$

$$P(X>x_1)=1-P(X\leqslant x_1)=1-F(x_1) \qquad 式（4-2）$$

因此，若已知随机变量 X 的分布函数，就可以知道 X 落在任一区间上的概率，在这个意义上说，分布函数完整地描述了随机变量的统计规律性。

设 X 为连续型随机变量，其密度函数为 $f(x)$，则有式（4-3）。

$$F(x) = P(X \leqslant x) = \int_{-\infty}^{x} f(x)\,dx \qquad 式（4-3）$$

因此，连续型随机变量 X 的分布函数与密度函数之间存在一阶导数的关系关系，即随机变量 X 分布函数的一阶导数为其密度函数。

（二）样本分布函数

样本分布函数（Sample Distribution Function）亦称经验分布函数，是统计学中的基本概念之一。从总体中随机抽出 n 个个体称为容量为 n 的样本，其中每个个体称为样本单位，它们都是随机变量。如果总体分布函数未知，经济数据实证分析中通常采用简单随机样本的样本分布函数推断总体分布函数。

简单随机样本。设 $X_1,X_2,\cdots,X_n$ 是来自总体 X 的容量为 n 的样本，如果这 n 个随机变量 $X_1,X_2,\cdots,X_n$ 相互独立且每个样本单位 X_i 与总体 X 具有相同的分布，则称 $X_1,X_2,\cdots,X_n$ 为总体 X 的简单随机样本。

总体分布函数与样本分布函数存在紧密联系。若总体 X 具有分布函数 $F(x)$，则样本 $(X_1,\ X_2,\ \cdots,\ X_n)$ 的联合分布函数见式（4－4）：

$$F(x_1,x_2,\cdots,x_n) = \prod_{i=1}^{n} F(x_i) \qquad \text{式（4－4）}$$

若总体 X 为连续型随机变量，且随机变量 X 的概率密度函数为 $f(x)$，则样本的联合概率密度见式（4－5）：

$$f(x_1,x_2,\cdots,x_n) = \prod_{i=1}^{n} f(x_i) \qquad \text{式（4－5）}$$

若总体 X 为离散型随机变量，其分布律为 $P\{X_i = a_i\} = p_i(i = 1,2,\cdots,n)$，则样本的联合分布见式（4－6）：

$$P\{X_1 = x_1,X_2 = x_2,\cdots,X_n = x_n\} = \prod_{i=1}^{n} P\{X_i = x_i\} \qquad \text{式（4－6）}$$

其中，$(x_1,x_2,\cdots,x_n)$ 为 $(X_1,X_2,\cdots,X_n)$ 的任一组可能的观察值。

样本的频率分布。设样本值 $(x_1,x_2,\cdots,x_n)$ 中不同的数值是 $x_1^*,x_2^*,\cdots,x_l^*$，记相应的频数分别为 $n_1,n_2,\cdots,n_l$，其中 $x_1^* < x_2^* < \cdots < x_l^*$ 且 $\sum_{i=1}^{l} n_i = n$。则样本的频数分布及频率分布可由表 4－1 给出。

表 4－1　样本的频数分布及频率

指标 X	x_1^*	x_2^*	…	x_l^*
频数 n_i	n_1	n_2	…	n_l
频率 $f_i = \dfrac{n_i}{n}$	$\dfrac{n_1}{n}$	$\dfrac{n_2}{n}$	…	$\dfrac{n_l}{n}$

根据样本的频率分布可以估计经验分布函数。设 $(X_1,X_2,\cdots,X_n)$ 为总体 X 的一个样本，其样本值为 $(x_1,x_2,\cdots,x_n)$，则可以得到样本值 $(x_1,x_2,\cdots,x_n)$ 的经验分布函数 $F_n(x)$，如式（4－7）所示。

$$F_n(x) = \begin{cases} 0, & x < x_1^*, \\ \dfrac{n_1 + \cdots + n_i}{n}, & x_i^* \leqslant x < x_{i+1}^*,\quad (i = 1,2,\cdots,l-1) \\ 1 & x \geqslant x_l^*。\end{cases} \qquad \text{式（4－7）}$$

经验分布函数 $F_n(x)$ 被定义为样本值小于等于 x 的频率。经济数据实证分析中，总体函数分布往往是未知的，常常采用经验分布函数进行分布特征描述。

第二节 经济数据分布特征比较方法

（一）数据分布特征对比的可视方法

经济数据分布特征刻画及其对比的常用可视化方法包括箱线图（Boxplot）、直方图（Histogram）、核密度估计（Kernel Density Estimation）、累积分布函数（Cumulative Distribution）、Q－Q 图。

直方图可以较为直观地传递有关数据的变化信息，使数据使用者较好地观察到数据的变化。直方图将数据分组到等宽的箱中，并绘制每个箱内的观察次数。STATA 软件中常用的命令为 histogram 或者 graph bar。累积分布函数可以完整地表述两个分布的特征。具体地，在 x 轴的每个点上，绘制具有相等或更低值的数据点的百分比。累积分布函数的主要优点是，既不需要做任何任意选择（例如，箱子的数量），也不需要进行任何近似（例如，使用 KDE），而是表示所有数据点。

比较两个变量的分布情况也可以采用 Q－Q 图，其中 Q 代表分位数。Q－Q 图将两个分布的分位数相互绘制。如果两个分布相同，应该得到一条 45°的线。Q－Q 图是分布诊断图（Distributional Diagnostic Plots）系列中的一种，STATA 软件使用 qqplot 绘制变量 1（varname1）分位数与变量 2（varname 2）分位数的关系图（Q－Q 图），qnorm 根据正态分布的分位数绘制一个变量的分位数（Q－Q 图）。例如，qqplot weightd weightf，这是绘制 weightd 和 weightf 的分位数关系图，结果如图 4－1 所示。可以发现，两个变量（weightd & weightf）的分布存在较大的差异。

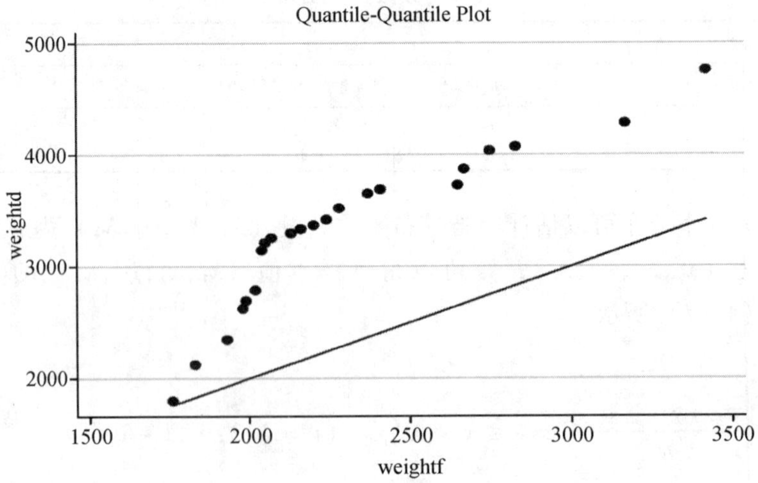

图 4－1 Q－Q 图示例

箱线图是最为常见揭示数据分布特征的方法之一，其在总结统计和数据可视化之间取得了很好的平衡。箱子的中间代表中位数，边界分别代表第一（Q1）和第三（Q3）四分位数。而箱线图的须（Whiskers）则延伸到离箱子外部超过 1.5 倍四分位距（Q3 - Q1）的第一个数据点。落在须外的点会单独绘制，通常被认为是异常值（Outliers）。

因此，箱线图既提供了总结的统计信息（箱子和须），又提供了直接的数据可视化（异常值）。箱线图的问题在于它隐藏了数据的形状，揭示了数据的一些重要统计信息，但并不显示实际的数据分布。STATA 软件通常采用 graph box 绘制箱线图。在一个垂直的箱线图中，y 轴是数值轴，x 轴是分类轴。例如，graph box y1 y2，over（cat_var），这表示根据分类变量 cat_var 展示了目标变量 y1 和 y2 的箱线图，其中 y1 和 y2 必须为数值型变量。图 4 -2 展示了箱线图的例子。第 1 -2 个箱线图刻画第一组 y1 和 y2，其他箱线图说明为第二组。

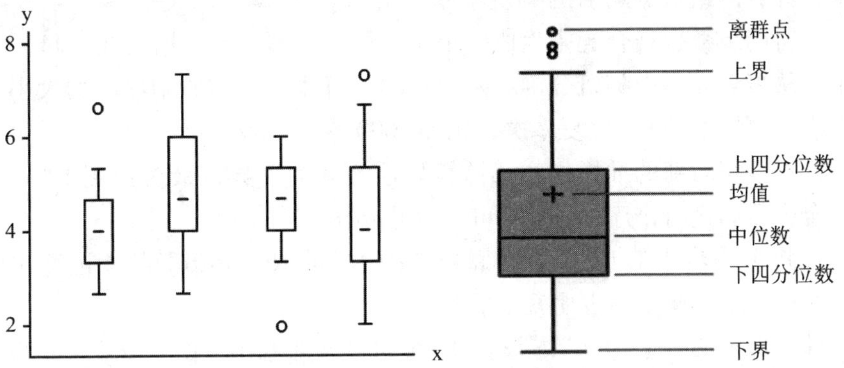

图 4 -2 垂直箱线图示例

（二）数据分布特征对比的检验方法

尽管可视化方法可以直观地展示样本数据分布特征及其组别差异，但分布之间的差异是否在统计上显著是未知的。因此，这需要采取一些统计检验方法分析两个（两组）样本的分布差异性。常用的两组样本分布特征差异性检验包括 T 检验（T - test）、标准化均值差异（Standardized Mean Difference，SMD）、Mann - Whitney U 检验、置换检验（Permutation Tests）、卡方检验（Chi - Squared Test）以及 Kolmogorov - Smirnov 检验。这些检验有的是检验两组样本的均值是否存在差异，有的是检验是否存在分布差异，本部分主要介绍三种代表性的检验方法。

（1）T 检验（T - test），即学生 t 检验，用于比较两组样本数据的均值差异是否具有统计学意义。两个样本的均值比较检验的统计量见式（4 -8）：

$$T\_Stat = \frac{\overline{x_1} - \overline{x_2}}{\sqrt{s^2/n}} \qquad 式（4-8）$$

其中，$\bar{x}$ 是样本均值，s 是样本标准差。在一些条件下，该检验统计量的渐近分布服从学生 t 分布。

例如，假设我们有两组观察值，分别来自两个不同的总体，想要检验这两个总体的总平均数是否相同。假设数据已经在变量 group1 和 group2 中：

ttest group1, by(group2)

这里，group1 和 group2 是变量名，group1 是待检验的变化。by（group2）选项指定了 STATA 软件按照 group2 中的组分别对变量 group1 进行 T 检验。

（2）置换检验（Permutation Tests），是一种非参数检验，适用于检验假设是否成立。核心思想是，在零假设下，两个分布应该是相同的，因打乱（Shuffling）组标签不会显著改变任何统计量。可以选择任何统计量，并检查原始样本中该统计量的值与组标签排列的分布相比如何。STATA 软件可以采用 permute 命令进行置换检验，但更多时候可能需要编程完成。

例如，将样本均值之差作为测试统计量，置换检验可以分为五个步骤。

第一步，计算两组数据均值的“观察差异”：$U_2 - U_1 = \mu$。

第二步，将两组数据结合起来生成一个聚合样本，即所有数据放在一起。

第三步，从聚合样本中随机分割成两个样本（样本大小与原始样本的大小相同，两组数据样本大小不要求相等），重复多次，比如 1000 次。

第四步，对于每对新的抽样样本，计算均值之间的差异，最终得到 1000 个差异的集合，并将集合中数据进行排序，称为 Null distribution。

第五步：将第一步中的观察值与第四步中生成的 Null distribution 进行比较。在 Null distribution 中大于观察值 μ 的占比就是 p 值。

例如，计算出来的 p 值为 0.2，设置 0.05 的显著性概率，由于 $0.2 > 0.05$，所以不拒绝零假设。证明两组数据没有总体差异，观察值的差异是偶然差异。

（3）Kolmogorov - Smirnov 检验。Kolmogorov - Smirnov 检验可能是比较分布的最常用的非参数检验。Kolmogorov - Smirnov 检验的思想是比较两个组的累积分布。特别地，Kolmogorov - Smirnov 检验统计量是两个累积分布之间的最大绝对差异。STATA 软件采取命令 ksmirnov 进行 Kolmogorov - Smirnov 检验。

Kolmogorov - Smirnov 检验统计量公式如式（4 - 9）所示：

$$KS\_Stat = sup_x |F(x) - G(x)| \qquad \text{式（4-9）}$$

其中，$F(x)$ 和 $G(x)$ 是两个累积分布函数。Kolmogorov - Smirnov 验统计量的渐近分布是 Kolmogorov 分布。

例如，ksmirnov x，by（group）。该命令是按照两个取值的组别变量 group（取值为 1、2）对变量 x 进行 Kolmogorov - Smirnov 检验。得到如下结果，如图 4 - 3 所示。

Smaller group	D	p-value
1	0.5000	0.424
2	-0.1667	0.909
Combined K-S	0.5000	0.785

图 4 - 3　Kolmogorov - Smirnov 检验结果

第一行检验了组 1 的 x 包含比组 2 更小的值的假设。分布函数之间的最大差值为 0.5000。其近似渐近 p 值为 0.424，并不显著。

第二行检验了组 1 的 x 包含比组 2 更大的值的假设。在这个方向上分布函数之间的最大差值是 0.1667。这个差值的近似渐近 p 值是 0.909。

最后，组合检验的近似渐近 p 值为 0.785，不拒绝两个样本分布相同的原假设。这说明两组样本的分布并不存在显著的差异。

第三节　分布动态变化的核密度估计

（一）核密度估计概念

经济数据实证分析过程中往往需要根据样本数据推断总体分布，而总体分布特征即密度函数则是未知的。如果采用参数估计方法推断总体分布，那么必须事先对总体分布的函数进行假定。例如，假定总体服从正态分布，通过样本数据估计均值和方差等相关参数，进而可以得到密度函数估计。如果总体并不服从正态分布，那么基于正态分布的参数估计方法则可能失效，估计得到的分布可能与总体真实的分布存在较大差异。非参数估计方法则是不假定总体分布的函数形式，通过样本数据的特征模拟估计总体样本的分布。例如，一种常用的非参数方法是绘制样本数据的直方图，即将数据的取值范围等分为若干组，再计算数据落在每一组的频率，以此作为总体的密度函数估计。但是，直方图并不是连续的形式，难以刻画随机变量的连续取值特征。

核密度估计（Kernel Density Estimation）是一种非参数方法，用于估计数据的概率密度函数。核密度估计基于核函数，以一定的带宽参数，通过对每个数据点附近的核函数进行加权平均来估计数据点的概率密度，即根据有限的数据样本对总体进行推断。核密度估计在概率论中用来估计未知的密度函数，该方法不需要任何有关数据分布的先验知识，对数据分布没有任何假定，是一种从数据样本出发研究数据分布特征的方法，其本质为用连续的密度曲线描述随机变量的分布形态。由于核密度估计从数据本身出发，因此能够详实地反映数据本身的特征，也因此受到学者的欢迎，能够估计所测度指标的分布情况。

（二）核密度估计方法

假定随机变量 X 的密度函数为 $f(x)$，随机变量 $X=(x_1,x_2,x_3,\cdots,x_n)$ 独立同分布，则核密度函数的估计量见式（4－10）：

$$\hat{f}(x)=\frac{1}{qh}\sum_{i=1}^{n}w_iK\left(\frac{x-X_i}{h}\right) \qquad \text{式（4－10）}$$

其中，$q=\sum_i w_i$。如果不使用权重，则 $w_i=1$，对于 $i=1,\cdots,n$。带宽（h）决定了所

估计密度函数的平滑程度，其选择将决定在估计每个点的密度时包含多少值。$K(\cdot)$ 为核函数，给定核函数与带宽就可以估计核密度 $f(x)$。

核函数通常选择高斯核函数（Gaussian Kernel），它是核密度估计中最常用的核函数之一。高斯核函数的公式如式（4－11）所示：

$$K(x)=\frac{1}{\sqrt{2\pi}}exp\left(-\frac{x^2}{2}\right) \qquad \text{式（4－11）}$$

其中，x 是输入值，$K(x)$ 表示高斯核函数的值。常用的核函数有三角核（Triangular）、伊番科尼可夫核（Epanechnikov）、高斯核（Gaussian）等。如果没有指定其他内核，STATA 软件中 Epanechnikov 核函数是默认函数，并且在最小化均积分平方误差方面最有效。表 4－2 展示了常用的核函数。

表 4－2　　常用的核函数

序号	核函数	公式
1	Biweight	$K(x)=\begin{cases}\frac{15}{16}(1-x^2)^2 & 如果\lvert x\rvert<1\\ 0 & 其他情况\end{cases}$
2	Cosine	$K(x)=\begin{cases}1+\cos(2\pi x) & 如果\lvert x\rvert<1/2\\ 0 & 其他情况\end{cases}$
3	Epanechnikov	$K(x)=\begin{cases}\frac{3}{4}\left(1-\frac{1}{5}x^2\right)\Big/\sqrt{5} & 如果\lvert x\rvert<\sqrt{5}\\ 0 & 其他情况\end{cases}$
4	Epan2	$K(x)=\begin{cases}\frac{3}{4}(1-x^2) & 如果\lvert x\rvert<1\\ 0 & 其他情况\end{cases}$
5	Gaussian	$K(x)=\frac{1}{\sqrt{2\pi}}exp\left(-\frac{x^2}{2}\right)$
6	Parzen	$K(x)=\begin{cases}\frac{4}{3}-8x^2+8\lvert x\rvert^3 & 如果\lvert x\rvert\leqslant 1/2\\ 8(1-\lvert x\rvert)^3/3 & 1/2<\lvert x\rvert\leqslant 1\\ 0 & 其他情况\end{cases}$
7	Rectangular	$K(x)=\begin{cases}1/2 & 如果\lvert x\rvert<1\\ 0 & 其他情况\end{cases}$
8	Triangular	$K(x)=\begin{cases}1-\lvert x\rvert & 如果\lvert x\rvert<1\\ 0 & 其他情况\end{cases}$

核密度估计过程如下：对于每个数据点，以该点为中心，使用核函数（如高斯核函数）构建一个核密度函数；通过计算每个数据点的核密度函数值，并对它们进行加权平均，得到整体的概率密度函数估计值。带宽（Bandwidth）是一个核密度函数估计的最重要参数，带宽的选择会影响估计的平滑性和敏感性，也会影响核密度函数估计的精度。较大的带宽会导致平滑的估计结果，但可能会掩盖分布的细节，导致估计精度下降。较小的带宽会导致更精细的估计结果和揭示分布细节特征，但可能会引入分布的噪声和出现过度拟合问题。核密度函数可以提供关于数据分布的重要信息，例如，数据的峰值、数据的分布形状。此外，核密度函数还可以作为其他机器学习和统计方法的基础，例如，聚类、异常检测等。

第四节　空间关联分析的莫兰指数方法

（一）莫兰指数概念

时空演进分析即时间与空间随机变量的演变特征分析，莫兰指数是随机变量空间层面的演进分析方法。根据地理学中三大定律之一的第一定律："任何事物都相关，相近的事物关联更紧密"，当研究样本涉及多个单元时，样本的空间相关性不容忽视，因此探究样本的空间相关性显得尤为必要。在实证研究中，常用的空间自相关（集聚）指数主要是 *Moran's I* 和 *Geary's C*，同时可以结合空间自相关系数图和 LISA 集聚图进行分析。

莫兰指数（*Moran's I*）是检验全局空间自相关特征的一种常用指标，其取值范围为[-1,1]，其大于 0 表示变量之间存在空间正相关，小于 0 则表示变量之间存在空间负相关。*Geary's C* 也是检验全局空间自相关的常用指标，它的取值范围为[0,2]，其中大于 1 表示空间负相关，小于 1 表示空间正相关。莫兰指数分为全局莫兰指数和局域莫兰指数，二者作用不同，全局莫兰指数告诉我们是否发生集聚，局域莫兰指数则告诉我们在哪里存在集聚。当前需要对计算出的 *Moran's I* 值进行假设检验，比如 Z 值及 P 值检验。同时我们可以进一步绘制 Moran 散点图（即空间自相关系数图），其横轴与纵轴分别为标准化处理后的变量及其空间滞后值，不同象限具备不同的经济学含义。

其中，第一象限（High - High）和第三象限（Low - Low）为正局域空间相关，如果散点落在第一象限和第三象限，则分别表示高值之间与低值之间的空间集聚；第二象限（Low - High）和第四象限（High - Low）则为负局域空间相关，即表现为空间离群。LISA 集聚图的四个类型分别对应于 Moran 散点图的四个象限，二者的作用没有太大差异。此外，LISA 集聚图能够以地图的形式更加直观地展示出空间分布。

（二）空间权重矩阵构建

需要注意的是，在计算 *Moran's I* 值时，采用不同的空间权重矩阵可能对结果会产生一定的影响。从现有文献来看，常用的空间权重矩阵主要包括 0—1 矩阵、距离权重矩阵以及经济权重矩阵。其中，最为灵活与自由的是经济权重矩阵，其没有固定的形式，具备经济学含义即可。经济权重矩阵认为经济发展程度越相近的地区，其关联程度越高。同时，也有学者提出根据地理特征建立的距离权重矩阵或根据经济发展状况建立的经济权重矩阵有失偏颇，提倡结合空间距离矩阵和经济权重矩阵进行相应的分析。因为选取合适的空间权重矩阵是进行空间自相关分析的前提，因此有必要介绍一些空间权重矩阵的相关内容。

空间权重矩阵具备以下特征：其对角线元素一般为 0，同时需要进行标准化变换，得到标准化后的权重矩阵，使其矩阵每行元素之和为 1。主要有以下几类常用的空间权重矩阵：第一类是地理距离权重矩阵，又可以细分为反距离权重矩阵（$w_{ij} = 1/d_{ij}$）或反距离平方权重矩阵（$w_{ij} = 1/(d_{ij})^2$），有限距离权重矩阵（若 $d_{ij} \leqslant d_{max}$，则取 1，否则取 0），K－近邻矩阵（若 $d_{ij} \leqslant d_{max}$，则 $w_{ij} = 1/d_{ij}$，其他则取 0）；第二类权重矩阵为空间相邻权重矩阵，当然根据相邻规则不同也有不同的空间权重矩阵，如图 4－4 所示。空间邻接矩阵是当前学术研究中使用最为广泛的空间权重矩阵之一，其定义简单，实现过程也并不复杂，较为符合地理学第一定律的内容。

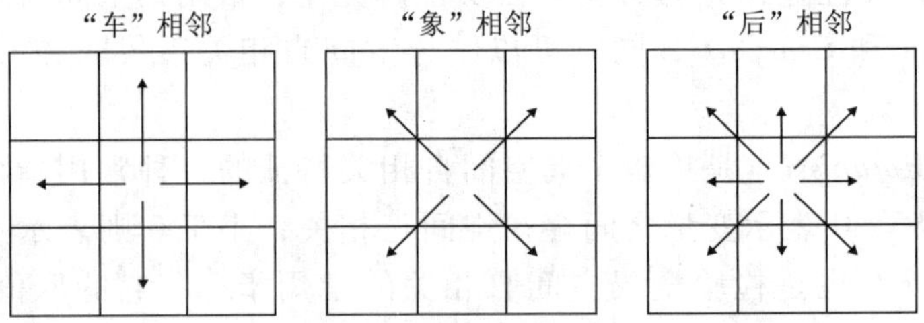

图 4－4　空间相邻权重矩阵

最后一类矩阵是社会经济权重矩阵，如经济、人口等距离权重矩阵，经济相近矩阵，经济特征空间权重矩阵等。社会经济权重矩阵往往没有特定的数学表达，只要具备相应的经济含义即可，但这也是容易被诟病的一点，因此在现有文献中常用空间邻接权重矩阵进行研究。比如省域面板中常见的中国 31 个省份空间相邻矩阵，所构建的矩阵如图 4－5 所示。

处理好的空间邻接权重矩阵如图 4－5 所示，其对角线元素均为 0，如果两个省份相邻则元素取值为 1，反之为 0，比如，北京与天津相邻，因此京津与津京均取值为 1，其他相邻省份以此类推，最终构建完整的空间邻接权重矩阵。其余空间权重矩阵构建方法类似，经济权重矩阵也是如此，依据经济学含义构建即可。

	京	津	冀	晋	蒙	辽	吉	黑	沪	苏	浙	皖	闽	赣	鲁	豫	鄂	湘	粤	桂	琼	渝	川	贵	云	藏	陕	甘	青	宁	新
京	0	1	1	0	0	0	0	0	0	0	0	0	0	0	0	0	0	0	0	0	0	0	0	0	0	0	0	0	0	0	0
津	1	0	1	0	0	0	0	0	0	0	0	0	0	0	0	0	0	0	0	0	0	0	0	0	0	0	0	0	0	0	0
冀	1	1	0	1	1	1	0	0	0	0	0	0	0	0	1	1	0	0	0	0	0	0	0	0	0	0	0	0	0	0	0
晋	0	0	1	0	1	0	0	0	0	0	0	0	0	0	0	1	0	0	0	0	0	0	0	0	0	0	1	0	0	0	0
蒙	0	0	1	1	0	1	1	1	0	0	0	0	0	0	0	0	0	0	0	0	0	0	0	0	0	0	1	1	0	1	0
辽	0	0	1	0	1	0	1	0	0	0	0	0	0	0	0	0	0	0	0	0	0	0	0	0	0	0	0	0	0	0	0
吉	0	0	0	0	1	1	0	1	0	0	0	0	0	0	0	0	0	0	0	0	0	0	0	0	0	0	0	0	0	0	0
黑	0	0	0	0	1	0	1	0	0	0	0	0	0	0	0	0	0	0	0	0	0	0	0	0	0	0	0	0	0	0	0
沪	0	0	0	0	0	0	0	0	0	1	1	0	0	0	0	0	0	0	0	0	0	0	0	0	0	0	0	0	0	0	0
苏	0	0	0	0	0	0	0	0	1	0	1	1	0	0	1	0	0	0	0	0	0	0	0	0	0	0	0	0	0	0	0
浙	0	0	0	0	0	0	0	0	1	1	0	1	1	1	0	0	0	0	0	0	0	0	0	0	0	0	0	0	0	0	0
皖	0	0	0	0	0	0	0	0	0	1	1	0	0	1	1	1	1	0	0	0	0	0	0	0	0	0	0	0	0	0	0
闽	0	0	0	0	0	0	0	0	0	0	1	0	0	1	0	0	0	0	1	0	0	0	0	0	0	0	0	0	0	0	0
赣	0	0	0	0	0	0	0	0	0	0	1	1	1	0	0	0	1	1	1	0	0	0	0	0	0	0	0	0	0	0	0
鲁	0	0	1	0	0	0	0	0	0	1	0	1	0	0	0	1	0	0	0	0	0	0	0	0	0	0	0	0	0	0	0
豫	0	0	1	1	0	0	0	0	0	0	0	1	0	0	1	0	1	0	0	0	0	0	0	0	0	0	1	0	0	0	0
鄂	0	0	0	0	0	0	0	0	0	0	0	1	0	1	0	1	0	1	0	0	0	1	0	0	0	0	1	0	0	0	0
湘	0	0	0	0	0	0	0	0	0	0	0	0	0	1	0	0	1	0	1	1	0	1	0	1	0	0	0	0	0	0	0
粤	0	0	0	0	0	0	0	0	0	0	0	0	1	1	0	0	0	1	0	1	0	0	0	0	0	0	0	0	0	0	0
桂	0	0	0	0	0	0	0	0	0	0	0	0	0	0	0	0	0	1	1	0	0	0	0	1	1	0	0	0	0	0	0
琼	0	0	0	0	0	0	0	0	0	0	0	0	0	0	0	0	0	0	0	0	0	0	0	0	0	0	0	0	0	0	0
渝	0	0	0	0	0	0	0	0	0	0	0	0	0	0	0	0	1	1	0	0	0	0	1	1	0	0	1	0	0	0	0
川	0	0	0	0	0	0	0	0	0	0	0	0	0	0	0	0	0	0	0	0	0	1	0	1	1	1	1	1	1	0	0
贵	0	0	0	0	0	0	0	0	0	0	0	0	0	0	0	0	0	1	0	1	0	1	1	0	1	0	0	0	0	0	0
云	0	0	0	0	0	0	0	0	0	0	0	0	0	0	0	0	0	0	0	1	0	0	1	1	0	1	0	0	0	0	0
藏	0	0	0	0	0	0	0	0	0	0	0	0	0	0	0	0	0	0	0	0	0	0	1	0	1	0	0	0	1	0	1
陕	0	0	0	1	1	0	0	0	0	0	0	0	0	0	0	1	1	0	0	0	0	1	1	0	0	0	0	1	0	1	0
甘	0	0	0	0	1	0	0	0	0	0	0	0	0	0	0	0	0	0	0	0	0	0	1	0	0	0	1	0	1	1	1
青	0	0	0	0	0	0	0	0	0	0	0	0	0	0	0	0	0	0	0	0	0	0	1	0	0	1	0	1	0	0	1
宁	0	0	0	0	1	0	0	0	0	0	0	0	0	0	0	0	0	0	0	0	0	0	0	0	0	0	1	1	0	0	0
新	0	0	0	0	0	0	0	0	0	0	0	0	0	0	0	0	0	0	0	0	0	0	0	0	0	1	0	1	1	0	0

图 4－5　省份空间相邻矩阵

（三）莫兰指数计算

构建空间权重矩阵往往是进行空间自相关分析的第一步，重要的还是计算莫兰指数，而莫兰指数又分为全局莫兰指数与局域莫兰指数两类，一般来说，全局 Moran 指数测量全局空间相关性，告诉我们空间是否出现了集聚，但并没有指明具体在哪里；局域 Moran 指数测量局部空间相关性，告诉我们哪里出现了集聚。两类莫兰指数的计算方法如式（4－12）和式（4－13）所示：

$$I = \frac{n\sum_{i=1}^{n}\sum_{j=1}^{n}\omega_{ij}(x_i - \bar{x})(x_j - \bar{x})}{\sum_{i=1}^{n}\sum_{j=1}^{n}\omega_{ij}\sum_{i=1}^{n}(x_i - \bar{x})^2} \qquad \text{式（4－12）}$$

$$I_i = \frac{n(x_i - \bar{x})}{\sum_{i=1}^{n}(x_i - \bar{x})^2}\sum_{j=1}^{n}\omega_{ij}(x_j - \bar{x}) \qquad \text{式（4－13）}$$

其中，ω_{ij}表示空间权重矩阵中的元素，x_i 是我们关心的指标，可以是我们测度的相关指标，$\bar{x} = \frac{1}{n}\sum_{i=1}^{n} x_i$ 指研究范围内各个个体 i 其指标的均值。从两类莫兰指数的计算方法可知计算莫兰指数的关键在于 ω_{ij}空间权重矩阵中元素的确定。在 STATA 中实现莫兰指数的计算以及莫兰散点图的绘制其实不难，其丰富的外部命令为莫兰指数的计算提供了极大的方便。常用的外部命令有：spatwmat，spweight，spatgsa 等。后续我们将会介绍一些命令的使用方法。

第五节 状态转移的马尔可夫链分析法

（一）马尔可夫链概念

核密度估计的优势在于能够刻画整体的形态分布，但缺陷是难以反映各个群体相对位置的变动以及发生概率的大小。因此计算指标的转移概率，确定个体指标的状态变化以及状态变化概率是时空动态演进分析方法中的重要一步。马尔可夫链是概率论和数理统计中具有马尔可夫性质并存在于离散的指数集和状态空间内的随机过程。马尔可夫链中随机变量的状态随时间的变化被称为转移，马尔可夫链关注随机变量的状态转移，能够较好反映随机变量的内部流动性与稳定性，探寻随机变量的转移规律。

马尔可夫链（Markov Chain），或称为离散时间的马尔可夫链（Discrete - time Markov Chain），是以俄国数学家安德烈·马尔可夫命名，为状态空间中经过从一个状态到另一个状态的转换的随机过程。该随机过程要求具备“无记忆”的性质：下一状态的概率分布只能由当前状态决定，在时间序列中它前面的事件均与之无关。这种特定类型的“无记忆性”称作马尔可夫性质。

马尔可夫链作为实际过程的统计模型在经济数据的实证分析中得到了广泛应用，也是时空分析的重要方法。在马尔可夫链的每一步，系统根据概率分布，可以从一个状态变到另一个状态，也可以保持当前状态。状态的改变叫作转移，与不同的状态改变相关的概率叫作转移概率。随机游走过程是马尔可夫链的一个典型例子。随机游走过程中每一步的状态是在图形中的点，每一步可以移动到任何一个相邻的点，在这里移动到每一个点的概率都是相同的。

马尔可夫链的一个常见例子是简化的股票涨跌模型：若一天中某股票上涨，则第二天该股票有概率 p 开始下跌，$1-p$ 继续上涨；若一天中该股票下跌，则明天该股票有概率 q 开始上涨，$1-q$ 继续下跌。该股票的涨跌情况是一个马尔可夫链，且定义中各个概念在例子中有如下对应。

随机变量：第 t 天该股票的状态；状态空间：“上涨”和“下跌”；指数集：天数。条件概率关系：按定义，即便已知该股票的所有历史状态，其在某天的涨跌也仅与前一天的状态有关。无记忆性：该股票当天的表现仅与前一天有关，与其他历史状态无关（定义条件概率关系的同时定义了无记忆性）。停时前后状态相互独立：取出该股票的涨跌记录，然后从中截取一段，我们无法知道截取的是哪一段，因为截取点，即停时 t 前后的记录（$t-1$ 和 $t+1$）没有依赖关系。

（二）马尔可夫链的数学表达

马尔可夫链在 $t-1$ 时刻处于 i 的状态下，t 时刻处于 j 状态的一步转移概率可以定义为式（4－14），即马尔可夫链假设随机变量当前处于何种状态仅仅与上一期状态相关：

$$P_{ij} = P(X_t = j | X_{t-1} = i) \quad \text{式 (4-14)}$$

在一个时期到下一个时期，随机变量可能维持原状，也可能发生变动，则由状态 i 转移到状态 j 的概率刻画，状态转移矩阵 P 则是各个随机变量在各种状态下出现的概率组成的矩阵，矩阵中每个元素，如 P_{ij} 是状态 i 转移到状态 j 的概率。

对于特定的在给定状态 i 下的观测值，其在 t 时刻转移到状态 j 概率的极大似然估计值可以通过式（4－15）进行计算：

$$P_{ijt} = \frac{N_{ijt}}{N_{it}} \quad \text{式 (4-15)}$$

对于所有的观测值而言，对研究时间范围内的转移概率进行加权，可得到研究时间范围内从初始状态 i 转移为状态 j 的概率，如式（4－16）所示：

$$P_{ij} = \frac{\sum_{t=0}^{T} N_{ijt} P_{ijt}}{\sum_{t=0}^{T} N_{it}} \quad \text{式 (4-16)}$$

其中，N_{ijt} 表示研究时间区间内由 t 年状态 i 转移为 $t+1$ 年的状态 j 的个体数量，N_{it} 表示研究时间范围内所有处于状态 i 的省份数量。

需要注意的是，上述计算过程的前提是对随机变量的状态进行划分。只有完成随机变量状态划分的步骤才能进行下一步的统计研究，采取不同的状态划分方式可能会对统计结果产生一定的影响，因此随机变量状态的划分需要慎重处理。文献中转移状态的划分方法主要包括主观划分、相等间隔划分、分位数划分以及自然断点划分。选择何种类别划分方法，需要考虑随机变量的特征与参考现有文献采用的方法进行选择。因此，多样的划分方式也为多种随机变量状态分析提供了可能，选择何种划分方法需要在论文中给出一定的讨论空间。

第六节　中国区域碳中和进程评价的案例分析

本节将会介绍一篇有关时空演变分析主题的文献相关步骤的复现以及结果探讨，供读者理解上述方法并了解其在现有文献中的运用，以期为撰写相关主题的读者提供实证帮助。Wen 等（2022）从碳源、碳汇、电气化、低碳技术、政府行动以及宏观经济去碳化等六方面构建指标体系测度了我国 2007—2018 年各省份低碳可持续发展能力及其动态演进。该论文对测度的各省份低碳可持续发展能力进行了时空动态演进分析，其中包含核密度估计、莫兰指数、马尔可夫链分析方法，详细分析了中国朝着碳中和目标前行的进展，适合初次接触时空演进分析研究范式的初学者参考。需要注意的是，执行时空动态研究分析工作之前一定要测度相关的指标，否则无法执行相关的研究工作，只有在测度相关指标之后才能正式开始时空动态演进的研究工作。

论文首先对测度的中国各省份低碳可持续发展能力进行了核密度估计分析，其全国碳中和得分动态演进结果如图 4－6 所示。

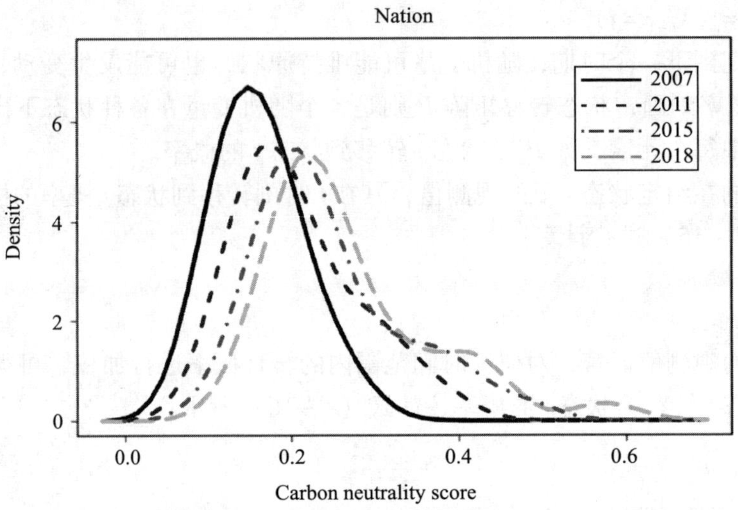

图 4－6　全国碳中和得分核密度图

其分地区碳中和得分动态演进结果如图 4－7 所示。

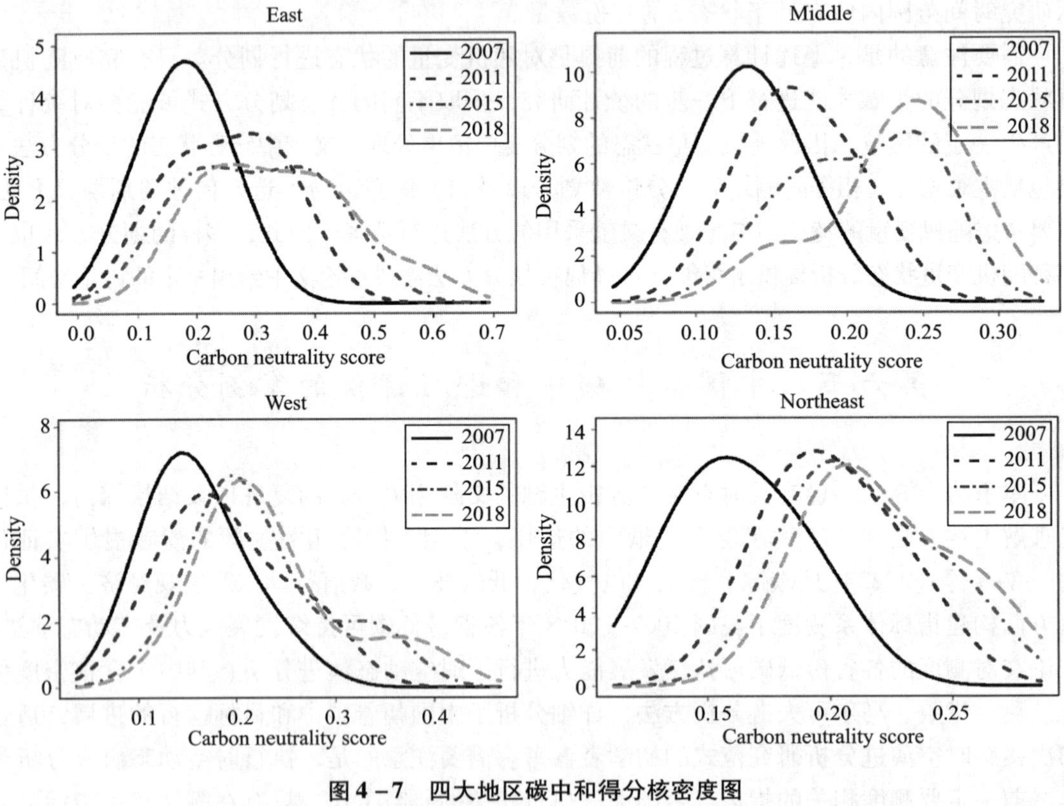

图 4－7　四大地区碳中和得分核密度图

针对核密度估计的结果，一般从其分布位置、分布态势、分布延展性三方面进行分析。分布位置即核密度曲线的中心位置，代表了大部分样本该方面的水准。分布位置的变动代表着整体水平的变动，向右变动即表示整体水平的提高，反之则代表整体水平的衰减。分布态势则是指核密度曲线的峰值及其宽度，如果峰值呈现上升态势，同时主峰宽度变小，则预示着区域内相关指标差异逐年缩小；反之，峰值呈现下降态势，同时主峰宽度变大，则表示着区域内相关指标差异逐年扩大。此外，我们还需关注是否存在多峰现象，如果存在，即表明该区域相关指标不稳定，变动频繁，存在较为突出的样本。最后则是分布的延展性，该部分的讨论往往是文献中较少涉及的，主要依赖于核密度曲线左右两侧是否存在拖尾现象进行判断。如果存在拖尾现象，则样本的相关指标分布较为分散，存在一定的极化趋势；反之，则样本的相关指标分布比较集中，不存在明显的极化趋势。总的来说，可以从以上三方面分析核密度估计结果，三方面的分析篇幅应当取决于其经济学含义，具体的写作篇幅需要研究者自己判断。

对于碳中和得分的动态演进结果，该文章的分析结果如下：

就密度曲线中心来看，碳中和得分的中心不断向右移动。因此，中国整体的可持续发展能力在不断增强。一些文献指出，中国在可持续方面取得的进展可能与高碳部门去碳化工作和低碳技术的渗透息息相关。然而，中国大部分省份的可持续发展水平相对较低，意味着实现碳中和的宏伟目标依旧艰难。主峰的峰值有所减少，同时变化区间逐渐变宽。因此，中国可持续发展水平的绝对差异越来越大。曲线的分布也从 2007 年的单峰分布逐渐演变成多峰分布且伴随着长右拖尾现象，这些意味着中国碳中和过程中存在多极化趋势。这些发现也与数据样本相符，相较之下，一些省份具备相对更高的碳中和得分，例如：广东、江苏、北京和四川。

不难发现，该论文中核密度估计结果的分析从分布位置、分布态势和延展性三个方面展开，除了对核密度估计结果进行解释外，还提供了进一步的差异原因分析以及文献支撑。就分布位置来看，密度曲线的中心逐渐向右移动，表明中国可持续发展能力整体不断提高。同时峰值下降，宽度增加，这也意味着各省份可持续发展能力绝对差异增大。就分布形态而言，后续出现了多峰分布，说明少量样本可持续发展水平突出，可持续发展水平不稳定，变动频繁。就分布延展性而言，存在长右拖尾现象意味着极化趋势的出现。在撰写核密度结果的分析部分时，我们应当体现相关的经济学含义并且参考相关文献对结果进行阐述，分析造成该结果可能的原因。

四大地区的核密度结果解读方法与全国样本的分析大同小异，只是不同区域可持续发展水平动态演进可能存在不同的特征。该论文对四大地区可持续发展水平核密度结果的解释在此并不拓展，感兴趣的同学可以详细阅读论文，进一步学习核密度估计方法。

在知悉核密度估计结果的相关解释后，最为重要的工作即学会核密度估计的实现。在文献中，实现核密度估计的软件有很多，如 STATA、Matlab、R 等。在此我们介绍使用 R 语言实现核密度估计的方法。

首先，进入 RStudio 软件，点击 File，点击 New File，点击 R Script 创建新的 R Script，在新的 R Script 输入相关代码。

该论文全国可持续发展能力核密度估计代码如下：

```
par(lwd = 2)
```

```
library(xlsx)
library(sm,warn.conflicts = F)
carbon < - read.xlsx('kernel_all_rr.xlsx',sheetIndex = 1)
attach(carbon)
year.f = factor("year",levels = c(2007,2011,2015,2018),
                labels = c("2007","2011","2015","2018"))
sm.density.compare(Score,year,xlab = "Carbon neutrality score",lwd = 5,lty = c(1,2,4,5))
title(main = "Nation")
colfill = c(2:(1 + length(levels(year.f))))
legend(locator(1),levels(year.f),fill = colfill)
detach(carbon)
```

在安装了相关的 R 包后，使用 library 加载至内存，调用 xlsx R 包，将数据文件读入 RStudio 中，并且赋给 carbon，可以进一步输入 carbon 查看数据集，此处就不展示了。为了避免数据读取错误，通过 attach 与 detach 函数绑定数据框和解绑数据框。最重要的一步是通过 factor 函数创建因子变量，此处创建了年份的因子变量，即 2007 年、2011 年、2015 年以及 2018 年四年的因子变量，只需要刻画每一年的全国可持续发展水平得分的核密度曲线即可实现其动态演进分析。sm. density. compare 函数可向图形叠加两组或更多的核密度图。通过 xlab、lwd、lty 等选项的设置来设定 X 轴名称、线条粗细、线形等。title 函数用于添加标题，colfill 是一些值，主要用于后续指定图例的填充颜色，最后通过 legend 函数添加图例。其中，locator(1) 表示用鼠标点击想让图例出现的位置实现交互式放置图例。第二个参数值则是由标签组成的字符向量。第三个参数值使用向量 colfill 为 year. f 的每一个水平指定一种颜色。最后绘制的核密度图结果如图 4 - 8 所示。

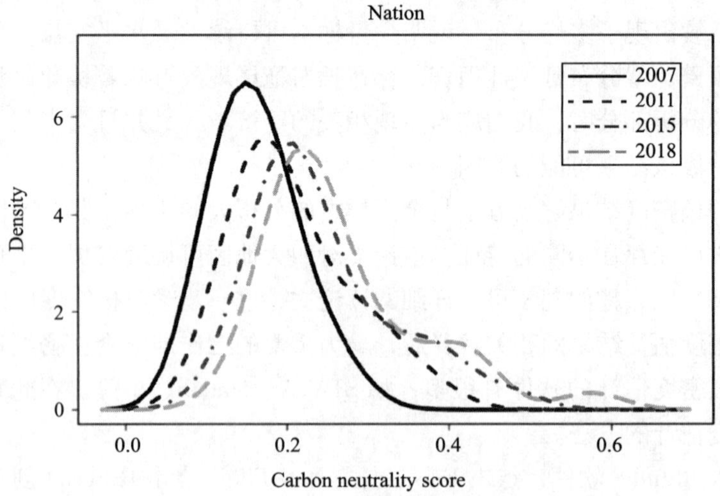

图 4 - 8 核密度估计结果

通过更改线条粗细、颜色、线形等，能够使图形更加美观。此外，可以通过 par 函数添加图形方框。核密度估计实现过程中主要运用了 xlsx 和 sm 两个 R 包，可以通过输入 install. packages(“xlsx”) 和 install. packages(“sm”) 命令进行安装。其他设定可以查看帮助函数。通过 help(“sm”) 查看 sm R 包的帮助文件，帮助文件也提供了相关的案例参考。论文中四大地区的核密度估计图的绘制与上述方法一致，只需要替换相应的数据以及标题名称即可完成实证工作。

核密度估计属于时间演变特征分析，而在文献中探究随机变量空间相关性的分析方法主要是莫兰指数。该论文计算了莫兰指数，其计算结果如图 4 - 9 所示。

年份	莫兰指数	得分	p值
2007	- 0.208	- 1.417	0.156
2008	- 0.181	- 1.195	0.232
2009	- 0.188	- 1.244	0.213
2010	- 0.199	- 1.352	0.176
2011	- 0.177	- 1.162	0.245
2012	- 0.181	- 1.204	0.229
2013	- 0.176	- 1.161	0.246
2014	- 0.186	- 1.247	0.213
2015	- 0.122	- 0.725	0.469
2016	- 0.058	-0.190	0.850
2017	- 0.062	- 0.227	0.821
2018	- 0.062	0.018	0.986

空间权重矩阵是地理邻接矩阵。

图 4 - 9　碳中和得分的全局莫兰指数

论文中提到“所有的全局莫兰指数均不显著，意味着不存在明显的空间相关性和可持续发展的空间集聚模式。”因此，可以根据计算得到的全局莫兰指数判断是否存在空间相关性，以及是正空间相关性还是负空间相关性。Zhao 等（2022）计算了我国二氧化碳排放的全局莫兰指数，结果如图 4 - 10 所示。

年份	莫兰指数	得分	p值
2002	0.276	2.833	0.005
2003	0.278	2.856	0.004
2004	0.280	2.898	0.004
2005	0.307	3.232	0.001
2006	0.274	2.975	0.003
2007	0.259	2.812	0.005
2008	0.271	2.873	0.004
2009	0.321	3.315	0.001
2010	0.319	3.253	0.001
2011	0.330	3.318	0.001
2012	0.317	3.214	0.001
2013	0.306	3.366	0.001
2014	0.258	2.853	0.004
2015	0.269	2.907	0.004
2016	0.244	2.531	0.011
2017	0.217	2.274	0.023

图 4 - 10　中国二氧化碳排放的全局莫兰指数

所有二氧化碳排放的全局莫兰指数在5%水平上显著为正，意味着区域二氧化碳排放呈现出空间正相关特征并且出现了空间集聚现象。基于此，此后有关区域二氧化碳排放的研究应当充分考虑地区之间可能存在的空间相关性，否则研究将可能是存在偏误的。以上全局莫兰指数的计算所采用的空间权重矩阵均为空间邻接矩阵，该矩阵是现有文献中采用较为广泛的一类空间权重矩阵。当然，也有学者采用其他类别空间权重矩阵计算全局莫兰指数，如Wu等（2020）采用经济权重矩阵以及不同距离的地理距离权重矩阵计算了中国能源节能减排效率的全局莫兰指数，其结果如图4－11所示。

全局自相关检验—莫兰指数

年份	莫兰指数	W_1	W_{200km}	W_{600km}	W_{800km}	W_{1000km}	W_{1500km}	W_{2000km}
2006	莫兰指数	0.054***	0.962**	0.273**	0.243***	0.199***	0.120***	0.090***
	z值	[2.613]	[2.037]	[2.176]	[2.368]	[2.651]	[2.437]	[2.621]
2007	莫兰指数	0.031**	0.568	0.220**	0.193**	0.163**	0.092**	0.067**
	z值	[1.957]	[1.240]	[1.814]	[1.955]	[2.260]	[2.012]	[2.157]
2008	莫兰指数	0.028**	0.649*	0.201**	0.177**	0.156**	0.085**	0.063**
	z值	[1.875]	[1.406]	[1.680]	[1.816]	[2.172]	[1.893]	[2.076]
2009	莫兰指数	0.027**	0.635*	0.196**	0.174**	0.154**	0.084**	0.063**
	z值	[1.829]	[1.378]	[1.644]	[1.796]	[2.152]	[1.891]	[2.067]
2010	莫兰指数	0.020*	0.496	0.161*	0.155*	0.139**	0.079**	0.055**
	z值	[1.622]	[1.089]	[1.391]	[1.623]	[1.980]	[1.796]	[1.896]
2011	莫兰指数	0.023**	0.549	0.166*	0.159**	0.143**	0.087**	0.061**
	z值	[1.703]	[1.197]	[1.422]	[1.657]	[2.026]	[1.922]	[2.024]
2012	莫兰指数	0.019*	0.443	0.151*	0.149*	0.137**	0.086**	0.060**
	z值	[1.576]	[0.978]	[1.315]	[1.566]	[1.957]	[1.906]	[2.001]
2013	莫兰指数	0.015*	0.432	0.141	0.138*	0.132**	0.086**	0.060**
	z值	[1.481]	[0.955]	[1.244]	[1.472]	[1.891]	[1.909]	[2.002]
2014	莫兰指数	0.017*	0.403	0.153*	0.155*	0.136**	0.095**	0.067**
	z值	[1.529]	[0.899]	[1.333]	[1.624]	[1.952]	[2.060]	[2.168]
2015	莫兰指数	0.018*	0.396	0.163*	0.162**	0.141**	0.099**	0.072**
	z值	[1.573]	[0.887]	[1.411]	[1.694]	[2.016]	[2.135]	[2.263]
2016	莫兰指数	0.026**	0.476	0.173*	0.172**	0.154**	0.110**	0.081***
	z值	[1.805]	[1.049]	[1.479]	[1.767]	[2.149]	[2.299]	[2.460]
2017	莫兰指数	0.017*	0.396	0.086	0.109	0.124**	0.092**	0.066**
	z值	[1.559]	[0.901]	[0.875]	[1.252]	[1.838]	[2.048]	[2.176]

注：***、**和*分别表示1%、5%和10%的显著性水平。

图4－11　中国能源节能减排效率的全局莫兰指数

第一列报告了以经济权重矩阵为基础计算的全局莫兰指数，中国能源节能减排效率的莫兰指数在10%水平上显著为正，这意味着区域能源节能减排效率存在显著的空间相关性与空间集聚特征。可以进一步绘制莫兰散点图，分析空间集聚特征，结果如图4－12所示。

四个图分别以是600km、800km、1000km和1500km距离的地理距离权重矩阵为基础绘制的2006年中国能源节能减排效率的莫兰散点图。从图4－12中可知，大多数散点落在第一象限和第三象限，因此中国能源节能减排效率呈现出显著的空间正相关性，同时出现了空间集聚现象。

全局莫兰指数的计算并不困难，STATA、Arcgis、Geoda、Matlab、R等均能实现全局莫兰指数的计算以及绘制莫兰散点图。其中，STATA提供了较为完善的空间计量分析命令，因此在此仅介绍使用STATA计算莫兰指数的方法。

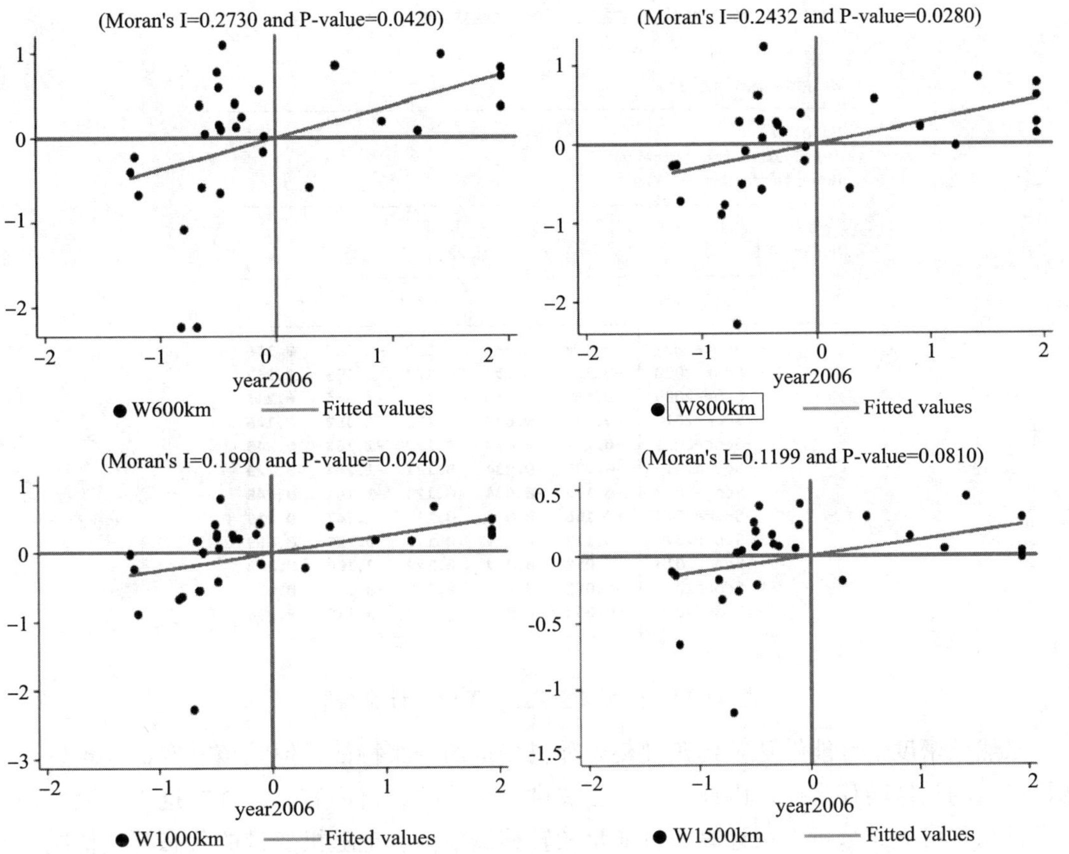

图 4－12　2006 年各矩阵中国能源节能减排效率莫兰散点图

在 STATA 中计算全局莫兰指数的命令如下：

```
. use weight_sm. dta,clear
. spatwmat using weight_sm. dta,name(w)standardize
.   use carbon_mor. dta,clear
. spatgsa Score2007 Score2008 Score2009 Score2010 Score2011 Score2012 Score2013 Score2014 Score2015 Score2016 Score2017 Score2018,weights(w)moran twotail
```

首先，需要调用空间权重矩阵，并进行矩阵标准化与矩阵命名工作。其次，调用存有相关指标的数据文件，使用 spatgsa 命令计算莫兰指数，weights 选项用于设置选用的空间权重矩阵，矩阵 w 是先前调用命名的空间邻接矩阵，twotail 即指定 STATA 进行双尾检验。计算结果如图 4－13 所示。

计算结果与论文呈现结果一致，中国可持续发展水平不存在显著的空间相关性与空间集聚模式。此外，spatlsa 命令还可以绘制莫兰散点图。同时，外部命令 moranplot 同样可以绘制莫兰散点图，该命令提供了更加丰富的绘图选项，感兴趣的读者可以自行查看帮助文件，执行相关示例文件。只需要对 STATA 报告的结果稍加整理即可制作成论文格式，因此使用 STATA 计算全局莫兰指数简单方便，只需要提前调用空间权重矩阵即可。

```
Measures of global spatial autocorrelation

Weights matrix
-----------------------------------
Name: w
Type: Imported (binary)
Row-standardized: Yes
-----------------------------------

Moran's I
```

Variables	I	E(I)	sd(I)	z	p-value*
Score2007	-0.208	-0.034	0.123	-1.417	0.156
Score2008	-0.181	-0.034	0.123	-1.195	0.232
Score2009	-0.188	-0.034	0.123	-1.244	0.213
Score2010	-0.199	-0.034	0.122	-1.352	0.176
Score2011	-0.177	-0.034	0.123	-1.162	0.245
Score2012	-0.181	-0.034	0.121	-1.204	0.229
Score2013	-0.176	-0.034	0.122	-1.161	0.246
Score2014	-0.186	-0.034	0.121	-1.247	0.213
Score2015	-0.122	-0.034	0.121	-0.725	0.469
Score2016	-0.058	-0.034	0.122	-0.190	0.850
Score2017	-0.062	-0.034	0.121	-0.227	0.821
Score2018	-0.032	-0.034	0.119	0.018	0.986

*2-tail test

图 4-13　全局莫兰指数 STATA 计算结果

虽然核密度估计能够从整体角度刻画随机变量的分布特征，但是核密度估计难以反映随机变量的具体转移规律，因此该论文也提供了相关的分析内容，以弥补这一缺陷。该论文借助马尔可夫链分析方法计算随机变量的转移概率，确定随机变量的状态转变情况以及状态转变的概率，具体结果如图 4-14 所示。

区域	状态	S1	S2	S3	S4
全国	S1	0.7978	0.1910	0.0112	0.0000
	S2	0.0556	0.7000	0.2333	0.0111
	S3	0.0444	0.0778	0.7333	0.1444
	S4	0.0899	0.0337	0.0225	0.8539
东部	S1	0.8636	0.1364	0.0000	0.0000
	S2	0.0526	0.5789	0.3684	0.0000
	S3	0.0000	0.0312	0.7812	0.1875
	S4	0.0444	0.0889	0.0000	0.8667
中部	S1	0.7826	0.2174	0.0000	0.0000
	S2	0.0476	0.7143	0.2381	0.0000
	S3	0.0952	0.0476	0.7619	0.0952
	S4	0.4000	0.0000	0.0000	0.6000
西部	S1	0.8158	0.1842	0.0000	0.0000
	S2	0.0541	0.7568	0.1892	0.0000
	S3	0.0667	0.0667	0.7333	0.1333
	S4	0.0800	0.0000	0.0400	0.8800
东北	S1	0.5000	0.5000	0.0000	0.0000
	S2	0.0000	0.7143	0.2857	0.0000
	S3	0.0714	0.0714	0.7857	0.0714
	S4	0.5000	0.0000	0.0000	0.5000

图 4-14　碳中和转移概率矩阵

由于论文是分区域计算的状态转移变化，因此我们需要关注重点区域的状态转移变化，以及某些状态之间的转变。对于碳中和得分的状态转变结果，该文章的分析篇幅如下：

从全国区域来看，在朝着碳中和目标前进的过程中，碳中和得分呈现出一个相对稳定的状态。t 年处于状态 S1、S2、S3 和 S4 的省份其碳中和得分状态在 $t+1$ 年保持一致的概率分别为 79.78%、70.00%、73.33% 和 85.39%。而对于 t 年处于 S2、S3 和 S4 状态的省份而言，其 $t+1$ 年分别存在 5.56%、7.78% 和 2.25% 的概率转变为更低一级的状态，这预示着可持续发展能力的退化情况比较罕见。然而，也不能因此掉以轻心，依然存在着高状态向低状态转变的可能性，比如状态 S4 向状态 S1 和状态 S2 转变的情况。此外，对于 t 年处于 S1 和 S2 状态的省份而言，其 $t+1$ 年正跳至状态 S4 的概率分别是 0 和 1.11%。这个发现意味着在短期内实现可持续发展能力的跃进是非常困难的。因此，向可持续发展目标迈进任重而道远，非一蹴而就。

四大区域内的状态转变矩阵也呈现出相似的特征。各区域 $t+1$ 年向高状态转移的概率大于向低状态转移的概率，这表示可持续发展的整体水平正在稳步提升。此外，四大区域均出现了俱乐部收敛现象。可持续发展状态的转变也主要发生于相邻类型。虽然各区域碳中和得分均存在着较大概率向高状态转变的情况，但是飞跃式转变的概率相对较小，因此可持续发展路途是缓慢且艰难的。虽然中国在追求碳中和的进程中取得了巨大进展，但是由于低碳可持续发展道路的复杂性，中国依然面临着许多巨大的挑战。

不难发现，采用马尔可夫链分析方法计算状态转移概率矩阵，利用统计技术可以知悉随机变量在样本区间的具体转移规律。其中，行表示随机变量 t 年的状态，列表示随机变量 $t+1$ 年的状态，表中对角线上的数据表示随机变量在 $t+1$ 年状态没有发生改变的概率，非对角线上的数据则表示随机变量在 $t+1$ 年状态发生变化的概率。根据状态转移矩阵的计算结果总结出随机变量相关的具体转移概率是马尔可夫链分析方法的第一要义。上述状态转移矩阵的计算有赖于相关统计软件的使用，因此本章将介绍如何使用 R 计算状态转移矩阵，其计算过程主要包括读入数据、划分状态、统计频数、计算概率，其中最为核心的步骤为划分状态和统计频数。读入数据可以手动读入也可以以文档形式读入。读入数据之后，依据相关文献或随机变量特征进行状态划分。采用两层 for 循环统计从一个状态转移至另一个状态的次数，进而用频率代替概率确定概率转移矩阵。复现代码如下：

```
#数据准备
data = c( , )
#状态数
sta_num =4;
#将数据分成 sta_num 种状态，此为马尔可夫链问题的关键
sta_vector = rep( NA, length( data) )
sta_vector[ data <0. 1655641 ] < -1
sta_vector[ data <0. 1987127 & data > =0. 1655641 ] < -2
```

```
sta_vector[data > =0.1987127& data <0.2541524] < -3
sta_vector[is.na(sta_vector)] < -4
print('可持续发展水平状态');
print(sta_vector);
#初始值不存在转移，因此从第二个值开始
RN = sta_vector[ -1];
##计算转移概率矩阵由状态 i 到状态 j 的概率
trans_matrix = matrix(0,sta_num,sta_num);
for(i   in 1:sta_num){
  sumnum = sum(RN == i);
  if(RN[length(RN)] == i){
    sumnum = sumnum - 1;
    lastnum = i;
  }
  #统计频数
  for(j in 1:sta_num){
    for(k in 1:(length(RN) -1)){
      if(RN[k] == i){
        if(RN[k +1] == j){
          trans_matrix[i,j] = trans_matrix[i,j] +1;
        }
      }
    }
  }
  #计算转移概率
  trans_matrix[i,] = trans_matrix[i,]/sumnum;
}
trans_matrix < - round(trans_matrix,4)
print('转移概率矩阵');print(trans_matrix);
```

上述代码中，数据读入采用的是手动读入方法，亦可以文档形式读入，这里用逗号分隔数据。成功读入数据后设置状态数，此处设置状态数为四，即四种状态。由于该论文采用的是分位数状态划分方法，因此分别将小于 25% 分位数、界于 25% 分位数和 50% 分位数之间、界于 50% 分位数和 75% 分位数之间，大于等于 75% 分位数定义为状态一、状态二、状体三和状态四。创建一个初始值为零的四乘四状态转移矩阵，依次统计状态 i 总共发生的频数；创建时间变量 k，如果 k 年为状态 i，$k+1$ 年为状态 j 则频数加 1，最后依据公式计算转移概率矩阵的结果。

以该论文的数据为例，全国可持续发展水平的概率转移矩阵结果如图 4 - 15 所示。

	[, 1]	[, 2]	[, 3]	[, 4]
[1,]	0.7978	0.1910	0.0112	0.0000
[2,]	0.0556	0.7000	0.2333	0.0111
[3,]	0.0444	0.0778	0.7333	0.1444
[4,]	0.0899	0.0337	0.0225	0.8539

图 4 - 15　可持续发展水平的概率转移矩阵

此处仅展示全国的状态转移矩阵计算结果。图 4 - 15 展示的计算结果和该论文呈现结果一致，其中，行表示随机变量 t 年的状态，列表示随机变量 $t+1$ 年的状态。从全国来看，在朝着碳中和目标前进的过程中，低碳可持续发展水平呈现出一个相对稳定的状态。t 年处于状态一、状态二、状态三和状态四的省份其可持续发展水平在 $t+1$ 年保持相同状态的概率分别为 79. 78%、70. 00%、73. 33% 和 85. 39%。而对于 t 年处于状态二、状态三和状态四的省份而言，其 $t+1$ 年分别存在 5. 56%、7. 78% 和 2. 25% 的概率转变为更低一级的状态，这预示着可持续发展能力的退化情况比较罕见。然而，也不能因此掉以轻心，依然存在着高状态向低状态转变的可能性，比如状态四朝状态一和状态二转变的情况。此外，对于 t 年处于状态一和状态二的省份而言，其 $t+1$ 年正跳至状态四的概率分别是 0 和 1. 11%。这个发现意味着在短期内实现可持续发展能力的跃进是非常困难的。

时空动态演进分析是当前经济学研究中一种较为重要且应用广泛的分析方法，已经形成了其特有的研究范式，受到越来越多学者、期刊的欢迎，因此掌握时空动态演进分析的研究范式对于刚接触科研的初学者而言是非常有必要的。

第五章

多元线性回归模型

第一节　多元线性回归方法概述

（一）回归的概念

统计学中，“回归”一词的起源与弗朗西斯·高尔顿（Francis Galton）的研究密切相关，表示恢复到均值水平或特定状态的含义。弗朗西斯·高尔顿是英国著名的生物学家和统计学家，他在观察父母与子代之间身高的关系时发现了均值回归的规律特征。通常地，身材高的父母，其孩子的身材也较高，身材矮的父母，其孩子的身材也较矮。但是，平均而言，父辈身材较高的孩子其身高在同龄人中并没有明显的优势，而父辈身材较矮的孩子其身高在同龄人中也并没有明显的劣势，整体来看，孩子的身高有回归到平均水平的趋势规律。子女身高向均值回归的规律就是回归的原始含义，这一现象被他命名为“向均值回归”。弗朗西斯·高尔顿的发现不仅在生物学上具有重要意义，也奠定了统计学中回归分析的基础。

统计学中，回归分析是一种探索变量之间关系的方法，是通过一个或多个自变量（解释变量）来预测因变量（响应变量/被解释变量）的数学模型。最常见的形式是一元线性回归模型，它假设变量之间的关系可以通过一个因变量和一个自变量的线性关系来描述。相应地，多元线性回归模型允许多个解释变量共同解释因变量的变化，通过考虑多种因素使回归模型的解释能力大幅提升。此外，统计学中还经常考虑使用一些非线性回归模型。例如，逻辑回归形式的模型适用于响应变量是二元或多元分类的情况。目前，回归分析在统计实践中被广泛应用于数据建模、预测和推断，不仅是描述数据的工具，而且是从数据中发现因果关系、进行预测和控制的重要方法。通过数学推导和统计推断，回归分析使研究人员能够理解变量之间的定量关系，并基于数据进行有效的决策和预测。

（二）多元线性回归方法概述

一元线性回归模型是回归分析的基础和方法起点，具体形式可以表示为式（5－1）：

$$Y=\alpha+\beta X+\varepsilon,\ u\sim N(0,\sigma^2) \qquad \text{式（5－1）}$$

其中，Y 和 X 是变量，而 β 是 X 的系数，α 是一个未知的常数项。在（X,Y）的二维平面中，除了随机扰动项 u，一元线性回归模型是一条确定的直线，其中 α 是直线的截距，β 是直线的斜率。方程左边的变量 Y 称为被解释变量（因变量），而方程右边的变量 X 称为解释变量（自变量）。其意是指，用 X 的变化或者 X 的变异，解释自变量（Y）在总体层面上的“平均”变化。通常地，这要求解释变量 X 具有一定的变异性，这才能够解释 Y 的变动。

多元回归模型和一元回归模型在表示上的区别主要在于解释变量的个数，多元回归模型包含两个及以上的解释变量。多元线性回归模型可以表示为式（5－2）：

$$Y = \alpha + \sum_{i=1}^{n} \beta_i X_i + u_i,\ u_i \sim N(0,\sigma^2) \qquad \text{式（5－2）}$$

即使在理想情况下，我们也很难在回归模型中包括所有可能的自变量。通过加入随机扰动项，我们可以简化模型，同时仍然能够处理因变量的变异性。扰动项代表了模型的“误差”，反映了实际数据与模型预测之间的差距。其中，扰动项一般假定为独立同分布，即扰动之间无自相关，服从均值为0，方差为 σ^2 的正态分布。随机扰动项的含义是：既然被解释变量的“平均”变化由解释变量的变化所解释，而被解释变量 Y 是随机变量，解释变量 X_i 的变化不可能完全解释 Y 的变化，那么 u 就解释了 Y 的变化中没有被 X_i 的变化所解释的部分；u 包含除 X 之外的其他所有影响 Y 的变化的因素。基于以上的分析，u 是一个不可观测的随机变量。随机扰动项的经济学含义是：除了影响因素 X 外，所有影响 Y 的其他细微因素之和。

在建立回归模型基础上，多元回归分析的基本步骤包括：（1）根据因变量与多个自变量的实际观测值估计回归方程的参数；（2）对回归方程的系数（主要是自变量的系数）进行显著性检验，并选择对因变量有显著影响的自变量；（3）评定各个自变量对因变量的重要性程度以及测定多元回归方程的偏离程度；（4）根据回归方程给出变量之间关系的结论。

后面的章节主要基于以上步骤安排内容，在最后一节本书将给出多元回归模型的具体STATA应用。

第二节　截面数据中的多元回归模型

（一）截面数据多元回归模型及设定

上一节对多元回归模型进行了简要的介绍，并对其假定进行了简要说明，本节将深入探讨截面数据中的多元回归模型。

在回归分析的实际问题中，若有 n 组观测数据（$x_{i1},x_{i2},\cdots,x_{ip},y_i$）($i=1,2,\cdots,n$)，则多元线性回归模型（5－2）可表示为式（5－3）：

$$\begin{cases} y_1 = \beta_0 + \beta_1 x_{11} + \beta_2 x_{12} + \cdots + \beta_p x_{1p} + u_1 \\ y_2 = \beta_0 + \beta_1 x_{21} + \beta_2 x_{22} + \cdots + \beta_p x_{2p} + u_2 \\ \vdots \\ y_n = \beta_0 + \beta_1 x_{n1} + \beta_2 x_{n2} + \cdots + \beta_p x_{np} + u_n \end{cases}$$ 式（5－3）

或者写成矩阵表达式，见式（5－4）。

$$y = X\beta + u$$ 式（5－4）

式中变量如式（5－5）所示。

$$y = \begin{bmatrix} y_1 \\ y_2 \\ \vdots \\ y_n \end{bmatrix} \qquad X = \begin{bmatrix} 1 & x_{11} & x_{12} & \cdots & x_{1p} \\ 1 & x_{21} & x_{22} & \cdots & x_{2p} \\ \vdots & \vdots & \vdots & \cdots & \vdots \\ 1 & x_{n1} & x_{n2} & \cdots & x_{np} \end{bmatrix}$$

$$\beta = \begin{bmatrix} \beta_1 \\ \beta_2 \\ \vdots \\ \beta_n \end{bmatrix} \qquad u = \begin{bmatrix} u_1 \\ u_2 \\ \vdots \\ u_n \end{bmatrix}$$ 式（5－5）

其中，X 是 $n \times (p+1)$ 阶矩阵。由于 X 矩阵中的元素可以预先设定且可以控制，因此 X 又称为设计矩阵。

多元线性回归模型的基本假定是为了方便地进行模型的参数估计，对回归方程（5－3）有如下一些基本假定。

（1）解释变量 $x_1, x_2, \cdots, x_p$ 是确定性变量，不是随机变量，且要求 $\text{rank}(X) = p+1 \leqslant n$。这里的 $\text{rank}(X) = p+1 \leqslant n$，表明设计矩阵 X 中的自变量列之间不相关，样本量的个数应大于解释变量的个数，X 是一满秩矩阵。

（2）随机误差项具有零均值和等方差，见式（5－6）：

$$\begin{cases} E(u_i) = 0, \quad i = 1, 2, \cdots, n \\ \text{cov}(u_i, u_j) = \begin{cases} \sigma^2, i = j \\ 0, i \neq j \end{cases} \quad i, j = 1, 2, \cdots, n \end{cases}$$ 式（5－6）

这个假定常称为高斯—马尔可夫条件。$E(u_i) = 0$，即假设观测值没有系统误差，随机误差项 u_i 的平均值为零。随机误差项 u_i 的协方差为零，表明随机误差项在不同的样本点之间是不相关的（在正态假定下即为独立的），不存在序列相关，并且有相同的精度。

（3）正态分布的假定条件，即扰动项服从均值为 0，方差为 σ^2 的正态分布。对于多元回归模型，这个条件可以表示为式（5－7）：

$$\begin{cases} E(y) = X\beta \\ \text{var}(y) = \sigma^2 I_n \end{cases}$$ 式（5－7）

对一般情况下含有 p 个自变量的多元线性回归而言，每个回归系数 β_i 的含义是在回归方程中其他自变量保持不变的情况下，自变量 x 每增加一个单位时，因变量 y 的平均增加幅度。因此也把多元线性回归的回归系数称为偏回归系数(Partial Regression Coefficient)，本书则仍简称为回归系数。

用国内生产总值（Gross Domestic Product，GDP）和三次产业增加值的关系说明回归系数的含义。这个问题中 $GDP = X_1 + X_2 + X_3$ 是确定性的函数关系，可以看作误差项为 0 的特殊的回归关系。3 个回归系数都是 1。前文强调过，多元回归系数表示在回归方程中其他自变量保持不变的情况下，相应自变量每增加一个单位时因变量的平均增加幅度。因此，在用多元回归方程 $GDP = X_1 + X_2 + X_3$ 解释 $\beta_2 = 1$ 时，一定要强调是在 X_1 和 X_3 保持不变的情况下，X_2 每增加 1 亿元，GDP 也增加 1 亿元。

（二）截面多元回归模型的 OLS 估计和极大似然估计

回归理论模型确定后，利用收集、整理的样本数据对模型的未知参数给出估计。未知参数的估计方法最常用的是普通最小二乘法（Ordinary Least Square Method），它是经典的估计方法。对于不满足模型基本假设的回归问题，可以采用如岭回归、主成分回归、偏最小二乘估计等。但是，它们都是以普通最小二乘法为基础。但参数变量较多时，计算量很大，一般采用计算机软件，如 STATA、SPSS、R 等。

估计的多元回归方程。回归方程中的参数 β_0，β_1，β_2，…，β_k 是未知的，需要利用样本数据去估计。当用样本统计量 $\hat{\beta}_0$，$\hat{\beta}_1$，$\hat{\beta}_2$，…，$\hat{\beta}_k$ 去估计回归方程中的未知参数 β_0，β_1，β_2，…，β_k 时，就得到了估计的多元回归方程（Estimated Multiple Regression Equation），其一般形式见式（5－8）：

$$\hat{y} = \hat{\beta}_0 + \hat{\beta}_1 x_1 + \hat{\beta}_2 x_2 + \cdots + \hat{\beta}_k x_k \qquad \text{式（5－8）}$$

其中，$\hat{\beta}_0$，$\hat{\beta}_1$，$\hat{\beta}_2$，…，$\hat{\beta}_k$ 是参数 β_0，β_1，β_2，…，β_k 的估计值；$\hat{y}$ 是因变量 y 的估计值，其中的 $\hat{\beta}_0$，$\hat{\beta}_1$，$\hat{\beta}_2$，…，$\hat{\beta}_k$ 称为偏回归系数。$\hat{\beta}_1$ 表示当 $x_2, x_3, \cdots, x_k$ 不变时，x_1 每变动一个单位因变量 y 的平均变动量；β_2 表示当 $x_1, x_3, \cdots, x_k$ 不变时，x_2 每变动一个单位因变量 y 的平均变动量；其余偏回归系数的含义类似。

参数的 OLS 估计。回归方程中的 $\hat{\beta}_0$，$\hat{\beta}_1$，$\hat{\beta}_2$，…，$\hat{\beta}_k$ 是根据最小二乘法求得的，也就是使残差平方和最小，见式（5－9）。

$$Q = \sum (y_i - \hat{y}_i)^2 = \sum (y_i - \hat{\beta}_0 - \hat{\beta}_1 x_1 - \hat{\beta}_2 x_2 - \cdots - \hat{\beta}_k x_k)^2 \qquad \text{式（5－9）}$$

由此可以得到求解 $\hat{\beta}_0$，$\hat{\beta}_1$，$\hat{\beta}_2$，…，$\hat{\beta}_k$ 的标准方程组，见式（5－10）。

$$\begin{cases} \dfrac{\partial Q}{\partial \beta_0}\Big|_{\beta_0 = \hat{\beta}_0} = 0 \\ \dfrac{\partial Q}{\partial \beta_i}\Big|_{\beta_i = \hat{\beta}_i} = 0, \quad i = 1, 2, \cdots, k \end{cases} \qquad \text{式（5－10）}$$

以上方程组经过整理后，得出矩阵形式表示的正规方程组：

$$X^T (y - X\hat{\beta}) = 0$$

移项得：

$X^TX\hat{\beta}=X^Ty$

当 $(X^TX)^{-1}$ 存在时，得到回归参数的最小二乘估计，见式（5－11）：

$$\hat{\beta}=(X^TX)^{-1}X^Ty \qquad \text{式（5－11）}$$

参数的极大似然估计。多元回归参数的最大似然估计与一元线性回归参数的最大似然估计的思想一致。对于（5－3）表示的模型：

$y=X\beta+\varepsilon$

$\varepsilon\sim N(0,\sigma^2I_n)$

随机扰动项 ε 服从多变量正态分布，那么 y 的概率分布：

$y\sim N(X\beta,\sigma^2I_n)$

得到似然函数，见式（5－12）：

$$L=(2\pi)^{-n/2}(\sigma^2)^{-n/2}\exp\left(-\frac{1}{2\sigma^2}\right)(y-X\beta)^T(y-X\beta) \qquad \text{式（5－12）}$$

其中的未知参数是 β 和 σ^2，最大似然估计就是选取使似然函数 L 达到最大的 $\hat{\beta}$ 和 σ^2。要使 L 达到最大，对式（5－12）两边同时取自然对数，得到式（5－13）。

$$\ln L=-\frac{n}{2}\ln(2\pi)-\frac{n}{2}\ln(\sigma^2)-\frac{1}{2\sigma^2}(y-X\beta)^T(y-X\beta) \qquad \text{式（5－13）}$$

在式（5－13）中，仅在最后一项中含有 β，显然使式（5－13）达到最大，等价于使 $(y-X\beta)^T(y-X\beta)$ 达到最小，这又与普通最小二乘估计一样。故在正态假定下，回归参数 β 的最大似然估计与普通最小二乘估计完全相同，即：

$\hat{\beta}=(X^TX)^{-1}X^Ty$

误差项方差 σ^2 的最大似然估计见式（5－14）：

$$\hat{\sigma}_L^2=\frac{1}{n}SSE=\frac{1}{n}(e^Te) \qquad \text{式（5－14）}$$

这是 σ^2 的有偏估计，但它满足一致性。在大样本的情况下，这是 σ^2 的渐近无偏估计（SSE 是残差平方和，在下一节中将会具体介绍）。

参数估计量的性质。多元回归的参数具有以下性质：

性质 1 回归参数的估计值是随机向量 y 的一个线性变换。

在多元线性回归中，无论应用普通最小二乘估计还是最大似然估计，得到回归系数向量 β 的估计量为：

$\hat{\beta}=(X^TX)^{-1}X^Ty$

根据回归模型假设可知，X 是固定的设计矩阵，因此，回归参数的估计值是随机向量 y 的一个线性变换。

性质 2 回归参数的估计值是 β 的无偏估计。

证明：

$E(\hat{\beta})=E((X^TX)^{-1}X^Ty)$

$$=(X^TX)^{-1}E(y)$$
$$=(X^TX)^{-1}X^TE(X\beta+\varepsilon)$$
$$=(X^TX)^{-1}X^TX\beta$$
$$=\beta$$

性质 3　回归参数的估计值 β 是无偏且最优的，即回归参数的估计值 β 是所有线性无偏估计量中方差最小的。

$$D(\hat{\beta})=\sigma^2(X^TX)^{-1}$$

证明：

$$D(\hat{\beta})=\mathrm{cov}(\hat{\beta},\hat{\beta})$$
$$=\mathrm{cov}((X^TX)^{-1}X^Ty,(X^TX)^{-1}X^Ty)$$
$$=(X^TX)^{-1}X^T\mathrm{cov}(y,y)((X^TX)^{-1}X^T)^T$$
$$=(X^TX)^{-1}X^T\sigma^2X(X^TX)^{-1}$$
$$=\sigma^2(X^TX)^{-1}X^TX(X^TX)^{-1}$$
$$=\sigma^2(X^TX)^{-1}$$

第三节　拟合优度与显著性检验

初步建立一个回归模型并估计出模型的未知参数后，这个模型是否能真正揭示因变量与自变量之间的真实关系仍然存在不确定性。在建立多元线性回归方程之前，因变量和多个自变量之间的线性关系只是一个假设，尽管这种假设通常是基于某些理论或经验支持的，但它仍然需要经过实际数据的验证。即使在构建了多元线性回归方程之后，这种线性关系的假设仍需经过进一步的检验。这是因为虽然线性回归模型提供了一个描述因变量和自变量之间关系的框架，但模型的有效性和准确性需要通过统计显著性检验来确认。

显著性检验的目的是验证回归模型中的每一个自变量是否对因变量有显著的影响。这通常包括对回归方程整体和回归系数进行检验，以确定这些系数是否显著不同于零。我们常用的显著性检验方法包括 F 检验和 t 检验，这些方法帮助我们判断模型中的自变量是否真正对因变量有显著的解释力，而不是仅仅由于样本波动或随机误差造成的假象。

通过显著性检验，我们可以评估模型的可靠性和预测能力，确保所建立的回归方程能够真实地反映因变量和自变量之间的关系。这一步骤对于确保回归模型的科学性和实用性至关重要。

（一）回归方程的判定系数

拟合优度一般用于检验样本回归直线对观测值的拟合度。在一元线性回归方程中，用判定系数 R^2 衡量估计方程对样本观测值的拟合程度；在多元线性回归方程中，同样也可以。在一元回归中有对因变量进行离差平方和的分解方法，对多元回归中因变量离差平方和的分解也一样，同有：

$$SST = SSR + SSE \qquad \text{式（5-15）}$$

式（5-15）中，$SST = \sum (y_i - \bar{y})^2$ 为总平方和；$SSR = \sum (\hat{y}_i - \bar{y})^2$ 为回归平方和；$SSE = \sum (y_i - \hat{y}_i)^2$ 为残差平方和。由于这三个平方和的计算非常麻烦，我们一般利用统计软件，例如 STATA 等。在导入数据设定好自变量、因变量和其他参数后 STATA 等软件会给出相应的判定系数结果。

有了这些平方和，可以将多重判定系数定义如下，见式（5-16）。

$$R^2 = \frac{SSR}{SST} = 1 - \frac{SSE}{SST} \qquad \text{式（5-16）}$$

多重判定系数（Multiple Coefficient of Determination）是多元回归中的回归平方和占总平方和的比例，它是度量多元回归方程拟合程度的一个统计量，反映了因变量 y 的变差中被估计的回归方程所解释的比例。公式表明，R^2 的值越接近于 1，拟合效果越好；R^2 的值越接近于 0，拟合效果越差，实际的 R^2 介于 0～1。

对于多重判定系数还有一点需要注意：自变量个数的增加将影响到因变量的变差中被估计的回归方程所解释的比例。当增加自变量时，会使预测误差变得较小，从而减少残差平方和 SSE。由于回归平方和 $SSR = SST - SSE$，当 SSE 变小时，SSR 就会变大，从而使 R^2 变大。如果模型中增加一个自变量，即使这个自变量在统计上并不显著，R^2 也会变大。因此，为避免增加自变量而高估 R^2，统计学家提出用样本量 n 和自变量的个数 k 去调整 R^2，计算出调整的多重判定系数（Adjusted Multiple Coefficient of Determination），计算公式见式（5-17）：

$$R_a^2 = 1 - (1 - R^2)\left(\frac{n-1}{n-k-1}\right) \qquad \text{式（5-17）}$$

调整的多重判定系数同时考虑了样本量 n 和模型中自变量的个数 k 的影响，这就使得调整的多重判定系数永远小于 R^2，而且调整的多重判定系数不会由于模型中自变量个数的增加而越来越接近 1。因此，在多元回归分析中，通常用调整的多重判定系数。

多元回归中的估计标准误差也是误差项 u 的方差 σ^2 的一个估计值，在衡量多元回归方程的拟合优度方面具有重要作用，其计算公式见式（5-18）：

$$s_e = \sqrt{\frac{\sum (\hat{y}_i - \bar{y})^2}{n-k-1}} = \sqrt{\frac{SSE}{n-k-1}} = \sqrt{MSE} \qquad \text{式（5-18）}$$

（二）回归方程的显著性检验

在一元线性回归中，回归系数显著性检验 t 检验与回归方程显著性检验的 F 检验是等价的，但是在多元线性回归中，就不等价了。F 检验显著是说明对自变量 x 整体的线性回归效果显著，但不等于 y 对于每一个自变量 x 的效果都显著；反之也不成立。整体显著性检验的步骤具体如下（n 是样本数，k 是自变量个数）：

第一步：提出假设。

H_0：$\beta_1=\beta_2=\cdots=\beta_k=0$

H_1：β_1，β_2，…，β_k 至少一个不等于0

第二步：计算检验的统计量 F，计算公式如式（5-19）所示：

$$F=\frac{SSR/k}{SSE/(n-k-1)}\sim F(k,n-k-1) \qquad \text{式（5-19）}$$

第三步：根据统计量和临界值作出决策。给定显著性水平 α，根据分子自由度 k，分母自由度（$n-k-1$）查 F 分布表得到 F_α。若 $F>F_\alpha$，则拒绝原假设；若 $F<F_\alpha$，则不拒绝原假设。根据计算机输出的结果，可直接利用 P 值作出决策：若 $P<\alpha$，则拒绝原假设；若 $P>\alpha$，则不拒绝原假设。

需要注意的是，即使 F 检验通过，也并不意味着因变量对每一个自变量之间的线性关系显著。因为 F 检验说明的是总体的显著性。要判断每个自变量对因变量的影响是否显著，还需要对各回归系数分别进行 t 检验。

（三）回归系数的显著性检验

在回归方程通过线性关系检验后，还需要对回归系数进行 t 检验，删除次要、可有可无的变量。通常，需要在建立模型前决定检验哪些系数，并限制检验次数，以避免过多的第一类错误（Error of the First Kind）。这确保了回归系数的检验结果更为可靠。和 F 检验一样，t 检验也有三个步骤：

第一步：提出假设。

H_0：$\beta_j=0$

H_1：$\beta_j\neq0$。

第二步：计算检验的统计量 t，计算公式如式（5-20）所示：

$$t_i=\frac{\hat{\beta}_i}{s_e/\sqrt{\sum x_i^2-\frac{1}{n}(\sum x_i)^2}}\sim t(n-k-1) \qquad \text{式（5-20）}$$

式（5-20）中，s_e 是估计的标准误差。

第三步：根据统计量和临界值作出决策。给定显著性水平 α，根据自由度的值等于（$n-k-1$）查 t 分布表，得到 $t_{\alpha/2}$ 的值。若 $|t|>t_{\alpha/2}$，则拒绝原假设；若 $|t|<t_{\alpha/2}$，则不拒绝原假设。

（四）回归模型的残差分析

在回归分析中，尽管一个估计回归方程可能展示了较高的判定系数，并通过了显著性检验，但这并不意味着模型一定是合适的或优良的。判定系数和显著性检验主要基于模型假设的正确性，如果这些假设并不真实或不完全符合实际情况，那么模型的评价结果可能会误导。因此，模型的残差分析成为验证模型假设是否合理的重要工具。

残差分析涉及对回归模型中的残差（即实际观测值与模型预测值之间的差异）进行详

细检查，以评估模型假设的有效性。常见的残差分析方法之一是杜宾—沃森（Durbin Watson，DW）检验，其基本思想是检测残差之间的自相关性。自相关性指的是残差值之间的关系，尤其是相邻残差值之间的关系。具体来说，如果模型存在正相关性，即相邻的残差值之间的关系趋于一致，那么，这些相邻残差值之间的差异会较小，导致 *DW* 值较低。相反，如果存在负相关性，即相邻的残差值呈现出交替变化的趋势，则残差的相邻值之间的差异较大，从而 *DW* 值较高。

因此，通过 *DW* 检验可以帮助识别残差序列中是否存在自相关问题，从而判断模型假设是否得到了满足。如果发现残差具有显著的自相关性，可能需要重新评估模型的结构，或引入其他变量以改进模型的准确性和可靠性。总之，残差分析和 *DW* 检验是确保回归模型适用性和可靠性的关键步骤。检验统计量 *DW* 的表达式见式（5－21）：

$$DW = \sum_{t=2}^{n} (e_t - e_{t-1})^2 / \sum_{t=1}^{n} e_t^2 \qquad \text{式（5－21）}$$

数学上推导出 *DW* 取值［0,4］，其中 t 代表了时间，残差是按时间顺序收集的。

第四节　多重共线性与逐步回归

多重共线性是回归分析中一个常见的问题，指的是回归模型中的自变量之间存在高度的相关性。当自变量彼此之间有较强的线性关系时，它们的变化往往是同步的。这些自变量往往会提供多余的信息，对回归方程的估计造成偏误。例如，某个回归模型包含两个变量——年龄和工作经验年数，由常识可知，年龄越大，工作经验年数越大，两个变量可能存在高度关联，因此模型中可能存在多重共线性。

既然存在多重共线性，那么变量该如何处理呢？逐步回归便是方法之一。本节将介绍逐步回归的思想。

（一）多重共线性产生的问题

当回归模型中两个或两个以上的自变量彼此相关时，则称回归模型中存在多重共线性。多重共线性会产生以下问题：

（1）模型估计失真：当自变量之间高度相关时，回归方程的标准误差可能会增大。这意味着模型估计值不稳定，预测结果的可靠性降低。例如，如果在房价预测模型中，使用了多种高度相关的房屋特征（如建筑面积和总房间数），模型可能会出现过高的标准误差，使估计结果不够准确。

（2）模型参数估计不准确：高多重共线性会导致回归系数的方差增大，从而使模型参数估计不准确。例如，在一个经济学模型中，如果投入和产出之间存在高度相关性，可能会导致回归系数的估计值波动很大，影响政策建议的可靠性。

（3）无法判断单独变量的影响：由于自变量之间的相关性，难以明确每个变量对因变量的独立贡献。例如，在医疗研究中，若多个指标（如体重和 Body Mass Index，BMI）高度相关，难以评估每个指标对健康风险的独立影响。

(4) 自变量显著性丧失意义：多重共线性会使本应显著的自变量变得不显著，而本不显著的自变量却显著。例如，在教育水平与收入的关系研究中，如果教育年限和工作经验高度相关，可能导致教育年限对收入的显著性降低，而工作经验却显示出显著性，从而影响研究结论的准确性。

如果模型中存在多重共线性，这说明至少有两个自变量 A 和 B 是高度或完全相关的，即两个变量的变化趋势一致，其中一个变化，另一个也会发生类似的变化。相关性越强，在只改变 A，不改变 B 的情况下，单纯从 A 的变化解释因变量 Y 的变化就很困难，也就是和实际不符（实际环境可能是从 A 和 B 共同变化的角度解释因变量 Y 的变化，因此很难理解）。因此，会降低估计系数的可信度或者降低模型的稳定性和性能。

（二）多重共线性的判别

检测多重共线性的方法有多种，其中最简单的一种办法是计算模型中各对自变量之间的相关系数［即皮尔逊相关系数（Pearson Correlation Coefficient）］，并对各相关系数进行显著性检验。如果有一个或多个相关系数是显著的，就表示模型中所使用的自变量之间相关，因而存在多重共线性。

具体来说，如果出现下列情况，则暗示存在多重共线性：

1. 模型中各对自变量之间显著相关。

2. 如果说 F 检验通过，并且决定系数值也较大，但是 t 检验并不显著，也可能存在多重共线性。

3. 回归系数的正负号与预期的相反。

4. 增加一个变量或者删除一个变量，观察回归系数的值是否有很大变化，若变化很大，则说明该变量的估计系数不可信或不稳定。

5. 容忍度（Tolerance）与方差膨胀因子（Variance Inflation Factor，VIF）。某个自变量的容忍度等于 1 减去该自变量为因变量而其他 $k-1$ 个自变量为预测变量时所得到的线性回归模型的判定系数，即 $1-R_i^2$。容忍度越小，多重共线性越严重。通常认为容忍度小于 0.1 时，存在严重的多重共线性。方差膨胀因子等于容忍度的倒数，即 $VIF=1/(1-R_i^2)$。显然，VIF 越大，多重共线性越严重。一般认为 VIF 大于 10 时，存在严重的多重共线性。

（三）多重共线性的处理

多重共线性是普遍存在的，通常情况下，如果共线性情况不严重（$VIF<10$），不需要做特别的处理。如存在严重的多重共线性，可以考虑使用以下几种方法处理：

1. 手动移除共线性的变量。先做相关分析，如果发现某两个自变量的相关系数值大于 0.7，则移除掉一个自变量，然后再做回归分析。此方法是最直接的方法，但有的时候我们不希望把某个自变量从模型中剔除，这样就要考虑使用其他方法。

2. 逐步回归法。让系统自动进行自变量的选择剔除，使用逐步回归分析将共线性的自变量自动剔除出去。此种解决办法有个问题是，可能会剔除掉本不想剔除的自变量，如果有此类情况产生，此时最好是使用岭回归进行分析。

3. 增加样本容量。增加样本容量是解释共线性问题的一种办法，但在实际操作中可能并不太适合，原因是样本量的收集需要成本、时间等。

4. 岭回归。上述第 1 种和第 2 种解决办法在实际研究中使用较多，但问题在于，如果实际研究中并不想剔除掉某些自变量（因为某些自变量很重要，不能剔除）。此时可能只有岭回归最为适合了。岭回归可以减小参数估计量的方差，是当前解决共线性问题最有效的解释办法。

（四）逐步回归

1. 变量选择的过程

回归自变量的选择无疑是建立回归模型的一个极为重要的问题。在建立一个实际问题的回归模型时，首先碰到的问题便是如何确定回归自变量，一般情况下，我们大多是根据所研究问题，筛选出对因变量有一定影响的因素作为自变量。如果遗漏重要变量，则会导致回归方程效果不佳。如果担心遗漏而加入过多自变量，可能会引入一些无关变量，数据质量参差不齐，且自变量间可能存在高度重叠。这不仅会增加计算复杂度，还会降低回归方程的稳定性，进而影响模型的实际应用效果。

检验的根据是将一个或一个以上的自变量引入回归模型中时，是否使残差平方和（*SSE*）显著减少。如果增加一个自变量使残差平方和（*SSE*）显著减少，则说明有必要将这个自变量引入回归模型，否则，就没有必要将这个自变量引入回归模型。确定在模型中引入自变量 x_i 是否使残差平方和（*SSE*）显著减少的方法，就是使用 F 统计量的值作为一个标准，以此来确定是在模型中增加一个自变量，还是从模型中剔除一个自变量。

变量选择的方法主要有：向前选择（Forward Selection）、向后剔除（Backward Elimination）、逐步回归（Stepwise Regression）、最优子集（Best Subset）等。

2. 向前选择法

向前选择法是从模型中没有自变量开始，采用自变量由少到多的方式来拟合模型，具体步骤如下：

第 1 步：对 k 个自变量（$x_1, x_2, \cdots, x_k$）分别拟合与因变量 y 的一元线性回归模型，共有 k 个，然后找出 F 统计量的值最大的模型及其自变量 x_i，并将其首先引入模型。（如果所有模型均无统计上的显著性，则运算过程终止，没有模型被拟合。）

第 2 步：在已经引入模型的 x_i 的基础上，再分别拟合 $k-1$ 个自变量（$x_1, \cdots, x_{i-1}, \cdots x_{i+1}, \cdots, x_k$）的线性回归模型，即变量组合为 $x_i+x_1, \cdots, x_i+x_{i-1}, x_i+x_{i+1}, \cdots, x_i+x_k$ 的 $k-1$ 个线性回归模型。然后分别考察这 $k-1$ 个线性模型，挑选出 F 统计量的值最大的含有两个自变量的模型，并将 F 统计量的值最大的那个自变量 x 引入模型。如果除 x 之外的 $k-1$ 个自变量中没有一个是统计上显著的，则运算过程终止。如此反复进行，直至模型外的自变量均无统计上的显著性为止。

3. 向后剔除法

后退法与前进法相反，首先用全部 m 个变量建立一个回归方程，然后在这 m 个变量中选择一个最不重要的变量，将它从方程中剔除。

设对 m 个回归系数进行 F 检验，记求得的 F 值为 $\{F_1^m, F_2^m, \cdots, F_m^m\}$，选其最小者记为：

$$F_j^m = \min\{F_1^m, F_2^m, \cdots, F_m^m\}$$

给定显著性水平 α，若 $F_j^m \leqslant F_\alpha(1, n-m-1)$，则首先将 x_j 从回归方程中剔除，为了方便，设 x_j 就是 x_m。

接着对剩下的 $m-1$ 个自变量重新建立回归方程，进行回归系数的显著性检验，像上面那样计算出 F_j^{m-1}，如果又有 $F_j^{m-1} \leqslant F_\alpha[1, n-(m-1)-1]$，则剔除 x_j，重新建立 y 关于 $m-2$ 个自变量的回归方程，依此类推，直至回归方程中所剩余的 p 个自变量的 F 检验值均大于临界值 $F_\alpha[1, n-(m-1)-1]$，没有可剔除的自变量为止。这时，得到的回归方程就是最终确定的方程。

4. 逐步回归法

逐步回归是一种结合了向前选择法和向后剔除法的自变量筛选方法。其主要过程包括两个阶段：向前选择阶段和向后剔除阶段。首先，逐步回归从一个最简单的模型开始，即只有一个自变量或无自变量的模型。其次，通过向模型中逐步添加新的自变量，使用某种标准（如 F 统计量）来判断每个新添加的自变量是否显著改进了模型的拟合度。如果某个新添加的自变量对模型的贡献显著，它将被保留在模型中；如果不显著，则会被排除。

在增加每个新自变量后，逐步回归还会重新审视模型中已经包含的自变量。具体而言，会考察已包含的变量是否仍然对模型有显著贡献。如果发现某个已经包含的自变量在新添加的变量出现后，对模型的贡献变得不显著，该变量可能会被剔除。因此，逐步回归不仅考虑新变量的引入，还不断评估现有变量的必要性。

这个过程会持续进行，直到再添加任何新的自变量都不会显著减少模型的残差平方和（*SSE*）。逐步回归可以通过 F 统计量来检验每个步骤中变量的显著性变化。需要注意的是，在逐步回归的过程中，前面步骤中加入的变量有可能在后续步骤中被剔除，而先前被剔除的变量也可能在后续步骤中重新进入模型。通过这种动态的变量筛选机制，逐步回归能够找到一个优化的模型结构，平衡模型的复杂性与解释能力。

第五节 利用 STATA 软件进行多元线性回归

STATA 软件提供了强大且灵活的工具来实现多元线性回归分析，这使用户能够高效地探索建模数据中的复杂关系。STATA 中的官方命令如 regress 和 mvreg 是进行多元线性回归的基本工具，其中，regress 最为常用，具备全面的功能和广泛的应用性。这些命令支持各种回归模型的设定，包括简单的多变量线性回归和更复杂的多响应变量回归。

除了官方命令，STATA 还支持多种外部命令，这些命令可以通过 ssc install 或 findit 命令进行下载和安装。例如，ivreg2 命令允许用户进行更复杂的工具变量回归分析，而 robust 选项则提供了对异方差性的稳健估计。这些外部命令扩展了 STATA 的基本功能，满足了用户在不同数据分析场景中的需求。

尽管多元线性回归的理论较为复杂，但 STATA 软件通过其简洁的命令和丰富的功能，使实际操作变得直观且高效。接下来，我们将介绍如何在 STATA 中进行多元线性回归分析，从数据准备到模型估计，帮助读者轻松掌握这一分析方法。

截面多元线性回归模型在 STATA 软件中的实现

对于截面多元线性回归模型而言，STATA 软件有官方命令 regress，估计便利性较强。这部分以 STATA 软件中的 auto. dta 数据集为范例进行实操。输入 help regress 即可查看帮助文件，regress 命令的基本语法如下：regress depvar [indepvars] [if] [in] [weight] [, options]，实际应用中主要需要对标准误的形式进行设定。

首先，针对 auto. dta 数据集中变量的统计特征进行描述。

```
. sysuse auto,clear
. sum
```

图 5 - 1 展示了数据集中变量的描述性统计。该数据集一共有 74 个观测数据，因此截面数据集的变量包含了 74 种汽车的 price、mpg 以 rep78 等。

```
. sysuse auto
(1978 automobile data)

. sum
```

Variable	Obs	Mean	Std. dev.	Min	Max
make	0				
price	74	6165.257	2949.496	3291	15906
mpg	74	21.2973	5.785503	12	41
rep78	69	3.405797	.9899323	1	5
headroom	74	2.993243	.8459948	1.5	5
trunk	74	13.75676	4.277404	5	23
weight	74	3019.459	777.1936	1760	4840
length	74	187.9324	22.26634	142	233
turn	74	39.64865	4.399354	31	51
displacement	74	197.2973	91.83722	79	425
gear_ratio	74	3.014865	.4562871	2.19	3.89
foreign	74	.2972973	.4601885	0	1

图 5 - 1 样本数据集的描述性统计

采用以下 regress 命令，即可完成截面多元回归模型的估计：

```
. regressprice mpg rep78 headroom trunk weight length turn displacement gear_ratio
```

截面数据的多元线性模型估计结果如图 5 - 2 所示，图中右上角展示了估计该模型的实际有效的观测值（缺失值会自动剔除）、F 值、P 值、R^2、调整的 R^2 值和残差标准差。

结果中的 Coefficient 表示回归方程的估计系数，Std. err 表示标准误（STATA 默认是普通的标准误）。t 是回归系数的 t 检验值的大小，$P>|t|$ 表示 P 值。最右侧则是置信区间的范围。

Source	SS	df	MS		
				Number of obs =	69
				F(9, 59) =	6.96
Model	296996341	9	32999593.4	Prob > F =	0.0000
Residual	279800618	59	4742383.36	R-squared =	0.5149
				Adj R-squared =	0.4409
Total	576796959	68	8482308.22	Root MSE =	2177.7

price	Coefficient	Std. err.	t	P>|t|	[95% conf.	interval]
mpg	-114.7428	79.17245	-1.45	0.153	-273.1665	43.68089
rep78	710.8792	322.1172	2.21	0.031	66.32422	1355.434
headroom	-725.6361	416.6599	-1.74	0.087	-1559.371	108.0984
trunk	70.11347	103.6329	0.68	0.501	-137.2554	277.4824
weight	4.034468	1.531879	2.63	0.011	.9691861	7.09975
length	-84.38974	43.98228	-1.92	0.060	-172.3981	3.618597
turn	-207.4801	131.4974	-1.58	0.120	-470.6058	55.6456
displacement	16.63013	8.99497	1.85	0.069	-1.36876	34.62903
gear_ratio	1642.588	1061.15	1.55	0.127	-480.7681	3765.943
_cons	11063.07	7305.303	1.51	0.135	-3554.809	25680.95

图 5 - 2　截面多元回归模型的估计结果

从回归结果可以看出，回归方程的 F 的 P 值小于 0.05，检验通过，说明方程是可以信赖的。但 R^2、调整的 R^2 只有 0.5149、0.4409，拟合效果不太理想。再看单个回归系数：除了 rep78 和 weight 外，其余变量的 P 值均大于 0.05，为通过检验。我们的模型是否出了问题呢？我们使用以下命令计算 VIF 值，看是否有变量存在多重共线性问题。

```
. estat vif
```

需要注意的是，estat vif 需要在使用 regress 命令进行回归之后，不然软件会报错。

从图 5 - 3 中可以看到，weight、length 和 displacement 的 VIF 值明显大于 10，模型存在严重的多重共线性，我们将 weight、length 剔除，再进行回归。

Variable	VIF	1/VIF
weight	21.15	0.047278
length	14.35	0.069674
displacement	10.07	0.099344
turn	4.89	0.204495
gear_ratio	3.46	0.289314
mpg	3.09	0.323292
trunk	2.90	0.344269
headroom	1.81	0.551859
rep78	1.46	0.685881
Mean VIF	7.02	

图 5 - 3　截面多元回归模型的 VIF 结果

从图 5－4 中可以看到，剔除了 weight、length 后，模型不存在多重共线性，且回归方程的整体检验通过，R^2 有所下降。但方程中仍然存在 P 值极不显著的变量，例如 trunk，我们再将其剔除。

```
. regress price mpg rep78 headroom trunk   turn displacement gear_ratio

      Source |       SS           df       MS      Number of obs   =        69
-------------+----------------------------------   F(7, 61)        =      7.34
       Model |  263778986         7  37682712.3   Prob > F        =    0.0000
    Residual |  313017973        61  5131442.18   R-squared       =    0.4573
-------------+----------------------------------   Adj R-squared   =    0.3950
       Total |  576796959        68  8482308.22   Root MSE        =    2265.3

------------------------------------------------------------------------------
       price | Coefficient  Std. err.      t    P>|t|     [95% conf. interval]
-------------+----------------------------------------------------------------
         mpg |   -137.476   76.0254    -1.81   0.075    -289.4982    14.54619
       rep78 |   714.8156   331.1209     2.16   0.035      52.6985    1376.933
    headroom |  -810.0302   432.0604    -1.87   0.066    -1673.988    53.92795
       trunk |   34.89915   100.9609     0.35   0.731    -166.9846    236.7829
        turn |  -194.4106   119.3614    -1.63   0.109    -433.0885    44.26719
displacement |   30.07314   7.045825     4.27   0.000     15.98414    44.16214
  gear_ratio |   1491.134   1101.803     1.35   0.181    -712.0561    3694.325
       _cons |   5892.577    6679.43     0.88   0.381    -7463.768    19248.92
------------------------------------------------------------------------------

. estat vif

    Variable |       VIF       1/VIF
-------------+----------------------
displacement |      5.71    0.175195
        turn |      3.72    0.268554
  gear_ratio |      3.44    0.290374
         mpg |      2.64    0.379375
       trunk |      2.55    0.392491
    headroom |      1.80    0.555323
       rep78 |      1.42    0.702338
-------------+----------------------
    Mean VIF |      3.04
```

图 5－4　变量剔除再估计结果图

从图 5－5 中可以看到，剔除了 trunk、great_ration 后，模型的 R^2 有所下降，且回归方程的整体检验通过。如果我们放宽显著的要求，此时，方程中的变量在 10% 的显著性水平下基本显著。若我们将 turn 变量删除，变量的显著性水平可能会上升，但也会牺牲模型的拟合效果。一般地，根据实际情况 R^2 值在 0.7 和 0.8 左右再去选择合适的变量。

```
. regress price mpg rep78 headroom  turn displacement

      Source |       SS           df       MS      Number of obs   =        69
-------------+----------------------------------   F(5, 63)        =      9.89
       Model |   253659214         5  50731842.8   Prob > F        =    0.0000
    Residual |   323137745        63  5129170.55   R-squared       =    0.4398
-------------+----------------------------------   Adj R-squared   =    0.3953
       Total |   576796959        68  8482308.22   Root MSE        =    2264.8

------------------------------------------------------------------------------
       price | Coefficient  Std. err.      t    P>|t|     [95% conf. interval]
-------------+----------------------------------------------------------------
         mpg |  -134.9116   74.60319    -1.81   0.075    -283.9941    14.17101
       rep78 |   787.1269   321.6965     2.45   0.017     144.2678    1429.986
    headroom |  -712.2042   369.8641    -1.93   0.059    -1451.319    26.91025
        turn |  -188.0461   117.5192    -1.60   0.115    -422.8895    46.79725
displacement |   24.65224   5.555834     4.44   0.000      13.5498    35.75469
       _cons |   11076.66   5424.904     2.04   0.045     235.8489    21917.46
------------------------------------------------------------------------------
```

图 5-5　剔除部分变量

第六章

面板数据回归模型

第一节　面板数据概述

（一）面板数据的定义与分类

面板数据（Panel Data 或 Longitudinal Data）也称为平行数据、综列数据、纵向数据，指的是在一段时间内跟踪同一组个体的数据。与面板数据密切相关的是时间序列数据和横截面数据，前者是指某个经济个体的变量在不同时点上的取值，如 2000—2022 年北京市每年的 GDP；后者是指多个经济个体的变量在同一时点上的取值，如 2022 年中国各省的 GDP。

时间序列数据和横截面数据都是一维数据，而面板数据是同时在时间和截面上取得的二维数据。面板数据同时包含了横截面数据和时间序列数据的特征，既有横截面的维度（N 个个体），又有时间维度（T 个时期），因此也被称为时间序列截面数据或混合数据，它能够提供更全面的信息，从而使数据分析更加准确。图 6－1 展示了一个 N＝9，T＝3 的面板数据结构，图中信息展示了 2020—2022 年北京市、天津市等 9 个地区的三种产业增加值。

面板数据按照不同的标准，主要有以下三种分类方式：

1. 按截面维度（N）与时间维度（T）的大小分为短面板数据与长面板数据。短面板数据的特征是截面维度（N）较大而时间维度（T）相对较小，即在同一期间内被观测的个体数量较多，而被观测的期间较少。这种数据结构适用于直接最小二乘回归、固定效应回归、随机效应回归、组间估计量回归等多种分析方法。长面板数据则相反，其特点是时间维度（T）较大而截面维度（N）相对较少，即被观测的期间较多而同一期间内被观测的个体数量较少。这种数据结构更适合于分析时间序列数据的变化和趋势。

2. 按解释变量是否包含被解释变量的滞后值分为静态面板数据和动态面板数据。静态面板数据是指解释变量不包含被解释变量的滞后值。静态面板数据模型主要处理个体效应，包括固定效应和随机效应两种模型。动态面板数据则包含被解释变量的滞后值，这意味着动态面板模型中不仅考虑了个体效应，还考虑了时间序列的特性。动态面板模型能够更好地捕捉变量之间的时间依赖关系，适用于需要分析变量随时间变化的情况。

地区	年份	第一产业增加值	第二产业增加值	第三产业增加值
北京	2022	112.3497	6603.6657	34894.985
北京	2021	112.756	7268.735	32888.509
北京	2020	108.309	5715.1049	30279.586
天津	2022	272.3937	6038.3322	9998.643
天津	2021	224.4385	5854.235	9614.757
天津	2020	209.8516	4804.0524	9068.6876
石家庄	2022	558.1386	2334.0987	4208.7627
石家庄	2021	504.922	2107.303	3877.775
石家庄	2020	499.1335	1744.89	3690.9765
唐山	2022	638.2017	4927.5936	3334.3146
唐山	2021	606.6247	4546.8044	3076.7478
唐山	2020	592.7442	3836.9731	2781.2827
秦皇岛	2022	252.311	681.679	976.201
秦皇岛	2021	240.0888	657.0172	947.0784
秦皇岛	2020	233.0052	550.9848	902.01
邯郸	2022	439.8152	1952.2232	1953.9616
邯郸	2021	392.1595	1911.006	1811.8345
邯郸	2020	377.1569	1570.8203	1689.0228
邢台	2022	350.7219	1007.8479	1188.4302
邢台	2021	331.0428	958.9077	1137.0495
邢台	2020	311.96	823.02	1065.02
保定	2022	572.3136	1680.0768	2356.0704
保定	2021	518.1154	1615.0938	2268.7908
保定	2020	491.0868	1321.8222	2141.091
张家口	2022	317.37	466.6475	990.9825
张家口	2021	278.0352	479.0016	970.9632
张家口	2020	268	431.04	900.96

图 6－1　STATA 中面板数据的表示

3. 按每个时期在样本中的个体观测值是否缺失分为平衡面板数据和非平衡面板数据。平衡面板数据指的是在面板数据分析中，每一个个体在每个时间点上的数据都是完整且没有缺失的。例如，如果一项研究包含了 50 个地区 4 年的数据，如果每个地区每年的数据都完整无缺，那么这样的数据集就被称为平衡面板数据。这种情况下，数据表行数将是 50 个地区乘以 4 年，即 200 行数据。非平衡面板数据则是指在数据分析中，某些个体在某些时间点的数据是缺失的。这可能是因为某些地区的数据未收集齐全，或者某些时间点的数据未能记录完整。例如，在上述 50 个地区 4 年的数据集中，如果某个地区缺失了几年的数据，那么最终的数据行数就会少于 200 行，这样的数据集就被称为非平衡面板数据。

（二）面板数据的优缺点

面板数据的主要优点如下：

1. 具有时间和个体维度的双重信息：面板数据允许研究者捕捉时间维度上的变化趋势，从而更好地理解随时间的发展，同时也包含对不同个体之间的差异的信息，可以用于识别和分析个体差异、固定效应等。

2. 解决遗漏变量问题：遗漏变量偏差是一个普遍存在的问题。虽然可以用工具变量法解决，但有效的工具变量常常很难找。遗漏变量常常是由于不可观测的个体差异或异质性造成的，如果这种个体差异“不随时间而改变”，则面板数据提供了解决遗漏变量问题的又一利器。

3. 提高估计效果的精确度和估计效率：由于同时有截面维度和时间维度，通常面板数据的样本容量更大，提高了估计效果的精确度。此外，利用面板数据可以更准确地估计个体效应、时间效应和它们对因变量的影响，从而提高模型的估计效率。

4. 处理个体异质性和动态行为：面板数据有助于捕捉不同个体之间的异质性，这对于研究个体特征对变量的影响至关重要。它还允许研究者分析个体在时间上的变化，包括变化的趋势和影响。

当然，面板数据也会带来一些问题，比如，样本数据通常不满足独立同分布的假定，因为同一个体在不同时期的扰动项一般存在自相关。另外，面板数据的收集成本通常较高，不易获得。

第二节 面板数据回归模型

（一）面板数据回归模型概述

面板数据回归模型是一种统计模型，它结合了时间序列和横截面数据的特点，用于研究者分析个体差异和时间变化对因变量的影响。该模型的主要目的是通过控制时间和空间上的异质性，从而更准确地估计变量之间的因果关系。面板数据回归模型的构建主要基于固定效应模型，其中，固定效应模型是指在面板数据分析中，每个个体（或观察单位）都有一个特定的截距，这些截距只会根据个体变化而发生改变。因此该模型适用于研究不同个体之间的差异，但不适用于研究时间趋势或跨时间的变化。面板数据回归模型的基本形式见式（6－1）：

$$y_{it}=\alpha_i+x_{it}'\beta+u_{it},\ i=1,2,\cdots,N;\ t=1,2,\cdots,T \qquad 式（6-1）$$

其中，i 表示个体（总个数为 N），t 表示时间（总长度为 T）；y_{it} 为被解释变量；α_i 为截距项（随机变量），代表个体效应，即 N 个个体有 N 个不同的截距项；x_{it} 为 $k\times 1$ 阶解释变量列向量（包含 k 个解释变量，不含常数项）；β 为 $k\times 1$ 阶回归系数列向量；u_{it} 为随机误差项，并与 α_i 共同构成了模型的误差项（α_i+u_{it}）。

根据 α_i 的不同情况，可将面板数据回归模型分为混合回归模型与非观测效应模型（其中又分为固定效应模型和随机效应模型）。若 α_i 会随不同个体而发生变化，即存在不可观测的个体效应，为非观测效应模型，反之，则为混合回归模型。以下详细介绍这两类面板数据回归模型。

（二）混合回归模型

方程（6－1）中，当每个个体的截距项（即 α_i）都相等时，面板模型为混合回归模型，其一般表达式如式（6－2）所示：

$y_{it} = \alpha_i + x_{it}'\beta + u_{it}, \ i = 1,2,\cdots,N; \ t = 1,2,\cdots,T$ 式（6－2）

混合回归模型的特点是，对于每个个体和截面，α 和 β 都是相同的。对于混合回归模型与非观测效应模型的选择，需要进行 F 检验。F 检验的原假设 H_0 为 $\alpha_1 = \alpha_2 = \cdots = \alpha_N = \alpha$（所有个体的 α_i 都是相等的），如果拒绝原假设，则选择非观测效应模型，反之，则选择混合回归模型。

对于混合回归，可以直接使用一般最小二乘法回归。在面板数据模型分析中，混合回归模型一般作为基准模型参照而使用。在 STATA 中，混合回归模型可以直接使用命令 reg 或 areg 进行回归。

（三）非观测效应模型

方程（6－1）中，当每个个体的截距项（即 α_i）都不相等时，即存在不随时间变化的个体效应，则为非观测效应模型。其中，根据个体效应是否与解释变量相关又分为固定效应模型和随机效应模型。

1. 固定效应模型

对于特定的个体 i 而言，α_i 表示那些不随时间改变的影响因素，如个人的消费习惯、国家的社会制度、地区的特征、性别等，一般称其为“个体效应”。如果把“个体效应”当作不随时间改变的固定性因素，相应的模型称为固定效应模型（Fixes Effects Model）。固定效应模型的基本形式如式（6－3）所示：

$y_{it} = \alpha_i + x_{it}'\beta + u_{it}, \ i = 1,2,\cdots,N; \ t = 1,2,\cdots,T$ 式（6－3）

其中，α_i 表示不可观测的个体效应，且与 x_{it} 相关，固定效应模型的假设条件是：给定个体的条件下误差项 u_{it} 的期望为 0。

固定效应模型也可用方程（6－4）表示：

$y_{it} = \alpha_1 D_1 + \alpha_2 D_2 + \cdots + \alpha_N D_N + x_{it}'\beta + u_{it}$ 式（6－4）

其中，D_i 为虚拟变量：如果属于第 i 个个体，为 1，其他为 0。该表达式为最小二乘虚拟变量（Least Squar Dummy Variable，LSDV）法。

此外，固定效应模型还可以细分为以下三种模型：

（1）时间固定效应模型（Times Fixed Effects Model）。时间固定效应模型用于解释面板数据中时间变化对因变量的影响，通过这种模型可以分析不同时间点上的变化对结果变量的影响程度。其表达式如式（6－5）所示：

$y_{it} = \gamma_t + x_{it}'\beta + u_{it}, \ i = 1,2,\cdots,N; \ t = 1,2,\cdots,T$ 式（6－5）

其中，γ_t 表示时间固定效应的随机变量，即 T 个时期有 T 个不同的截距项。该模型解决了随时间而变化的遗漏变量的问题。

（2）个体固定效应模型（Individual Fixed Effects Model）。个体固定效应模型用于分析面板数据中个体间的差异。该模型的基本思想是通过引入个体固定效应，控制这些个体特征对因变量的影响，从而更准确地分析其他解释变量对因变量的影响。个体固定效应模型假定不同截面个体的回归斜率（参数）是相同的，而模型的截距项存在异质性。其表达式如式（6-6）所示：

$$y_{it} = \alpha_i + x_{it}'\beta + u_{it},\ i = 1,2,\cdots,N;\ t = 1,2,\cdots,T \qquad \text{式（6-6）}$$

其中，$\mathrm{Cov}(x_{it},\alpha_i)\neq 0$，即解释变量与个体效应存在相关性。由于复合扰动项 $\varepsilon_{it}=\alpha_i+u_{it}$，故 $\mathrm{Cov}(x_{it},\varepsilon_{it})\neq 0$。为了使估计量具有更优良的性质，还需要假定 $E(\alpha_i)=0$，$\mathrm{Var}(\alpha_i)=\sigma_\alpha^2$，$E(u_{it})=0$，$E(\alpha_i u_{it})=0$，$\mathrm{Var}(u_{it})=\sigma_u^2$ 和 $E(u_{it},u_{is})=0(t\neq s)$。

（3）个体时点双向固定效应模型（Two - way Fixed Effects Model）。个体时点双向固定效应估计方法是一种在经济学和计量经济学中常用的统计技术，用于分析面板数据，即同时包含时间和个体两个维度的数据。这种方法的主要目的是消除不随时间变化的不可观测因素（个体固定效应）和不随个体变化的不可观测因素（时间固定效应），从而更准确地估计解释变量对被解释变量的影响。其表达式如式（6-7）所示：

$$y_{it} = \alpha_i + \gamma_t + x_{it}'\beta + u_{it},\ i = 1,2,\cdots,N;\ t = 1,2,\cdots,T \qquad \text{式（6-7）}$$

固定效应模型常用的估计方法主要有组内离差估计法、最小二乘虚拟变量法、一阶差分估计法、组间估计法、总体平均估计法等方法。接下来，以个体固定效应模型为例，对前三种估计方法进行介绍。

（1）一阶差分估计法。固定效应模型一定存在内生性问题，产生内生性的根源在于解释变量与个体效应存在相关性，从而导致复合扰动项与解释变量存在相关性（无论扰动项是否与解释变量存在相关性）。由于这种内生性问题源于个体效应，而个体效应又不随时间变化而变化，故对模型（6-7）滞后一期得到式（6-8）：

$$y_{it-1} = \alpha_i + x_{i,t-1}'\beta + u_{i,t-1},\ i = 1,2,\cdots,N;\ t = 2,\cdots,T \qquad \text{式（6-8）}$$

用式（6-7）减去式（6-8），得到式（6-9）：

$$\Delta y_{it} = \Delta x_{it}'\beta + \Delta\varepsilon_{it},\ i = 1,2,\cdots,N;\ t = 1,2,\cdots,T \qquad \text{式（6-9）}$$

如果 $\mathrm{Cov}(\Delta x_{it},\Delta\varepsilon_{it})=E(x_{it}-x_{i,t-1})'(\varepsilon_{it}-\varepsilon_{i,t-1})=0$，则可用最小二乘法对模型复合扰动项的协方差进行估计。该估计方法被称为差分估计（FD），其估计量称为差分估计量。其中，$E(x_{it}-x_{i,t-1})'(\varepsilon_{it}-\varepsilon_{i,t-1})=0$ 表示解释变量不仅要与同期的复合扰动项不相关，还需要与上期的扰动项不相关，即解释变量与扰动项必须满足强外生关系，否则，对模型进行 OLS 估计将存在内生性偏误。

（2）组内离差估计法。固定效应模型的另一种估计策略是对每个截面个体（组内）进行内部离差化，即用模型（6-6）对时间求均值，得到式（6-10）：

$$\overline{y_i} = \alpha_i + \beta\overline{x_i} + \overline{u_i},\ i = 1,2,\cdots,N \qquad \text{式（6-10）}$$

用式（6-6）和式（6-10）做差，得到式（6-11）：

$$y_{it} - \overline{y_i} = (x_{it} - \overline{x_i})\beta + (u_{it} - \overline{u_i}),\ i = 1,2,\cdots,N;\ t = 1,2,\cdots,T \qquad \text{式（6-11）}$$

如果 $E(x_{it}-\overline{x_i})'(\varepsilon_{it}-\overline{\varepsilon_i})=0$，即解释变量的组内离差与扰动项的组内离差不存在相关性时，模型（6-11）的参数可利用 OLS 估计。这种估计方法称作组内离差估计或固定效应估计，其对应的估计量称作组内离差估计量或固定效应估计量。与差分估计相同，模型（6-11）的解释变量组内离差必须满足严格外生性，因为复合扰动项的组内均值包含有各个时期的信息。

（3）最小二乘虚拟变量法。在差分估计与组内离差估计中，不随时间变化的个体效应 α_i 均被消除，无法估计个体之间的差异。为了得到个体效应，可以通过最小二乘虚拟变量（LSDV）法进行测量。模型表达式如式（6－12）所示：

$$y_{it} = \sum_{j=2}^{N} \alpha_j I(i = j) + x_{it}'\beta + u_{it}, \ i = 1,2,\cdots,N; \ t = 1,2,\cdots,T \quad \text{式（6－12）}$$

其中，为 $I(\cdot)$ 为示性函数。如果要对个体效应的显著性进行检验，只需检验个体虚拟变量系数的联合显著性，即 $H_0: \alpha_i = 0$。如果拒绝原假设，表明个体之间存在显著差异的个体效应，此时可利用组内离差估计量，反之，不能拒绝原假设，则说明所有个体具有同质性，可利用 OLS 混合回归模型进行分析。

2. 随机效应模型

当每个个体的截距项 α_i 不同且与 x_{it} 不相关时，面板数据回归模型为随机效应模型，其表达式如式（6－13）所示：

$$y_{it} = \alpha_i + x_{it}'\beta + u_{it}, \ i = 1,2,\cdots,N; \ t = 1,2,\cdots,T \quad \text{式（6－13）}$$

该模型的假定条件是 α_i 和 u_{it} 服从独立分布（但未限定是何种分布），见式（6－14）：

$$\alpha_i \sim iid(\alpha,\sigma_\alpha^2), \ u_{it} \sim iid(0,\sigma_u^2) \quad \text{式（6－14）}$$

随机效应模型一般是通过广义可行最小二乘（Feasible Generalized Least Squares, GLS）法或者极大似然（Maximum Likelihood, ML）法进行估计。这两种估计量不仅是一致估计量，还是有效估计量。因为固定效应模型和随机效应模型中的截距项 α_i 都是随机变量，其区别为是否与解释变量相关。因此，固定效应模型可以称为“相关效应模型”，而随机效应模型可以称为“非相关效应模型”。在非观测效应模型中，固定效应和随机效应的选择需要进行 Hausman 检验，Hausman 检验的原假设 H_0 为：个体效应 α_i 与解释变量 x_{it} 无关。在 STATA 中，Hausman 检验可以通过命令 hausman 来实现。

在计量研究中，常用的面板数据回归模型除了混合回归模型、固定效应模型和随机效应模型外，还有面板门限模型、动态面板模型、空间面板模型等。

第三节 面板门限回归模型

（一）门限回归

门限效应也称为门槛效应，是指当一个经济参数达到特定的数值后，引起另外一个经济参数发生突然转向其他发展形式的现象（结构突变）。现实经济生活中，由于门限效应，很多经济变量的关系存在主观或者客观因素的结构突变问题。例如，城镇化到一定程度后，会形成全新的交通网络和改变居民出行方式，进而影响环境库兹涅茨曲线（Environmental Kuznets Curve, EKC）。现实中的经济规律可能是非线性的，其函数形式可能依赖于某个变量（称为“门限变量”）而改变。

面对这种非线性的问题，传统的做法是由研究者主观地确定一个门限值，然后根据此门限值把样本一分为二（或分成更多的子样本），既不对门限值进行参数估计，也不对其显著性进行统计检验。显然，这样得到的结果并不可靠。为此，Hansen（2000）提出“门限（门槛）回归”（Threshold Regression），以严格的统计推断方法对门限值进行参数估计与假设检验。门限回归模型（Threshold Regression Model）作为一种强大的统计工具，能够捕捉到变量之间的非线性关系，在经济、金融、社会科学等领域有着广泛的应用。

门限回归模型的实质就是把预报问题按状态空间的取值进行分类，用分段的线性回归模式来描述总体非线性预报问题。其一般表达式如式（6－15）所示：

$$\begin{cases} y_i = \beta_1' x_i + u_i，若\ q_i \leqslant \gamma \\ y_i = \beta_2' x_i + u_i，若\ q_i > \gamma \end{cases} \qquad 式（6-15）$$

其中，γ 为待估计的门限值，x_i 为外生解释变量，与扰动项 u_i 不相关。也可以将上面的分段函数合并为式（6－16）：

$$y_i = \beta_1' x_i \cdot I(q_i \leqslant \gamma) + \beta_2' x_i \cdot I(q_i > \gamma) + u_i \qquad 式（6-16）$$

其中，$I(\cdot)$ 为示性函数，即如果括号中的表达式为真，则取值为 1；反之，取值为 0。该函数无法写成参数 $(\beta_1, \beta_2, \gamma)$ 的线性函数形式，是一个非线性回归。对此可以用非线性最小二乘（NLS）法来估计，即最小化残差平方和。其中，如果 γ 的取值已知，则可以通过定义 $z_{i1} \equiv x_i \cdot I(q_i \leqslant \gamma)$ 与 $z_{i2} \equiv x_i \cdot I(q_i > \gamma)$，将式（6－16）转换为参数为（$\beta_1$，$\beta_2$）的线性回归模型，如式（6－17）所示。

$$y_i = \beta_1' z_{i1} + \beta_2' z_{i2} + u_i \qquad 式（6-17）$$

因此，通常分两步来最小化残差平方从而确定门限值 γ 的取值。首先，给定 γ 的取值，对式（6－17）进行 OLS 估计得到残差平方和，也就是关于 γ 的函数 $SSR(\gamma)$；其次，选择 γ 使得 $SSR(\gamma)$ 最小化。

类似地，可以考虑包含“多个门限值”的门限回归。比如，对于门限变量 q_i，假设两个门限值为 $\gamma_1 < \gamma_2$，则门限回归模型如式（6－18）所示：

$$y_i = \beta_1' x_i \cdot I(q_i \leqslant \gamma_1) + \beta_2' x_i \cdot I(\gamma_1 < q_i \leqslant \gamma_2) + \beta_3' x_i \cdot I(q_i > \gamma_2) + u_i \qquad 式（6-18）$$

（二）面板门限回归模型

如果门限回归模型的研究对象涉及多个时期和多个个体，那么就是面板门限模型（Panel Threshold Model），它是一种用于统计分析面板数据的经济计量模型。与传统的面板数据模型相比，面板门限模型考虑了一个或多个阈值变量对模型参数的影响。该模型的主要思想是模型的参数在特定的阈值范围内可能发生变化，即当阈值变量的值跨越某个阈值时，模型的参数会发生改变。

面板门限回归模型是一种非线性回归模型，因此通常用于分析面板数据中的非线性关系和阈值效应，它允许回归关系在不同的门槛水平上发生变化，是一种较好的异质性分析的方法。这种模型在经济学等领域有着广泛的应用，因为它能够捕捉到数据中的非线性关系，提供更准确的预测和解释。

Hansen（1999）首次介绍了具有个体固定效应的静态平衡面板数据门限回归模型的计量分析方法，该方法以残差平方和最小化为条件确定门限值，并检验门限值的显著性，克服了主观设定结构突变点的偏误。面板门限回归模型主要包括单一门限回归模型和多门限回归模型。

1. 单一门限回归模型

单一门限回归模型中，存在唯一的一个门槛值，当自变量达到或超过这个门限值时，因变量与自变量之间的关系会发生改变。对于面板数据 $\{y_{it}, x_{it}, q_{it}: 1 \leqslant i \leqslant n, 1 \leqslant t \leqslant T\}$，其中 i 表示个体，t 表示时间，Hansen（1999）考虑了如下的固定效应门限回归模型，如式（6－19）所示。

$$\begin{cases} y_{it} = \alpha_i + \beta_1' x_{it} + u_{it}, 若 q_{it} \leqslant \gamma \\ y_{it} = \alpha_i + \beta_2' x_{it} + u_{it}, 若 q_{it} > \gamma \end{cases} \quad 式（6－19）$$

其中，q_{it}为门限变量（可以是解释变量 x_{it}的一部分），γ 为待估计的门限值，扰动项 u_{it}是独立同分布的。假设解释变量 x_{it}为外生变量，与扰动项 u_{it}不相关，因此 x_{it}不包含被解释变量 y_{it}的滞后值，不是动态面板。个体截距项 α_i 的存在表明，该模型为固定效应模型。使用示性函数 $I(\cdot)$，可以将模型更简洁地表示为式（6－20）。

$$y_{it} = \alpha_i + \beta_1' x_{it} \cdot I(q_{it} \leqslant \gamma) + \beta_2' x_{it} \cdot I(q_{it} > \gamma) + u_{it} \quad 式（6－20）$$

假设 N 较大，T 较小，即短面板，因此大样本的渐近理论基于“n→∞”而展开。定义 $\beta \equiv \begin{pmatrix} \beta_1 \\ \beta_2 \end{pmatrix}$，$x_{it}(\gamma) \equiv \begin{bmatrix} x_{it} \cdot I(q_{it} \leqslant \gamma) \\ x_{it} \cdot I(q_{it} > \gamma) \end{bmatrix}$，则方程（6－20）可以进一步简化为式（6－21）。

$$y_{it} = \alpha_i + \beta' x_{it}(\gamma) + u_{it} \quad 式（6－21）$$

对于第 i 位个体，将方程（6－21）两边对时间求平均可得式（6－22）。

$$\overline{y_i} = \alpha_i + \beta' \overline{x_i}(\gamma) + \overline{u_i} \quad 式（6－22）$$

其中，$\overline{y_i} \equiv \frac{1}{T}\sum_{t=1}^{T} y_{it}$，$\overline{x_i}(\gamma) \equiv \frac{1}{T}\sum_{t=1}^{T} x_{it}(\gamma)$，$\overline{u_i} \equiv \frac{1}{T}\sum_{t=1}^{T} u_{it}$。将方程（6－21）减去方程（6－22），得到方程的离差形式，如式（6－23）所示。

$$y_{it}^* = \beta' x_{it}^*(\gamma) + u_{it}^* \quad 式（6－23）$$

其中，$y_{it}^* \equiv y_{it} - \overline{y_i}$，$x_{it}^*(\gamma) \equiv x_{it}(\gamma) - \overline{x_i}(\gamma)$，$u_{it}^* \equiv u_{it} - \overline{u_i}$。

关于门限值的估计，仍然使用两步法。首先，给定 γ 的取值，用 OLS 法对式（6－23）进行一致估计，得到估计系数 $\hat{\beta}(\gamma)$ 及残差平方和 $SSR(\gamma)$；其次，对于 $\gamma \in \{q_{it}: 1 \leqslant i \leqslant n, 1 \leqslant t \leqslant T\}$（$\gamma$ 至多由 nT 个可能取值），选择 $\hat{\gamma}$，使得 $SSR(\hat{\gamma})$ 最小；最后得到估计系数 $\hat{\beta}(\hat{\gamma})$。

为了提高门限值估计的精确度，Hansen 在门限回归中使用了“格栅搜索（Grid Search）法”连续给出门限回归中的候选门限值 γ。首先，将候选门限值范围进行格栅化处理，以一定的格栅化水平（如 0.0025）将范围分割成多个小区间；其次，用格栅化得到的全部格栅点作为候选门限值 γ，对每个候选门限值进行回归计算，并计算相对应的模型的残差平方和；最后，选择使模型残差平方和最小的候选门限值作为回归估计的真实门限值。

在找出门限值 γ 之后，还需进行以下检验来查看这个门限效应是否真实。

（1）单门限模型的假设检验一：门限效应的显著性检验。

检验门限效应的显著性是一个非常重要的环节，我们对式（6-20）作出以下原假设与备择假设，如式（6-24）所示。

$$H_0: \beta_1 = \beta_2,\ H_1: \beta_1 \neq \beta_2 \qquad \text{式（6-24）}$$

对门限效应显著性的检验，可以构造似然比统计量 F_1，通过自助法获得 F_1 对应的P值，如果P值小于0.1，则拒绝原假设，认为存在门限效应。反之，则不拒绝原假设，说明两个分组系数相同，即门限效应不存在，则无需再分组进行面板门限模型的估计。

（2）单门限模型的假设检验二：门限值与潜在门限值的置信检验。

当门限效应的显著性检验通过后，可以进一步对门限值的真实性进行检验，即检验“$H_0: \gamma = \gamma_0$”。使用极大似然法检验门限值，构建似然比检验统计量，如式（6-25）所示。

$$LR(\gamma) \equiv [SSR(\gamma) - SSR(\hat{\gamma})] / \hat{\sigma}^2 \qquad \text{式（6-25）}$$

可以证明，在 $H_0: \gamma = \gamma_0$ 成立的情况下，$LR(\gamma)$ 的渐近分布尽管仍然非标准，但是其累积分布函数可以直接算出其临界值。因此，可以利用统计量 $LR(\gamma)$ 来计算 γ 的置信区间。

2. 多门限回归模型

与单一门限回归模型不同，多门限回归模型存在多个门限值。这些门限值将自变量的取值空间分割成多个区间，每个区间内因变量与自变量之间的关系是不同的。以两个门限值为例，对于面板数据 $\{y_{it}, x_{it}, q_{it}: 1 \leqslant i \leqslant n, 1 \leqslant t \leqslant T\}$，$\gamma_1 < \gamma_2$，其中 i 表示个体，t 表示时间，双门限回归模型表达式如式（6-26）所示：

$$y_{it} = \alpha_i + \beta_1' x_{it} \cdot I(q_{it} \leqslant \gamma_1) + \beta_2' x_{it} \cdot I(\gamma_1 < q_{it} \leqslant \gamma_2) + \beta_3' x_{it} \cdot I(q_{it} > \gamma_2) + u_{it} \qquad \text{式（6-26）}$$

同样，要讨论双门限回归模型，仍需要关注门限值的参数估计、双门限存在的假设检验以及参数 γ_1 和 γ_2 的置信区间估计这三个统计问题，其步骤与单门限模型类似。

3. 门限模型的特点

从传统门限分析到现在的系列门限模型应用，可以看出，传统分组通常基于外生样本分离方法，其缺陷主要有：首先，分异区间和样本分离点都是任意选择的（比如认为测定1978年前后经济增长速度变化，而不是经济内在机制决定的）。由于其门限值是外生任意给定的，就不可能推导出门限值的置信区间。其次，基于这种方法得到的参数估计值的有效性缺乏可靠性，因为它们对门限值相当敏感。

在传统门限分析的基础上，Hansen（1999，2000）提出了新的门限回归计量方法，其优点在于：首先，不需要给定非线性方程的形式，门限值及其个数完全由样本数据内生决定。其次，该方法提供了一个渐近分布理论来建立待估参数的置信区间，同时还可运用

Bootstrap 方法来估计门限值的统计显著性。

当前的面板门限回归模型仍存在着一些不足，比如，当前门限回归模型的使用尚没有官方统一的标准命令，学者基于研究需求进行了多元化开发，但不同命令的使用会导致不同结果的产生。例如，使用 xthreg 命令发现没有门限效应，但使用 xtthres 命令结果显示为双门限。另外，尽管进行了多种改进，但仍然保持对于门限变量的强外生要求，但在现实中往往难以找到一个绝对外生的变量进行估计，所以得出的结果可能是有偏的。门限值仅以单一变量来划分也难以具有较强的说服力。

第四节　动态面板模型与空间面板模型

（一）动态面板模型设定

动态面板模型是指通过在静态面板数据模型中引入滞后被解释变量以反映动态滞后效应的模型。也就是说，在动态面板模型中允许使用过去的可观测值，考虑了过去结果对当前结果的影响。实际上，许多经济学问题本质上都是动态的，其中一些经济模型表明，当前的行为依赖于过去的行为，例如就业模型和公司投资问题，该模型被广泛应用于经济学和社会科学领域。

动态面板模型的基本表达式见式（6－27）：

$$y_{it} = \beta_0 + \rho y_{i,t-1} + x_{it}'\beta + \alpha_i + u_{it},\ i = 1,2,\cdots,N;\ t = 2,\cdots,T \quad \text{式（6－27）}$$

其中，β_0 表示截距项，$y_{i,t-1}$为被解释变量的滞后项，ρ 为其回归系数，α_i 表示个体效应，用于控制不可观测的个体特征，u_{it}是误差项，解释变量 x_{it}与 u_{it}不相关。

动态面板模型的特殊性在于被解释变量的动态滞后项与随机误差组成部分中的个体效应相关，从而造成估计的内生性，进而导致使用 OLS、组间估计等得到的估计量会出现不一致。为了得到一致估计量，动态面板模型常用的估计方法是 GMM 估计（Generalized Method of Moments Estimation）。GMM 估计方法适用于含有内生性问题或测量误差的多期数据模型，它利用样本矩条件等式将矩条件矩阵与参数矩阵进行匹配，从而得到一致且有效的估计量。在动态面板数据模型中，时间维度上的内生性、个体异质性以及序列相关性都需要被处理，GMM 估计能够通过引入工具变量和控制变量来解决这些问题。

GMM 估计方法的发展分为三个阶段，第一阶段是由 Arellano 和 Bond（1991）提出的差分 GMM（Difference GMM），第二阶段是由 Arellano 和 Bover（1995）提出的水平 GMM（Level GMM），第三阶段是由 Blundell 和 Bond（1998）将差分 GMM 和水平 GMM 结合在一起进行 GMM 估计即系统 GMM（System GMM）。接下来将详细介绍这三种 GMM 估计方法。

1. 差分 GMM（Difference GMM）

差分 GMM 的基本思路是：对于基本模型进行一阶差分以去除固定效应的影响，然后用一组滞后的解释变量作为差分方程中相应的工具变量。

具体步骤如下：首先，考虑以下更一般情况的动态面板模型，其表达式见式（6－28）：

$$y_{it} = \beta_0 + \rho y_{i,t-1} + x_{it}'\beta + z_i'\delta + \alpha_i + u_{it},\ i = 1,2,\cdots,N;\ t = 2,\cdots,T \quad 式（6－28）$$

其中，z_i 表示不随时间变化的量，其他含义同前。方程（6－28）也叫作水平方程，当期间取 $t-1$ 时有式（6－29）。

$$y_{it-1} = \beta_0 + \rho y_{i,t-2} + x_{i,t-1}'\beta + z_i'\delta + \alpha_i + u_{i,t-1},\ i = 1,2,\cdots,N;\ t = 2,\cdots,T \quad 式（6－29）$$

无论取任何期间，动态面板模型一定要包含个体效应 α_i，因为 α_i 是与 y_{it-1} 相关的。在传统面板模型中，α_i 与解释变量不相关用随机效应模型估计，α_i 与解释变量相关用固定效应模型估计。而在动态面板模型中，无论其他解释变量是否与 α_i 相关，y_{it-1} 一定与 α_i 相关，因此要用固定效应模型进行估计。

其次，做一阶差分以消除个体效应，得到差分方程，见式（6－30）。

$$\Delta y_{it} = \rho\Delta y_{i,t-1} + \Delta x_{it}'\beta + \Delta u_{it},\ i = 1,2,\cdots,N;\ t = 2,\cdots,T \quad 式（6－30）$$

差分方程虽然消除了 α_i 导致的内生性问题，但是由于 $y_{i,t-1}$ 与 u_{it-1} 相关，仍然存在内生性问题，见式（6－31）：

$$E[(y_{i,t-1} - y_{i,t-2})(u_{it} - u_{i,t-1})] \neq 0 \quad 式（6－31）$$

因此，$\Delta y_{i,t-1}$ 为内生变量，需要寻找合适的工具变量才能得到一致估计。Anderson 和 Hsiao（1981）提出使用 $y_{i,t-2}$ 作为 $\Delta y_{i,t-1}$ 的工具变量，然后进行 2SLS 估计，被称为 Anderson－Hsiao 估计量。显然，$y_{i,t-2}$ 与 $\Delta y_{i,t-1}$ 即 $y_{i,t-1}-y_{i,t-2}$ 相关。假定 $\{u_{it}\}$ 为白噪声，即不存在序列自相关和截面相关，$y_{i,t-2}$ 与 Δu_{it} 即 $u_{it}-u_{i,t-1}$ 不相关。因此，在 $\{u_{it}\}$ 不存在自相关的前提下，$y_{i,t-2}$ 是有效工具变量。

按照同样的逻辑，更高阶的滞后变量 $\{y_{i,t-3}, y_{i,t-4}, \cdots\}$ 也是有效工具变量，而 Anderson－Hsiao 估计量未加以利用，故不是最有效率的。Arellano 和 Bond（1991）使用所有可能的滞后变量作为工具变量（显然工具变量个数多于内生变量个数）进行 GMM 估计，这称为 Arellano－Bond 估计量，也被称为差分 GMM（因为是对差分后的方程进行 GMM 估计）。使用差分 GMM 的前提是扰动项 $\{u_{it}\}$ 不存在自相关。

2. 水平 GMM（Level GMM）

差分 GMM 在作差分时会带来弱工具变量以及由于消除了不随时间变化的变量 z_i 从而无法估计其系数的问题。为了解决这两个问题，Arellano 和 Bover（1995）重新回到差分之前的水平方程，并使用 $\{\Delta y_{i,t-1}, \Delta y_{i,t-2}, \cdots\}$ 作为 $y_{i,t-1}$ 的工具变量，对水平方程进行 GMM 估计，成为水平 GMM。需要指出的是，水平方程不能像差分方程那样消掉个体效应 α_i，需要假设 $\{\Delta y_{i,t-1}, \Delta y_{i,t-2}, \cdots\}$ 与个体效应 α_i 不相关，才能保证这些工具变量与复合扰动项 $(\alpha_i + u_{it})$ 不相关。使用水平 GMM 的前提包括：扰动项 $\{u_{it}\}$ 不存在自相关；并且 $\{\Delta y_{i,t-1}, \Delta y_{i,t-2}, \cdots\}$ 与个体效应 α_i 不相关。

3. 系统 GMM（System GMM）

Blundell 和 Bond（1998）认为，差分 GMM 的估计量较易受弱工具变量的影响而产生向下的大的有限样本偏差。为了克服这一问题，Blundell 和 Bond 提出了系统 GMM 估计方法，系统 GMM 估计量具有更好的有限样本性质。其具体做法是将差分 GMM 与水平 GMM 结合在一起，即将差分方程与水平方程作为一个方程系统进行估计。在这种估计方法中，滞后水平作为一阶差分的工具变量，而一阶差分又作为水平变量的工具变量。系统 GMM 法的优点是有利于提高估计的效率，并且可以估计不随时间变化的变量 z_i 的系数，这是因为系统 GMM 包含对水平方程的估计。缺点是必须假定 $\{\Delta y_{i,t-1},\Delta y_{i,t-2},\cdots\}$ 与 α_i 无关，否则不能使用系统 GMM。使用系统 GMM 的前提与使用水平 GMM 的前提相同。

需要注意的是，GMM 估计法主要适用于短动态面板数据。因为尽管基于 GMM 估计法是一致估计量（即当 N→∞ 时，没有偏差），但对于 N 较小而 T 较大的长面板可能存在较严重的偏差，对于长动态面板数据模型的估计可以使用“偏差校正 LSDV 法”进行估计。

（二）空间面板模型

普通面板数据模型中解释变量仅仅纳入自身的因素，未考虑其他地区的一些因素。当研究样本涉及多个单元时（如多个国家），研究单元间的空间相关性不可忽略。例如，一个国家的二氧化碳排放水平不仅与其邻近地区的二氧化碳排放水平有关，还可能与其他地区的经济社会等因素存在关联。正如地理学第一定律所说：任何事物都是与其他事物相关的，只不过相近的事物关联更紧密。空间计量经济学的发展为这一理论研究提供了有力的工具。空间面板数据模型通过引入空间权重矩阵来定义研究单元之间的关联方式和关联程度，其一般表现形式见式（6－32）：

$$\begin{cases} y_{it} = \tau y_{i,t-1} + \rho w_i' y_t + x_{it}'\beta + d_i' X_t \delta + \alpha_i + \gamma_t + u_{it} \\ u_{it} = \lambda m_i' \varepsilon_t + v_{it} \end{cases} \qquad \text{式（6－32）}$$

其中，$y_{i,t-1}$ 为被解释变量 y_{it} 的一阶滞后（即动态面板：如果不是动态面板，可令 $\tau=0$）；w 是空间矩阵元素；$d_i' X_t \delta$ 表示解释变量的空间滞后，d_i' 为相应空间权重矩阵 D 的第 i 行；γ_t 为时间效应；m_i' 为扰动项空间权重矩阵 M 的第 i 行。方程（6－32）是空间面板模型的一般表达形式，故通常有以下几种特殊类型：

1. 如果 $\lambda=0$，则为“空间杜宾模型”；
2. 如果 $\lambda=0$ 且 $\delta=0$，则为“空间自回归模型”；
3. 如果 $\tau=0$ 且 $\delta=0$，则为“空间自相关模型”；
4. 如果 $\tau=\rho=0$ 且 $\delta=0$，则为“空间误差模型”。

第五节　面板数据回归模型在 STATA 中的应用

在 STATA 中，进行面板数据回归的命令主要是 xtreg，该命令属于 STATA 软件的官方命令之一，因此在使用时不需要额外安装。xtreg 命令的基本语法为：xtreg depvar indepvars [if][in][weight][,options]，可通过指定不同的选项进行不同类型的估计，主要用于估计面板数据模型中的固定效应或随机效应。

xtreg 对数据格式有严格要求，要求必须是面板数据。在使用 xtreg 命令之前，首先需要使用 xtset 命令进行面板数据声明，定义截面（个体）维度和时间维度。当在 xtreg 命令后加上选项 fe，那就表示使用固定效应组内估计方法进行估计，并且默认个体固定效应定义在 xtset 所设定的截面维度上，至于时间固定效应，需要引入虚拟变量 i. year 来表示不同的时间。

下面将对面板数据模型的基本操作进行演示，所使用的数据来自林毅夫教授 1992 年在《美国经济评论》(AER) 发表的论文《Rural Reforms and Agricultural Growth in China》，数据命名为 lin_1992. dta。

该文章中的主要变量有：省份（province）、年份（year）、种植业产值对数（ltvfo，因变量）、耕地面积对数（ltlan）、种植业劳动力（ltwlab）、机械动力与畜力对数（ltpow）、化肥使用量对数（ltfer）、截至年末采用家庭联产承包制的生产队比重（hrs）、时间趋势（t）。为了便于分析，我们没有严格复原论文分析过程，省略了一些变量和模型，感兴趣的同学可以查阅原文。

1. 面板设定与统计分析

STATA 中，设定面板数据的命令为：

· xtset panelvar timevar

该命令可以显示面板数据结构，即是否为平衡面板。panelvar 和 timevar 分别为面板数据的个体变量和时间变量，均为数值型。示例数据中个体变量是省份（province），时间变量是年份（year），代入命令得到结果，如图 6－2 所示，可以看出示例数据集的面板数据为平衡面板。

```
xtset province year
       panel variable:  province (strongly balanced)
        time variable:  year, 70 to 87
                delta:  1 unit
```

图 6－2 设定面板数据

注意，假如“panelvar”本来是字符串（比如，国家名字 country），可用以下命令转换为数字型变量：

· encode country,gen(cntry)

选择项“gen(cntry)”表示将新生成的数字型变量记为 cntry。这样，变量 cntry 就以“1,2,3,…”来指代不同的国家。

设定面板数据后，可以进一步展示面板数据统计特性，STATA 命令如下：

xtdes：显示面板数据的结构，是否为平衡面板。

xtsum：显示组内、组间与整体的统计指标。

xtline varname：对每个个体分别显示该变量的时间序列图。

2. 模型选择

（1）选择混合回归模型还是固定效应模型。由于每个省的“省情”不同，可能存在着不随时间而变化的遗漏变量，故考虑使用固定效应模型。固定效应模型（组内估计量）的 STATA 命令基本格式为：

· xtreg ltvfo ltlan ltwlab ltpow ltfer hrs,fe

该回归结果附有选择混合回归模型的 F 检验，其原假设为“ $H_0:all\alpha_i=0$ ”，即混合回归是可以接受的。

· estimates store FE

命令 estimates store 表示保存上一条回归命令的结果。

回归方法说明

```
. xtreg ltvfo ltlan ltwlab ltpow ltfer hrs,fe

Fixed-effects (within) regression               Number of obs      =       476
Group variable: province                        Number of groups   =        28

R-sq:                                           Obs per group:
     within  = 0.8651                                         min =         17
     between = 0.5490                                         avg =       17.0
     overall = 0.6017                                         max =         17

                                                F(5,443)           =    568.16
corr(u_i, Xb)  = -0.5803                        Prob > F           =    0.0000

------------------------------------------------------------------------------
       ltvfo |      Coef.   Std. Err.      t    P>|t|     [95% Conf. Interval]
-------------+----------------------------------------------------------------
       ltlan |   .5782997   .0651146     8.88   0.000     .4503278    .7062715
      ltwlab |   .1523265   .0253066     6.02   0.000     .1025907    .2020624
       ltpow |   .1088755   .0253004     4.30   0.000     .0591519    .1585991
       ltfer |   .1864785   .0217148     8.59   0.000     .1438018    .2291553
         hrs |   .1911845   .0202446     9.44   0.000     .1513971    .2309719
       _cons |   3.028702   .3169501     9.56   0.000     2.405789    3.651615
-------------+----------------------------------------------------------------
     sigma_u |  .40298778
     sigma_e |  .10933529
         rho |  .93143691   (fraction of variance due to u_i)
------------------------------------------------------------------------------
F test that all u_i=0: F(27, 443) = 80.36                    Prob > F = 0.0000
```

拒绝混合回归模型

图 6-3 固定效应模型回归结果

由图 6-3 可知，选择混合回归模型的 F 检验的结果拒绝原假设，即拒绝混合回归模型，选用固定效应模型。

倘若选择混合回归模型，其命令为：

· reg ltvfo ltlan ltwlab ltpow ltfer hrs,vce(cluster province)

进行混合回归，“id”指用来确定每位个体的变量。vce 命令显示回归系数协方差矩阵，对角线都是方差，其余的是协方差。选择项“vce(cluster id)”表示以变量 id 作为聚类变量来计算聚类稳健的标准误。

（2）选择固定效应模型还是随机效应模型。在处理面板数据时，究竟使用固定效应模型还是随机效应模型，这是一个基本问题。为此，进行豪斯曼（hausman）检验，其原假设为“H_0：α_i 与 x_{it}，u_{it}不相关”，即认为应该使用随机效应模型，而非固定效应模型。豪斯曼检验的 STATA 命令格式如下：

· hausman FE RE,constant sigmamore

选项 constant 表示在比较系数估计值时包括常数项；选择项 sigmamore 表示统一使用更有效率的那个估计量（即随机效应估计量）的方差估计。

```
hausman FE RE, constant sigmamore

                 ---- Coefficients ----
             |      (b)          (B)            (b-B)     sqrt(diag(V_b-V_B))
             |       FE           RE         Difference          S.E.
-------------+----------------------------------------------------------------
       ltlan |    .5782997     .3422744        .2360253        .0515211
      ltwlab |    .1523265     .2176338       -.0653073        .0139559
       ltpow |    .1088755     .1149511       -.0060756        .0063975
       ltfer |    .1864785     .1897806       -.0033021        .0060898
         hrs |    .1911845     .1766735         .014511        .0035937
       _cons |    3.028702     4.179639       -1.150937        .2502659
------------------------------------------------------------------------------
                          b = consistent under Ho and Ha; obtained from xtreg
           B = inconsistent under Ha, efficient under Ho; obtained from xtreg

    Test:  Ho:  difference in coefficients not systematic

                  chi2(6) = (b-B)'[(V_b-V_B)^(-1)](b-B)
                          =       50.56
                Prob>chi2 =      0.0000
                (V_b-V_B is not positive definite)
```

拒绝原假设，选择固定效应

图 6－4　豪斯曼检验结果

由图 6－4 可以看出 p 值为 0.0000，故强烈拒绝原假设，因此应该使用固定效应模型。倘若不拒绝原假设，则应该使用随机效应模型，其命令为：

· xtreg ltvfo ltlan ltwlab ltpow ltfer hrs,re

· estimates store RE

其中，选项 re 表示 random effects（默认）。

3. 回归分析

分别使用混合回归模型、个体固定效应模型、双向固定效应模型和添加时间趋势项的固定效应模型进行回归分析，这四种回归模型的 STATA 命令如下：

（1）混合回归模型：

· reg ltvfo ltlan ltwlab ltpow ltfer hrs,vce(robust)

· estimates store OLS

（2）个体固定效应模型：

· xtreg ltvfo ltlan ltwlab ltpow ltfer hrs,fe

· estimates store FE

（3）添加稳健标准误的个体固定效应模型：

· xtreg ltvfo ltlan ltwlab ltpow ltfer hrs,fe vce(cluster province)

· estimates store INFE_Robust

（4）添加稳健标准误的双向固定效应模型：

· xtreg ltvfo ltlan ltwlab ltpow ltfer hrs i. time,fe vce(robust)

· estimates store TWFE_Robust

（5）添加时间趋势项的固定效应模型：

· xtreg ltvfo ltlan ltwlab ltpow ltfer hrs t,fe vce(robust)

· estimates store FE_Trend

其中，选项 vce(robust) 表示使用稳健标准误，与 vce(cluster province) 等价。注意，在进行 Hausman 检验时，不能使用稳健标准误。

图 6－5 中的回归分析结果表明，固定效应（FE, INFE_Robust, TWFE_Robust）的系数估计值与混合回归估计（OLS）法相差较大。另外，在固定效应模型中加入时间趋势项（FE_Trend），对估计系数也存在一定的影响。

	(1) OLS	(2) FE	(3) INFE_Robust	(4) TWFE_Robust	(5) FE_Trend
ltlan	0.317*** (0.0332)	0.578*** (0.0651)	0.578** (0.171)	0.546** (0.186)	0.640** (0.198)
ltwlab	0.315*** (0.0363)	0.152*** (0.0253)	0.152* (0.0630)	0.186** (0.0606)	0.160* (0.0607)
ltpow	-0.0666* (0.0327)	0.109*** (0.0253)	0.109 (0.0537)	0.0888 (0.0875)	0.0340 (0.0965)
ltfer	0.405*** (0.0234)	0.186*** (0.0217)	0.186*** (0.0431)	0.181*** (0.0447)	0.176*** (0.0402)
hrs	0.141*** (0.0332)	0.191*** (0.0202)	0.191*** (0.0338)	0.102* (0.0432)	0.161*** (0.0276)
t					0.0115 (0.00917)
_cons	4.059*** (0.175)	3.029*** (0.317)	3.029*** (0.775)	3.178*** (0.814)	2.772** (0.882)
N	476	476	476	476	476

Standard errors in parentheses
* p<0.05, ** p<0.01, *** p<0.001

图 6－5　STATA 回归分析结果

第七章

随机前沿模型在生产效率测算中的应用

第一节　生产效率的概念内涵与测度方法

（一）生产效率概念内涵

经济学的核心议题是稀缺资源的有效配置，因而生产效率分析是经济学研究中十分重要的内容。生产效率被定义为在既定的投入水平下，实际产出与生产前沿中对应产出的比值，或达到既定产出时生产前沿中对应投入与实际投入的比值，又被称为投入产出效率。因此，生产效率的定义和测度有产出导向和投入导向的两种区别，产出导向的生产效率是指实际产出与潜在最优产出的比值，而投入导向的生产效率是指可行最小要素投入与实际要素投入的比值。在效率分析实际工作中，往往根据资源稀缺性程度、研究议题关注重点等确定生产效率测算的导向，越来越多的效率分析人员采用多要素和多产出加权导向的生产效率。

图7-1展示了单一要素投入（x）与产出（y）的关系。函数$f(x)$为生产函数，生产函数上的点表示现有生产技术下要素投入（x）所能达到的最大产出。A点是实际要素投入和实际产出。产出导向的生产效率为实际产出（AE）和潜在最优产出（BE）的比值，投入导向的生产效率为可行最小要素投入（DC）和实际要素投入（DA）的比值。可以看出，生产单元的生产效率总是介于0~1。一般而言，生产活动涉及资本、劳动、能源等多要素投入，且产出包括经济产出以及非期望的污染产出。因此，实际生产活动中关于生产效率的概念内涵和测度方法更为复杂。为了便于理解，本书按照产出导向的生产效率定义进行讨论，且总产出只有期望产出，即图7-1中的生产效率为（AE/BE）。

日常经济效率分析中通常采用单一要素投入和总产出衡量生产效率，例如，劳动生产率、能源强度、土地生产率等。然而，生产活动往往涉及多种要素投入，采用单一要素投入进行生产效率测算无法客观反映生产效率。例如，不同部门或者企业之间的劳动生产率差异可以来源于生产技术的要素偏向性，劳动生产率并不能准确衡量不同行业甚至企业的生产效率差异。表7-1对软件企业和汽车制造企业的生产效率进行了比较，软件企业的

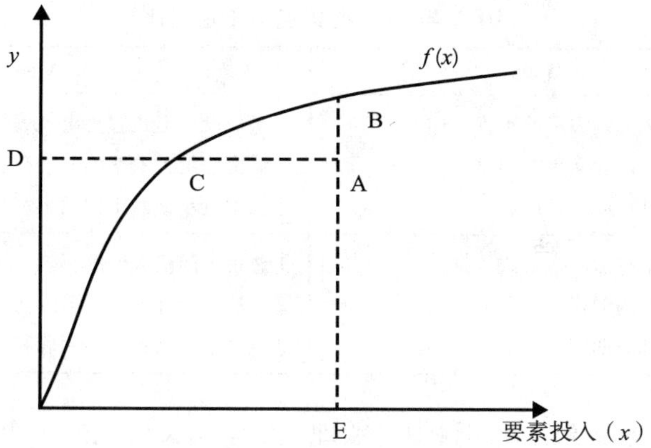

图 7-1　生产效率的定义

劳动生产率（10 万元每人）低于汽车制造企业的劳动生产率（20 万元每人），然而，资本生产率衡量的生产效率的对比结果刚好相反。软件企业的生产活动对技能劳动的需求高而对资本要素的需求较低，但汽车制造企业则有相反的要素禀赋结构需求。因此，劳动生产率高估了汽车制造企业的生产效率，资本生产率高估了软件企业的生产效率。

表 7-1　软件企业和汽车制造企业的生产效率比较

经济指标	软件企业	汽车制造企业
资本投入（K）	50 万元资本	100 万元资本
劳动投入（L）	10 名工程师	5 名工程师
经济产出（Y）	100 万元总产出	100 万元总产出
资本生产率（Y/K）	2	1
劳动生产率（Y/L）	10 万元每人	20 万元每人

（二）生产效率测度方法概述

经典经济学理论常假定生产技术总是充分有效的，在一定的生产技术条件下，各种要素投入能够自发实现产出最大化，或者是在价格和技术的约束下成本能够达到最小化。然而，实际的经济生产活动中，投入产出的关系受各种因素的影响，大多数生产单元无法实现技术充分有效，即实际产出不能达到前沿边界上的最大产出。生产前沿边界为生产单元效率评价提供了参考的基准，在生产前沿边际上的生产单元是技术有效的，生产效率为 1，而处在低于生产前沿上的生产单元是技术无效的，生产效率小于 1。这样，测量生产单元的效率就可以采用以生产前沿为基准的前沿分析方法来进行。

尽管生产效率的测算方法有很多，但前沿边界效率分析方法主要有两类，包括非参数法和参数法。非参数法以数据包络分析（Data Envelope Analysis，DEA）方法为代表，采用线性规划的方法来测量生产效率；参数法以随机前沿分析（Stochastic Frontier Analysis，SFA）为代表，具有明确的经济学含义。表 7-2 列示了 DEA 与 SFA 的优点与不足。

表 7-2 DEA 与 SFA 的优点与不足对比

模型	优点	不足
SFA	①考虑随机误差因素的干扰 ②指标的经济含义更加明确 ③可以刻画环境因素的影响	①函数设定形式容易出现偏差 ②需要假定无效率项的分布 ③技术进步被假定为确定性趋势
DEA	①无需设定具体函数形式 ②技术进步的形式更为灵活 ③可以考虑非期望产出等	①忽视了随机误差的影响 ②无法区分环境因素与随机误差 ③经济学含义相对不明确

数据包络分析是运筹学、管理科学与数理经济学交叉研究的一个新领域。它是根据多项投入指标和多项产出指标，利用线性规划的方法，对具有可比性的同类型单位进行相对有效性评价的一种数量分析方法。DEA 的优势在于无需考虑生产前沿的具体形式，可以处理多投入多产出的效率测量，容易对模型进行扩展。DEA 的不足在于设定了确定的生产前沿，忽略了随机因素在产出中的影响，易受异常值影响等。数据包括分析方法的经济学含义往往不明确，且各种形式的具体方式是十分多样的。但是，数据包括分析运用范围十分广泛，几乎适用于任何场景的效率测算与分析。

参数法以随机前沿分析为代表，考虑到生产前沿会受到随机因素的影响，设定生产前沿的具体函数形式，采用统计学方法对前沿生产函数进行估计。SFA 的基本特征是具有复合的误差项，一部分误差项是由随机的环境因素导致的，因此使用传统的对称分布误差项来反映。而另一部分误差项反映了生产单位的各种无效率因素导致的效率损失，使用一个单边误差项来捕捉。SFA 的主要优点是考虑到随机误差的影响，可以方便地定量分析各种因素对效率的影响，同时采用各种统计工具对整个估计过程进行检验，在误差和统计干扰处理方面具有优势。缺点在于需要设定 SFA 模型函数形式，要对误差项分布进行假设，如果假设不当会造成估计偏误。不过，在采取面板数据的情况下，在一定程度上可以克服误差项分布假设问题。对于经济学的学习而言，掌握以随机前沿分析为代表的参数法更有价值。

第二节 截面数据中的随机前沿模型

（一）随机前沿模型概述

随机前沿模型由 Aigner、Lovell 和 Schmidt 等经济学家于 1977 年提出，目前在经济学与金融学等领域得到了众多学者的青睐。众多学者沿着 Farrell（1957）提出的参数估计建议，提出了随机前沿方法并衍生了许多 SFA 模型，在经济学的各个领域得到了广泛应用。

任何生产单元（DMU）的产出都无法越过生产前沿边界，即存在最大产出的偏离，偏离最大产出程度的大小被视为生产单元生产效率的损失大小。根据统计学的方法，无效率损失的衡量问题可以借用含有“复合干扰项”的计量回归模型解决。“复合干扰项”不仅用于捕捉衡量偏误和其他统计偏差，而且用于反映生产单元无效率的干扰项，效率测算的重点就是估计出复合干扰性并进行分解。

假定生产单元理想状况下的合意产出为$f(x)$，即给定要素投入（x）的情况下达到最大产出，也称为“产出边界”或者“理论产出”。然而，在现实情况下，往往存在导致效率损失的各种因素，实际产出（y）低于产出边界$f(x)$。在SFA模型中，产出效率的定义是实际产出与产出边界的比值，即：$TE(y,x) = y/f(x), TE \leqslant 1$。即实际产出$y_i = f(x_i,\beta) \times TE_i$，由于我们假定产出为正，因此$0 < TE_i \leqslant 1$，即生产单元$i$的生产效率介于0~1。若$TE_i = 1$，则表示生产单元$i$在既定的要素投入和生产技术情况下，达到最优产出水平，而$TE_i < 1$则表示该生产单元存在效率损失情况。需要注意的是，β是生产函数的待估参数，在实证分析中，我们并不关心β，我们关注的重点是生产效率（TE_i），生产效率的分布以及影响因素是研究所需要重点关注的内容。

生产函数$f(x_i, \beta)$定义的是生产单元i的前沿产出边界，而不是随机边界，这就意味着该定义无法捕捉随机干扰因素对总产出造成的干扰。现实经济生产活动中，在相同生产条件和生产效率情况下，生产单元的产出也可能受到随机因素干扰而不同，略低产出的生产单元可能遭遇一个坏因素或者称为随机因素，在这个坏因素或者随机因素的影响下，生产单元的产出水平下降，效率不如其他生产单元。如果不对模型进行修正，那么这种随机因素将会进入TE，将导致效率的测度出现偏差。此外，由于存在衡量偏误问题，生产函数模型的设定可能存在偏误，如果不处理这些偏误，都可能影响生产效率（TE）估计的准确性。

在经济生产活动中，给定要素投入（x_i）的情况下，生产单元i的实际产出由生产函数$f(x_i, \beta)$、生产效率TE_i以及随机扰动因素$\exp(v_i)$共同决定。因此，截面随机前沿模型被定义为式（7-1）。

$$y_i = f(x_i,\beta) \times \exp(v_i) \times TE_i \qquad \text{式（7-1）}$$

其中，v_i为随机干扰项，假定其服从正态分布，$v_i \sim N(0,\sigma_v^2)$。式（7-1）中生产效率之前的部分就是“随机边界”部分，指加入了随机干扰因素的前沿产出边界。通过引入随机干扰因素，生产单元的生产效率测度可以排除随机因素对生产过程的干扰。

对式（7-1）两边同时进行对数处理，可以得到式（7-2）。

$$\ln(y_i) = \ln\{f(x_i,\beta)\} + v_i - u_i \qquad \text{式（7-2）}$$

其中，$u_i = -\ln(TE_i)$。u_i被称为“技术无效率”（Technical Inefficiency）或“无效率项”（Inefficiency Term）。由于生产效率介于0到1之间，无效率项满足$u_i \geqslant 0$。换言之，无效率项的存在是生产单元实际产出始终低于产出前沿边界的原因。由于$u_i = -\ln(TE_i)$，则生产效率（TE_i）的估计见式（7-3）：

$$TE_i = \exp(-u_i) \qquad \text{式（7-3）}$$

此外，这可以施加一个假定条件：影响生产单元实际产出的随机扰动项和无效率项之间是不相关的，即$cov(u_i,v_i) = 0$。这就是假定生产过程中的随机因素是完全随机的，且与无效率无关。

（二）截面随机前沿模型设定

大多数情况下，投入要素与实际产出都被定义为对数形式，即因变量与自变量均处理成对数形式。此外，生产函数形式的设定也是灵活的，可以设定成 C－D 生产函数，也可以设定为超越对数函数形式等。因此，SFA 模型的通常设定如式（7－4）所示：

$$y_i = \beta_0 + \sum_{j=1}^{J} x_{ji}\beta_i + \varepsilon_i,\ \varepsilon_i = v_i - u_i,(i = 1,2,\cdots,N) \qquad 式（7－4）$$

其中，β 为模型参数。ε_i 在 SFA 模型中表示复合干扰项，由常规意义上的随机干扰项（v_i）与无效率项（u_i）两部分组成。为了获得生产效率 TE 的估计，需要对两部分干扰项的分布形式进行设定，前者是一个对称的正态分布，后者则是一个单边分布。通常会假定 v_i 与 u_i 是独立同分布的，且彼此独立。由于假定无效率一定会存在，大多情况下其被设定为单边分布，包括指数分布（$u_i \sim \exp(\sigma_u)$）、半正态分布（$u_i \sim N^+(0,\sigma_u^2)$）、截断半正态分布（$u_i \sim N^+(\mu,\sigma_u^2)$）。

根据无效率项的设定，SFA 模型一般有以下三种常见形式：

（1）指数模型（Exponential Model），见式（7－5）。

$$y_i = \beta_0 + \sum_{j=1}^{J} x_{ji}\beta_i + v_i - u_i,\ v_i \sim iid(0,\sigma_v^2),\ u_i \sim iid\ \exp(\sigma_u) \qquad 式（7－5）$$

其中，指数分布的密度函数为 $f_u(u_i) = \theta \times \exp(-\theta u_i)$，$\theta = 1/\sigma_u$，$u_i \geqslant 0$。

（2）半正态模型（Half－normal Model），见式（7－6）。

$$y_i = \beta_0 + \sum_{j=1}^{J} x_{ji}\beta_i + v_i - u_i,\ v_i \sim iid\ N(0,\sigma_v^2),\ u_i \sim iid\ N^+(0,\sigma_u^2) \qquad 式（7－6）$$

其中，无效率项假定为服从半正态分布。

（3）截断半正态模型（Truncated－normal Model），见式（7－7）。

$$y_i = \beta_0 + \sum_{j=1}^{J} x_{ji}\beta_i + v_i - u_i,\ v_i \sim iid\ N(0,\sigma_v^2),\ u_i \sim iid\ N^+(\mu,\sigma_u^2) \qquad 式（7－7）$$

其中，截断半正态模型的参数最多，因此该模型蕴含的经济学含义也是更为丰富的。例如，可以根据无效率项的均值（μ）来考察无效率的形成机理，这就是截断半正态模型的优点。

对于上述三种模型，虽然复合干扰项由随机干扰项（v_i）与无效率项（u_i）两部分组成，导致其分布是非对称的，但是能够推导出其密度函数。因此，上述模型的参数估计都可以采用极大似然估计法。不同的分布设定对应不同的 SFA 模型，那么分布形式的设定对生产效率的估计至关重要吗？无效率项作为复合扰动项的一部分，不可否认，无效率项的分布会在一定程度上影响生产效率的估计，但是这需要明确生产效率的估计主要取决于生产函数的设定。在实证分析过程中，对于无效率项分布形式的选择可依据相关理论、现有文献、理论预期等进行综合考虑，生产函数的选择是更大挑战。

（三）随机前沿模型的极大似然估计法

随机前沿模型的估计依赖于复合干扰项的假定，包括：随机扰动项 v_i 的假定，通常假定服从正态分布 $v_i \sim iid\ N(0,\sigma_v^2)$；无效项的假定，通常有三种假定，由此确定三种类型的随机前沿模型；随机扰动项和无效率项不相关的假定。在此基础上，可以得到如下对数似然函数，具体又根据无效率项分为三种情况。

（1）正态—指数模型，见式（7-8）。

$$\ln L = \sum_{i=1}^{N}\left\{-\ln\sigma_u + \frac{\sigma_v^2}{2\sigma_u^2} + \ln\Phi\left(\frac{-\epsilon_i - \dfrac{\sigma_v^2}{\sigma_u}}{\sigma_v}\right) + \frac{\epsilon_i}{\sigma_u}\right\} \qquad \text{式（7-8）}$$

（2）正态—半正态模型，见式（7-9）。

$$\ln L = \sum_{i=1}^{N}\left\{\frac{1}{2}\ln\left(\frac{2}{\pi}\right) - \ln\sigma_S + \ln\Phi\left(-\frac{\epsilon_i\lambda}{\sigma_S}\right) - \frac{\epsilon_i^2}{2\sigma_S^2}\right\} \qquad \text{式（7-9）}$$

（3）正态—截断正态模型，见式（7-10）。

$$\ln L = \sum_{i=1}^{N}\left\{\begin{aligned}&-\frac{1}{2}\ln(2\pi) - \ln\sigma_S - \ln\Phi\left(\frac{\mu}{\sigma_S\sqrt{\gamma}}\right)\\&+\ln\Phi\left[\frac{(1-\gamma)\mu - \gamma\epsilon_i}{\sigma_S^2\gamma(1-\gamma)^{1/2}}\right] - \frac{1}{2}\left(\frac{\epsilon_i+\mu}{\sigma_S}\right)^2\end{aligned}\right\} \qquad \text{式（7-10）}$$

其中，$\sigma_S = (\sigma_u^2 + \sigma_v^2)^{1/2}$，$\lambda = \sigma_u/\sigma_v$，$\gamma = \sigma_u^2/\sigma_S^2$，$\epsilon_i = y_i - x_i\beta$。$\Phi(\ )$ 是标准正态分布的累积分布函数。

根据对数似然函数，可以采用极大似然估计法得到随机前沿模型的参数。然而，SFA 模型最受关注的是生产效率或者无效率。事实上，生产效率无法直接估计，这依赖于无效率项的估计。Jondrow 等（1982）提出利用期望的条件分布估计无效率项。无效率项的条件期望如式（7-11）所示：

$$E(u_i \mid \varepsilon_i) = u_{*i} + \sigma_*\left\{\frac{\Phi(-u_{*i}/\sigma_*)}{\Phi(u_{*i}/\sigma_*)}\right\} \qquad \text{式（7-11）}$$

根据估计得到的无效率项，就可以估计生产效率，见式（7-12）。

$$TE_i = E\{\exp(-u_i \mid \varepsilon_i)\} = \left\{\frac{1-\Phi(\sigma_* - u_{*i}/\sigma_*)}{1-\Phi(-u_{*i}/\sigma_*)}\right\}\exp\left(-u_{*i} + \frac{1}{2}\sigma_*^2\right) \qquad \text{式（7-12）}$$

其中，u_{*i} 和 σ_* 的定义依赖于无效率项的分布假定，如表 7-3 所示。

表 7-3　　不同模型的参数定义

正态—指数模型	正态—半正态模型	正态—截断正态模型
$u_{*i} = -\epsilon_i - \sigma_v^2/\sigma_u$	$u_{*i} = -\epsilon_i\sigma_u^2/\sigma_S^2$	$u_{*i} = \dfrac{-\epsilon_i\sigma_u^2 + \mu\sigma_v^2}{\sigma_S^2}$
$\sigma_* = \sigma_v$	$\sigma_* = \sigma_u\sigma_v/\sigma_S$	$\sigma_* = \sigma_u\sigma_v/\sigma_S$

值得注意的是，在 SFA 模型的实际应用中，模型和无效率项的形式是很丰富的，各个

模型之间的主要差别在于无效率项分布形式的设定。关于如何选择模型的设定，一个常用的做法是根据信息准则确定，包括赤池信息量准则（Akaike Information Criterion，AIC）和贝叶斯信息准则（Bayesian Information Criterions，BIC）。对比不同模型的 AIC 或 BIC，可以选择数值较小的模型设定。此外，由于 SFA 模型的变量和参数有着明确的经济学含义，这需要根据估计得到的参数与经济理论的逻辑一致性进行模型形式的选择。

第三节　面板数据中的随机前沿模型

截面数据随机前沿模型可以拓展为面板数据随机前沿模型，增加生产效率指标的特征分析维度。相较于截面 SFA 模型，面板 SFA 模型有以下差异：第一，截面数据随机前沿模型适用于生产效率的横向比较，无法反映生产单元效率指标的动态特征，面板数据随机前沿模型则可以兼顾横向对比和动态特征刻画；第二，面板 SFA 模型在生产效率测度上具有效率分解的优势，通过在模型中引入不可观测的个体固定效应，可以刻画个体效率项和时变效率项；第三，面板 SFA 模型的丰富信息提供了更加有效的统计推断，也可以一定程度避免内生性挑战。

（一）面板随机前沿模型概述

面板数据具有时间和个体两个维度，因而传统的面板随机前沿生产函数模型一般形式可以表示为式（7－13）。

$$y_{it} = \beta_0 + x_{it}'\beta + v_{it} - u_{it}(i = 1,2,\cdots,N;t = 1,2,\cdots,T) \quad \text{式（7－13）}$$

其中，i，t 分别表示个体和时间。v_{it} 为随机误差项，服从均值为 0、方差为 σ_v^2 的正态分布；u_{it} 是生产无效率项，与 v_{it} 相互独立；y_{it} 表示决策单元（DMU）的实际产出（取对数）；x_{it} 表示要素投入（取对数）的向量；β 表示待估未知参数向量。各 DMU 的生产效率是实际产出与有效产出的比率，即 $TE_{it} = exp(-u_{it})$。面板随机前沿模型的设定方法主要有三个方向的发展，分别是无效率项结构形式的设定、各生产单元个体异质性的处理、两步法潜在内生性问题的解决。

1. 无效率项的结构设定

无效率项的分布可以设定为半正态、截断正态、指数和伽马等，会对生产效率的数值造成较大影响，但不会对生产效率的排序造成显著影响。相较于无效率项的分布设定，无效率项结构形式的设定对生产效率估计的影响更大，可以归纳为三种结构形式：第一，不随时间变化的效率，即各生产单元有一个不随时间变化的无效率项；第二，有确定性趋势的时变效率，即无效率项由一个不随时间变化的随机无效率项和一个确定性时间趋势项的乘积构成；第三，无结构形式限制的时变效率，即无效率项在时间上和空间上是独立同分布。

（1）时不变效率项设定。该模型由 Schmidt 和 Sickles（1984）提出，在个体效应面板数据模型框架下测度生产效率，其优势是不需要设定无效率项的分布。非效率项非时变模型最大的局限在于非效率项不会随时间而变化，也被称为效率不变模型。如果假定非效率项不随时间变化，那么，那些对产出边界有影响但是不随时间变化的因素都将涵盖在非效率项中，从而获得的生产效率将是有偏的。假定 $u_{it} = u_i$ ，面板数据随机前沿模型退化为面板数据回归模型，见式（7－14）。

$$y_{it} = \beta_0 + x'_{it}\beta + v_{it} - u_i = \alpha_i + x'_{it}\beta + v_{it} \qquad 式（7-14）$$

其中，个体效应（ α_i ）等于 $\beta_0 - u_i$ ，变量和参数定义与式（7－13）是一致的，如果式中个体效应假定为固定效应，无效率项（ u_i ）可以与投入要素有相关性；如果个体效应假定为随机效应，解释变量可以包含不随时间变化的要素投入，实现与生产效率的分离。

个体效应被视作生产无效率的处理方式存在两个缺陷：第一，无法区分生产单元诸如不可观测或者无法衡量的不变要素引致的个体异质性与管理活动或者生产活动的无效率；第二，无法揭示生产效率随时间变化的动态演变规律，应用范围局限于短面板数据。Cornwell、Schmidt 和 Sickles（2010）在模型中引入了截面异质的时间趋势项（ $\alpha_{1i}t + \alpha_{2i}t^2$ ），以克服时不变效率的面板随机前沿模型不能衡量时变生产效率的缺陷。此类模型的估计不依赖极大似然估计法，利用虚拟变量最小二乘法、可行广义最小二乘法等估计方法进行模型参数和个体效应 $\widehat{\alpha_i}$ 的估计（Baltagi，2013），在此基础上利用个体效应恢复无效率项 $\widehat{u_i} = \max_i\{\widehat{\alpha_i}\} - \widehat{\alpha_i}$ 。

（2）有确定性时间趋势的效率项。有确定性时间趋势的效率项设定是假定 $u_{it} = u_i G(t)$，$u_i \sim N^+(0,\sigma_u^2)$ 。随机无效率项（ u_i ）能够捕获生产单元的效率本质，决定生产单元效率的排序。确定性时间趋势［ $G(t)$ ］有两种常见的设定形式：一种是 Battese 和 Coelli（1992）的设定方法，$G(t) = exp[\eta(t-T)]$ ，即生产效率项随着时间的推移会逐渐获得改善（$\eta>0$）或者恶化（$\eta<0$），生产效率在时间上是单一趋势变动，不能衡量生产效率时变波动特征；另一种是 Kumbhakar（1990）将无效率项时间趋势设定为更复杂的形式 $G(t) = [1 + exp(\gamma_1 t + \gamma_2 t^2)]^{-1}$，即生产效率可以经历先恶化再改善抑或先改善再恶化的动态演进趋势，见式（7－15）。

$$y_{it} = \beta_0 + x'_{it}\beta + v_{it} - u_i G(t) \qquad 式（7-15）$$

其中，$G(t)$ 可以设定为两种形式，常用的主要为 Battese 和 Coelli（1992）的方法，即 $G(t) = exp[\eta(t-T)]$ 。由于假定生产效率具有确定性的时间趋势，两种模型设定的测算结果并不适用于进一步的回归分析，更加不适用于政策试点的评估分析。Frontier 4.1 软件中面板随机前沿模型是采用了 Battese 和 Coelli（1992）的无效率项设定形式。

（3）无结构形式限制的时变效率。无结构形式限制的时变效率项，除了对无效率项（ u_{it} ）分布假定外，不对无效率项进行结构上的限制，即面板随机前沿函数模型退变为 Aigner、Lovell 和 Schmidt（1977）提出的截面随机前沿函数模型，模型估计相当于针对一个混合截面数据进行截面 SFA 模型估计。无结构限制的时变效率项给予了生产效率项最大的灵活性，在实证研究中的优势是可以尽可能挖掘不同生产单元效率项随时间变化的特征。

2. 生产单元的个体异质性

面板数据分析的优势是可以分析个体异质性，生产单元之间也可能存在先天的个体异质性，面板随机前沿模型将其纳入模型中进行考虑。Greene（2005）在传统面板随机前沿模型的基础上引入了个体效应，用以捕获各个生产单元在投入产出效率上的个体异质性，见式（7－16）。

$$y_{it} = \alpha_i + x_{it}'\beta + v_{it} - u_{it}(i = 1,2,\cdots,N;\ t = 1,2,\cdots,T) \quad \text{式（7－16）}$$

其中，α_i 为个体效应：如果个体效应（α_i）与要素投入变量（x_{it}）有相关性，式（7－16）为真实固定效应面板随机前沿模型（True Fixed－effects Panel Stochastic Frontier Model）；如果个体效应（α_i）与要素投入变量（x_{it}）有不具相关性，式（7－16）为真实随机效应面板随机前沿模型（True Random－effect Panel Stochastic Frontier Model）。

大多数实证研究支持个体效应（α_i）与要素投入变量（x_{it}）之间普遍存在相关关系，真实固定效应面板随机前沿模型更符合现实数据。但是，真实固定效应面板随机前沿模型存在冗余参数问题（Incidental Parameters Problem），随着生产单元个数 N 的增加，待估参数 α_i 的个数以相同速度增加，参数估计量的一致性得不到保证。此外，Greene（2005）的方法将个体效应全部视作个体异质性，忽视了部分生产单元存在长期处于低效率的可能性，即没有将持久无效率与个体异质性进行有效分离。

针对第一个问题，Wang 和 Ho（2010）将无效率项结构形式假定为 $u_{it} = u_i^* g(z_{it}'\delta)$，在此基础上利用差分 MLE 或者组内转换 MLE，个体效应的差分处理得益于标度性质（Scaling Property）的无效率项结构形式设定。随机效率项 u_i^* 用以捕获生产单元的效率本质，其决定生产单元效率排序，为生产单元的标度，与有确定性趋势的时变生产效率设定不同，$g(z_{it}'\delta)$ 受外生影响因素的影响，而不是简单设定为受时间因素的影响。对于第二个问题，Kumbhakar、Lien 和 Hardaker（2012）对 Greene（2005）提出的个体效应面板随机前沿模型进行了进一步修正，引入了生产的持久无效率项，见式（7－17）。

$$y_{it} = \beta_0 + \mu_i + x_{it}'\beta + v_{it} - u_i^p - u_{it}^R(i = 1,2,\cdots,I;\ t = 1,2,\cdots,T) \quad \text{式（7－17）}$$

其中，μ_i 衡量不可观察的个体异质性，$u_i^p \sim N^+(0,\sigma_{up}^2)$（$u_i^p > 0$）是持久无效率项（Persistent Inefficiency），$u_{it}^R \sim N^+(0,\sigma_{uR}^2)$（$u_{it}^R > 0$）是传统的时变无效率项，可以同时捕获各个 DMU 不可观测的个体异质性、长期的效率损失以及随时间变化的效率损失。

针对个体效应，不同学者有着不一样的观点。对于个体效应是否放入无效率项取决于如何解释这些个体效应（Kumbhakar、Lien 和 Hardaker，2014）。比如：公司文化是难以测度的，但确实能够影响到产出前沿边界，其特征应该纳入公司的个体效应中。难以抉择的是，这个个体固定效应应该被视作生产单元的投入要素还是无效率因素？显然，这是一个很难区分的问题。一个较为妥善的处理技术便是在产出函数中加入反映个体异质性的变量，例如，高管教育背景、所有权特征等。对于非效率项的设定可以采用效率时变模型的处理方法，对非效率项进行时变处理。此外，在生产效率测算的实际应用中，需要注意生产产出函数的设定，如果解释变量存在遗漏变量问题，那么估计得到的生产效率项将是有偏的。

3. 两步法效率分析潜在的内生性问题

为了分析生产效率的影响因素，实证研究者经常按两步进行：第一步，运用无均值和异方差约束的随机前沿方法测算生产单元的生产效率；第二步，将生产效率对非投入要素的环境影响因素进行回归分析。“两步法”的处理步骤会带来潜在的内生性问题，如果影响生产效率的环境因素与投入要素相关，那么第一阶段中复合残差项与投入要素之间存在相关性，生产函数的回归系数估计量都会是有偏且非一致的，从而导致第二阶段生产效率的估计结果也是有偏且非一致的（Wang & Schmidt，2002；Parmeter，2014）。即使环境影响因素与投入要素不相关，无效率项在第一阶段被假设为同分布会导致估计的生产效率离散程度降低且有偏，从而导致第二阶段的回归参数低估（Wang & Schmidt，2001；Parmeter，2014）。也没有理由认为环境因素变量是完全外生的，任何环境因素变量的内生性都可能导致回归参数与生产效率的估计结果有偏且非一致。

因此，采用“一步法”来考察不直接进入生产但可能对生产效率有重要影响的环境因素变量与生产效率之间的关系，可以避免“两步法”假设可能带来的内在冲突问题。然而，“一步法”也并非完美：首先，实证分析中无法穷尽所有对生产效率有影响的环境影响因素，承认两步法存在潜在的内生性问题就必须承认一步法下遗漏环境变量引致的潜在内生性问题；其次，在实证研究中发现，过多环境影响因素变量的选择会带来一步法模型估计上的困难；最后，由于生产效率的环境影响因素与技术进步的影响因素相同，一步法倾向于将外生技术进步（时间趋势项的系数）内生化为生产效率变化，得到的生产效率通常呈现上升趋势。Tsionas（2006）提出在无效率项的环境影响因素中引入无效率项的滞后项，构建动态效率随机前沿模型，可以有效缓解控制变量不足带来的内生性问题，但是，动态效率随机前沿模型在估计上存在许多难题，实证研究极少使用该方法。另一种类似两步法的问题是随机扰动项和无效率项的异方差性：忽视随机扰动项的异方差性并不会导致生产函数的系数有偏，但生产效率的估计结果有偏；忽视无效率项的异方差性同样会带来潜在的内生性问题（Parmeter，2014）。

（二）面板随机前沿模型的常见设定

针对面板随机前沿模型设定的三大发展方向，可以归纳出八个具有代表性的面板随机前沿模型：模型（1）为传统的 Solow 残差法；模型（2）~模型（4）彼此间区别在于对无效率项结构形式设定的差异，模型（2）不施加结构形式的约束，模型（3）和模型（4）施加了确定性时间趋势约束；模型（5）和模型（6）处理了个体异质性，模型（5）将个体效应全部视为个体异质性，模型（6）将个体效应视作个体异质性和生产持久无效率的复合项；模型（7）和模型（8）是一步法随机前沿模型，模型（8）考虑了个体异质性。模型（1）~模型（4）以及模型（7）的表达式如式（7-13）所示，模型（5）和模型（8）的表达式如式（7-16）所示，模型（6）的表达式如式（7-15）所示。表7-4展示了八种代表性的面板 SFA 模型。

（1）Solow 方法。假定无效率项不存在（$u_{it}=0$），运用面板回归模型进行模式估计，计算得到的残差项用以衡量生产单元的生产效率（以下简称 Solow 方法），Solow 方法实质是没有考虑生产函数可能受到的随机因素的影响，将面板回归模型的随机扰动项都视作无效率项。

（2）ALS 方法。假定无效率项 $u_{it} \sim N^+(0,\sigma_u^2)$，且对无效率项不施加任何结构形式上的条件约束，本质上与 Aigner、Lovell 和 Schmidt（1977）提出的截面随机前沿模型（以下简称 ALS 方法）没有区别。无结构形式约束的无效率项给予了生产效率项最大的灵活性，使能够尽可能挖掘各个生产单元的生产效率时间和空间层面上的演变特征。ALS 方法较 Solow 方法是对随机扰动项进行了处理。

（3）BC92 方法。Battese 和 Coelli（1992）（以下简称 BC92 方法）对无效率项结构形式的设定时，假定无效率项具有确定性的单一时间趋势，即 $u_{it} = u_i G(t)$，$G(t) = exp[(t-T)]$。BC92 方法可以刻画生产效率的个体差异，也可以揭示生产效率的整体时间趋势特征，缺陷是假定所有生产单元具有相同的单一方向变动的时间趋势。

（4）Kumb90 方法。Kumbhakar（1990）（以下简称 Kumb90 方法）对无效率项施加了更加复杂的结构形式约束，假定 $G(t) = [1 + exp(\gamma_1 t + \gamma_2 t^2)]^{-1}$，相较于 BC92 方法，Kumb90 方法允许生产效率随时间具有非单一方向变动的时间趋势。BC92 与 Kumb90 方法对生产效率随时间变化的波动特征的刻画均受较大约束。

（5）Greene 方法。Greene（2005）（以下简称 Greene 方法）在面板随机前沿模型中引入了个体效应，并将个体效应视作生产单元的个体异质性。此外，我们不对无效率项的结构形式施加任何约束，即 $u_{it} \sim N^+(0,\sigma_u^2)$。Greene 方法因为将个体效应全部视作生产单元的个体异质性，仅能刻画生产效率的时间趋势特征，而无法刻画生产效率的个体差异。

（6）KLH14 方法。Kumbhakar、Lien 和 Hardaker（2014）（以下简称 KLH14 方法）在 Greene 方法和 ALS 方法的基础上，将个体效应视作为个体异质性和生产持久无效率的复合项，无效率项由持久无效率和时变无效率两部分组成，即 $u_{it} = u_i^p + u_{it}^R$，$u_i^p \sim N^+(0,\sigma_{up}^2)$，$u_{it}^R \sim N^+(0,\sigma_{uR}^2)$。KLH 方法不仅可以刻画生产效率的行业差异与时间波动特征，还可以进一步分析生产效率的组成成分。

（7）BC95 方法。Battese 和 Coelli（1995）（以下简称 BC95 方法）假定无效率项 u_{it} 服从均值为 μ_{it}、方差为 σ_u^2 的截断正态分布且无效率项均值受众多环境因素 Z_{it} 的影响，即 $u_{it} \sim N^+(\mu_{it},\sigma_u^2)$，$\mu_{it} = z'_{it}\delta$。“一步法”考察环境影响因素对生产效率的影响，可以避免“两步法”假设可能带来的内在冲突问题以及参数估计的有偏问题（Wang & Schmidt，2002）。但是，“一步法”倾向于将外生技术进步内生化为生产效率变化，得到的生产效率通常呈现上升趋势。

（8）WH10 方法。Wang 和 Ho（2010）（以下简称 WH10 方法）为了克服固定效应一步法 SFA 模型冗余参数问题，对无效率项的结构形式设定为标度性质的结构，即 $u_{it} = u_i^* g(z'_{it}\delta)$。这种无效率的特殊结构形式和固定效应结合意味着对效率的定义与前面模型存在差异，环境因素改善对产出作用较大的生产单元（u_i^* 大）被认为是低效率的生产单元，即基于效率改进的视角而非投入产出的比重判断的生产效率。

表 7－4　　代表性的面板 SFA 模型

模型方法	经典文献	无效率项设定
Solow 方法	Solow（1957）	$u_{it}=0$
ALS 方法	Aigner、Lovell 和 Schmidt（1977）	$u_{it} \sim N^+(0,\sigma_u^2)$
BC92 方法	Battese 和 Coelli（1992）	$u_{it}=u_iG(t)$，$G(t)=exp[(t-T)]$
Kumb90 方法	Kumbhakar（1990）	$u_{it}=u_iG(t)$，$G(t)=[1+exp(\gamma_1 t+\gamma_2 t^2)]^{-1}$
Greene 方法	Greene（2005）	$u_{it} \sim N^+(0,\sigma_u^2)$
KLH14 方法	Kumbhakar、Lien 和 Hardaker（2014）	$u_{it}=u_i^p+u_{it}^R$，$u_i^p \sim N^+(0,\sigma_{up}^2)$，$u_{it}^R \sim N^+(0,\sigma_{uR}^2)$
BC95 方法	Battese 和 Coelli（1995）	$u_{it} \sim N^+(\mu_{it},\sigma_u^2)$，$\mu_{it}=z_{it}'\delta$
WH10 方法	Wang 和 Ho（2010）	$u_{it}=u_i^* g(z_{it}'\delta)$

尽管 Battese 和 Coelli（1992）提出的 SFA 模型设定方法是应用最为广泛的，但是该方法测算得到的生产效率并不适合应用于影响因素分析。目前，固定效应随机前沿模型的应用日益广泛，其估计思路主要有两种：一是直接引入生产单元的虚拟变量，使用极大似然估计法进行参数估计；二是先通过差分方法去除个体固定效应，然后利用差分复合残差项的分布进行极大似然估计。Greene（2005）采用虚拟变量极大似然估计法进行参数估计，但是，虚拟变量极大似然估计方法存在冗余参数问题，随着生产单元个数 N 的增加，待估计个体固定效应的个数以相同速度增加，参数估计量的一致性得不到保证。Belotti 和 Ilardi（2018）采用第二种思路进行参数估计，以避免冗余参数问题，但是由于差分处理后的边际极大似然函数没有解析解，需要使用蒙洛卡罗模拟进行参数估计，称为模拟边际极大似然估计法（MMSLE 方法），MMSLE 方法可以得到固定效应随机前沿模型的一致性估计量，但计算所耗时间较长（孙焱林和温湖炜，2017）。

第四节　随机前沿模型在 STATA 中的应用

STATA 软件提供了大量关于随机前沿模型的官方命令和外部命令，是估计 SFA 模型最常用的工具。STATA 软件中的官方命令有 frontier 和 xtfrontier，这在模型设定上与 Frontier 4. 1 软件是一致的。外部命令包括 sftfe、sfpanel、sfcross、sfkk 等，这些外部命令需要自主安装，通过 ssc install cmd，replace 或者 findit cmd 搜索下载，同时亦可下载命令的范例数据。

值得注意的是，sftfe、sfcross 和 sfpanel 等外部命令覆盖了官方命令 frontier 和 xtfrontier 的功能，同时具备更加复杂的模型设定与丰富的估算方法。sfcross 命令主要用于截面 SFA 模型的分析，sftfe 和 sfpanel 更加适用于面板 SFA 模型。虽然 SFA 的原理比较复杂，但是 STATA 软件中的实际操作较为简单。

（一）截面 SFA 模型在 STATA 软件中的实现

对于截面 SFA 模型而言，STATA 软件既有官方命令 frontier 又有外部命令 sfcross，估计便利性较强。这部分以 STATA 软件中的 frontier1. dta 数据集为范例进行实操。输入 help frontier 即可查看帮助文件，frontier 命令的基本语法如下：Frontier depvar ［indepvars］［if］［in］［weight］［，options］，options，实际应用中主要需要对无效率项分布进行设定。

首先，针对 frontier1. dta 数据集中变量的统计特征进行描述。

. webuse frontier1. dta，clear

. sum

Variable	Obs	Mean	Std. dev.	Min	Max
size	756	2029.317	296.7597	1524	2522
lnlabor	756	3.505764	.2541904	2.995732	3.89182
lncapital	756	5.62633	.1056867	5.438079	5.796058
lnoutput	756	3.839	1.867536	-3.655705	7.517286

图 7－2 样本数据集的描述性统计

图 7－2 展示了数据集中变量的描述性统计。该数据集一共有 756 个观测数据，因此截面数据集的变量包含 756 家公司的规模、产出以及劳动力、资本数据。

采用以下 frontier 命令，即可完成截面 SFA 模型的估计：

. frontier lnoutput lncapital lnlabor

截面数据的随机前沿模型估计结果如图 7－3 所示，图中左上角展示了估计该模型的迭代次数及似然函数值。结果中的/lnsig2v 表示 ln（σ_v^2），/lnsig2u 表示 ln（σ_u^2）。sigma2 是两部分干扰项的方差平方和，表示复合干扰项的总波动（σ_s^2）。可以计算 γ 的数值（σ_u^2/σ_s^2），即无效率项波动占总波动的比值，该比值反映了生产单元之间无效率项的差异性。Lambda 表示 λ 的数值（σ_u/σ_v），即无效率项标准误差与随机扰动项标准误差的比值。此外，需要构建似然比检验，检验无效率是否显著，即针对原假设 H0：sigma_u＝0 进行检验。但是在估计 SFA 模型过程中，STATA 软件已经完成了似然比检验，结果如图 7－3 所示。其中，LR test of sigma_u＝0：chibar2（01）＝65. 26，Prob＞＝chibar2＝0. 000。这个结果意味着拒绝无效率项的标准误差等于零的原假设，即生产单元的无效率项是显著存在的。

针对 SFA 模型进行估计是为了获得生产单元的生产效率，生产效率是根据复合扰动项中的无效率项得到，需要针对复合扰动项进行分解。在 STATA 软件，只需要输入 predict 命令就可以完成复合扰动项分解和计算得到生产效率。

. predict te，te

前一个 te 是生产效率的变量名称，可以修改，比如 te_jlms，后一个 te 是命令的选项不可修改，相当于指定 STATA 软件估计该模型的生产效率。此外，STATA 软件也告知了估计生产效率的方法。

相较于官方命令，sfcross 提供了更多的效率估计方法。要想使用 sfcross 外部命令，需要先安装该命令。输入 ssc install sfcross，replace，即可完成安装。

. sfcross lnoutput lncapital lnlabor，d（tnormal）nolog

```
Iteration 0:   log likelihood = -1508.3692
Iteration 1:   log likelihood = -1507.0138
Iteration 2:   log likelihood = -1507.0102
Iteration 3:   log likelihood = -1507.0102

Stoc. frontier normal/half-normal model          Number of obs    =       756
                                                 Wald chi2(2)     =      8.97
Log likelihood = -1507.0102                      Prob > chi2      =    0.0113
```

lnoutput	Coef.	Std. Err.	z	P>|z|	[95% Conf.	Interval]
lncapital	0.628	0.565	1.11	0.266	-0.479	1.734
lnlabor	0.674	0.241	2.79	0.005	0.201	1.147
_cons	0.095	3.288	0.03	0.977	-6.349	6.540
/lnsig2v	-0.243	0.196	-1.24	0.215	-0.628	0.141
/lnsig2u	1.987	0.100	19.95	0.000	1.792	2.182
sigma_v	0.885	0.087			0.730	1.073
sigma_u	2.701	0.134			2.450	2.977
sigma2	8.077	0.633			6.837	9.318
lambda	3.050	0.203			2.652	3.449

```
LR test of sigma_u=0: chibar2(01) = 65.26             Prob >= chibar2 = 0.000
```

图 7－3　截面 SFA 模型的 frontier 估计结果

估计结果如图 7－4 所示。

```
Stoc. frontier normal/tnormal model                   Number of obs =      756
                                                      Wald chi2(2)  =     8.84
                                                      Prob > chi2   =   0.0121

Log likelihood = -1506.9346
```

lnoutput	Coef.	Std. Err.	z	P>|z|	[95% Conf.	Interval]
Frontier						
lncapital	0.603	0.570	1.06	0.290	-0.515	1.721
lnlabor	0.674	0.242	2.79	0.005	0.200	1.148
_cons	0.126	3.297	0.04	0.969	-6.336	6.588
Mu						
_cons	-0.781	2.357	-0.33	0.740	-5.401	3.839
Usigma						
_cons	2.121	0.398	5.33	0.000	1.341	2.901
Vsigma						
_cons	-0.139	0.321	-0.43	0.665	-0.768	0.490
sigma_u	2.887573	.5747143	5.02	0.000	1.955	4.265
sigma_v	.9329273	.1497633	6.23	0.000	0.681	1.278
lambda	3.095175	.4837643	6.40	0.000	2.147	4.043

```
H0: No inefficiency component:            z = -8.194         Prob<=z = 0.000
```

图 7－4　截面 SFA 模型中的 sfcross 估计结果

sfcross 提供的估计结果更加简洁。命令中 d（tnormal）代表假定无效率项的分布形式为截断半正态型，nolog 则表示不呈现估计过程中迭代的似然函数值。

. predict te_bc if e（sample），bc

. predict te_jlms if e（sample），jlms

可以使用以上两条命令估计生产效率（TE），sfcross 提供了许多效率的估计方法。bc 表示采用 Battese 和 Coelli（1988）的方法计算生产效率，即 $TE_i = E\{exp(-u_i \mid \varepsilon_i)\}$；jlms 表示生产效率 $TE_i = exp\{-E(u_i \mid \varepsilon_i)\}$。

此外，frontier 命令也可以估计不同分布的非效率 SFA 模型，只需要加入 distribution 的相关设定即可。如果不对 distribution 进行设定，那 STATA 软件会默认估计半正态 SFA 模型，即假定无效率项服从半正态分布。

（二）面板 SFA 模型在 STATA 软件中的实现

对于面板 SFA 模型，STATA 软件提供了 xtfrontier 官方命令，也提供了 sfpanel 和 sftfe 等外部命令。前文已经提到，面板 SFA 模型可以分为非时变效率模型与时变效率模型两类模型。由于时间效率的面板 SFA 模型更为常用，这里不对非时变效率模型进行估计。时变效率的面板 SFA 模型中，BC92 模型是文献中运用较多的模型，这里使用 xtfrontier 命令在 STATA 中实现 BC92 模型的估计。

. webuse xtfrontier1

. xtfrontier lnwidgets lnmachines lnworkers，tvd

```
Time-varying decay inefficiency model           Number of obs      =       948
Group variable: id                              Number of groups   =        91

Time variable: t                                Obs per group:
                                                             min =         6
                                                             avg =      10.4
                                                             max =        14

                                                Wald chi2(2)       =    661.93
Log likelihood  = -1472.5289                    Prob > chi2        =    0.0000

------------------------------------------------------------------------------
   lnwidgets |     Coef.   Std. Err.      z    P>|z|     [95% Conf. Interval]
-------------+----------------------------------------------------------------
  lnmachines |     0.291      0.016    17.69   0.000        0.259       0.323
   lnworkers |     0.294      0.015    19.06   0.000        0.264       0.324
       _cons |     3.029      0.144    21.09   0.000        2.747       3.310
-------------+----------------------------------------------------------------
         /mu |     1.111      0.645     1.72   0.085       -0.154       2.376
        /eta |     0.002      0.004     0.39   0.693       -0.007       0.010
   /lnsigma2 |     1.411      0.268     5.26   0.000        0.886       1.936
  /lgtgamma  |     1.124      0.358     3.14   0.002        0.421       1.826
-------------+----------------------------------------------------------------
      sigma2 |     4.099      1.098                         2.424       6.930
       gamma |     0.755      0.066                         0.604       0.861
    sigma_u2 |     3.094      1.098                         0.942       5.245
    sigma_v2 |     1.005      0.048                         0.910       1.100
------------------------------------------------------------------------------
```

图 7－5 面板 SFA 模型的 BC92 估计结果

选项中 tvd 表示模型设定为时变效率项。由图 7－5 可以看出 eta 的估计值接近 0 且不显著，时变效率的面板 SFA 模型可能退化为不随时间变化的面板 SFA 模型。

相较于 STATA 软件中官方命令中的 xtfrontier 命令，外部命令 sfpanel 能估计更多类型的面板 SFA 模型。输入 help sfpanel 即可查看帮助文件。sfpanel 外部命令能够估计 TFE、TRE、Kumb90、BC92 等众多类型的面板 SFA 模型。针对不同的面板 SFA 模型，其语法格式稍有差异。总体来说，sfpanel 语法格式为 sfpanel depvar ［indepvars］［if］［in］［weight］，model（）［options］。其中最为关键的是 model 选项的设定，因为其内容的设定关乎模型的选择。本节重点介绍真实固定效应的面板 SFA 模型（TFE－SFA）在 STATA 软件中的实现（见图 7－6）。

. webuse xtfrontier1，clear

. sfpanel lnwidgets lnmachines lnworkers，model（tfe）distribution（exponential）usigma（lnworkers）

```
True fixed-effects model (exponential)              Number of obs  =      948
Group variable: id                                  Number of groups =     91
Time variable: t                                    Obs per group: min =    6
                                                                   avg =  10.4
                                                                   max =    14

                                                    Prob > chi2    =   0.0000
Log likelihood = -1300.9119                         Wald chi2(2)   =   454.34
```

lnwidgets	Coef.	Std. Err.	z	P>|z|	[95% Conf.	Interval]
Frontier						
lnmachines	0.292	0.016	18.57	0.000	0.261	0.323
lnworkers	0.272	0.027	9.98	0.000	0.219	0.326
Usigma						
lnworkers	-0.137	0.137	-1.00	0.318	-0.405	0.131
_cons	-2.436	1.052	-2.32	0.021	-4.497	-0.374
Vsigma						
_cons	-0.220	0.122	-1.80	0.072	-0.459	0.020
E(sigma_u)	.3290062				.3252886	.3327239
sigma_v	.8960102	.0546785	16.39	0.000	0.795	1.010

图 7－6　真实固定效应面板 SFA 模型的估计结果

除了 sfpanel 命令，sftfe 命令也是运用较为广泛的命令。该命令由 Belotti 和 Ilardi（2018）提出，针对 TFE－SFA 模型的一致估计量，该估计量克服了 TFE－SFA 模型由于待估参数较多而难以保证估计量一致性的潜在问题。输入 help sftfe 即可查看帮助文档。其命令的语法格式为 sftfe depvar ［indepvars］［if］［in］［weight］，estimator（within）［options］。该命令设置的关键在于 estimator 里面的内容设定，分别有 within、fdiff、mmsle、pde 四种设定，这四种设定对应不同的估计方法或者说消除个体效应的方法。其中运用较为广泛的是 fdiff，即一阶差分方法。可以采用如下命令获得估计结果。

. use http：//www. econometrics. it/stata/data/sftfe_homo_demo，clear

```
. xtset id t
. sftfe y x1 x2, est (fdiff) dist (hn)
```

值得注意的是，实际运用 SFA 模型时，需要根据实际情况选择合理的模型。尽管 SFA 模型的运用目的是估计生产效率及其影响因素，但是生产函数的设定及其含义也是重要的，估计的生产函数与理论预期偏差较大，这个模型估计的生产效率可能就不可靠。这也是 SFA 模型相对于 DEA 模型的优势之一，可以通过与理论预期对比检查估计结果是否可靠。

第八章

双重差分方法因果推断

第一节　双重差分方法概述

（一）双重差分的概念内涵

现代计量经济学和统计学的发展为我们的研究提供了可行的工具。倍差法来源于计量经济学的综列数据模型，是政策分析和工程评估中广为使用的一种计量经济方法，主要被应用于混合截面数据集中评价某一事件或政策的影响程度。该方法的基本思路是将调查样本分为两组，一组是政策或工程作用对象即“实验组”，一组是非政策或工程作用对象即“对照组”。根据实验组和对照组在政策或工程实施前后的相关信息，可以计算实验组在政策或工程实施前后某个指标（如收入）的变化量（收入增长量），同时计算对照组在政策或工程实施前后同一指标的变化量。然后，计算上述两个变化量的差值（即所谓的“倍差值”），这就是所谓的双重差分估计量（Difference in Differences，DD 或 DID），因为它是处理组差分与控制组差分之差。

双重差分法是研究“处理效应”的流行方法。一般来说，DID 的使用场景为政策冲击情形。在面板数据中，个体可分为两类，即受到政策冲击的“处理组”与未受政策影响的“控制组”。为此，引入处理组虚拟变量 $treat_i$，见式（8－1）。

$$treat_i = \begin{cases} 1 & if\ i \in treatment\ group \\ 0 & if\ i \in control\ group \end{cases} \qquad 式（8-1）$$

然而，处理组的个体也只有到了处理期才会受到政策冲击（之前未受冲击），故引入处理期虚拟变量 $post_t$，见式（8－2）。

$$post_t = \begin{cases} 1 & if\ t \in post\ treatment \\ 0 & if\ t \in before\ treatment \end{cases} \qquad 式（8-2）$$

传统 DID 的模型设定如式（8－3）所示。

$$y_{it} = \alpha + \beta\, treat_i + \gamma\, post_t + \delta\, treat_i \times post_t + \eta' x_{it} + \varepsilon_{it} \qquad 式（8-3）$$

其中，处理组虚拟变量 $treat_i$ 捕捉了处理组的组别效应（处理组与控制组的固有差别），处理期虚拟变量 $post_t$ 控制了处理期的时间效应（处理期前后的固有时间趋势），x_{it} 为其他控制变量，而交互项 $treat_i \times post_t$ 则代表了处理组在处理期的真正效应，其系数 δ 正是我们关心的处理效应。最后，进行 OLS 估计即可。

为什么交互项 $treat_i \times post_t$ 的系数 δ 就能够体现出政策的净效应呢？这一点可以通过表 8-1 来体现（表 8-1 也反映了双重差分法的真正含义）。

表 8-1　　政策效应系数分解

项目	政策实施前	政策实施后	Difference
处理组	$\alpha_0 + \alpha_1$	$\alpha_0 + \alpha_1 + \alpha_2 + \alpha_3$	$\alpha_2 + \alpha_3$
对照组	α_0	$\alpha_0 + \alpha_2$	α_2
Difference	α_1	$\alpha_1 + \alpha_3$	α_3（D - in - D）

双重差分法的基本思想就是通过对政策实施前后对照组和处理组之间差异的比较构造出反映政策效果的双重差分统计量，将该思想与表 8-1 的内容转化为式（8-3），这个时候只需要关注式（8-3）中交互项的系数，就可以得到想要的 DID 下的政策净效应。更进一步地，DID 的思想与表 8-1 的内容可以通过图 8-1 来体现。

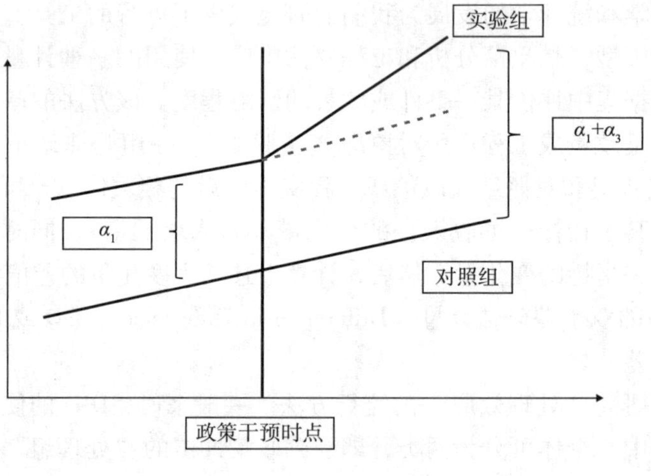

图 8-1　政策处理效应

（二）双重差分法的假定

双重差分法可以理解为对随机分配实验的一种模拟，在没有随机实验的情况下去验证因果关系。双重差分法主要应用于评价某一事件或政策的影响程度。该方法基于反事实理论框架评估策略发生和不发生两种情况下待解释变量的变化。反事实理论框架是指通过分析策略干预后，实验组待解释变量的变化和假设实验组未被策略干预下，待解释变量变化之间的差异，从而评价策略的影响。策略干预后，实验组待解释变量的变化，我们是可以观测到的，但同一时期内，若实验组未被策略干预，待解释变量呈什么样的数据变化，我们是无法观测到的。于是，我们需要引入对照组，这个对照组的待解释变量随时间的变化趋势等同于实验组待解释变量随时间的变化趋势，才可以用双重差分法进行分析，也就是为了使用 OLS 一致地估计方程，需要满足如下两个假设：

假定 1："平行趋势假定"。DID 最为重要和关键的前提条件是共同趋势。双重差分法并不要求实验组和控制组是完全一致的，两组之间可以存在一定的差异，但是双重差分方法要求这种差异不随着时间产生变化，也就是说，处理组和对照组在政策实施之前必须具有相同的发展趋势。

假定 2：暂时性冲击与政策虚拟变量不相关。这是保证双向固定效应为一致估计量的重要条件。在此，可以允许个体固定效应与政策虚拟变量相关（可通过双重差分或组内变换消除，或通过 LSDV 法控制）。DID 允许根据个体特征进行选择，只要此特征不随时间而变；这是 DID 的最大优点，即可以部分地缓解因"选择偏差"而导致的内生性。

第二节　平行趋势检验

（一）平行趋势检验概述

DID 应用的前提是未受到政策冲击时，处理组和控制组的变化趋势是平行的，因而进行平行趋势检验是绝对必要的。平行趋势检验是一种为了评估两变量数据之间是否会存在某种同幅度增减情况的相关关系检验方法。在大多文献中，通常通过使用平行趋势检验的时间趋势图或置信区间图来进行直观的分析，根据折线趋势或置信区间进行判断。平行趋势检验是对经济模型进行稳健性检验的最常用方法之一。

平行趋势检验是构建 DID 模型最为重要的一步，是使用 DID 模型的前提条件。如果政策之前不满足平行趋势，这说明有其他因素导致两组样本的变量均值发生变化，通过两个差分计算得到的组别差异不再是政策效应。在使用 DID 模型进行实证分析之前，首先必须进行平行趋势检验，如果变量通过了平行趋势检验，那么就初步可以构建 DID 模型进行实证分析，反之则不行。DID 模型在顺利通过平行趋势检验后，还需要继续进行基准回归分析、安慰剂检验和稳健性检验，完成这一流程之后，DID 模型的"政策效应"才更加准确、切合实际。因此，要想使用 DID 模型就首先需要掌握平行趋势检验的方法。

（二）平行趋势检验方法

从文献来看，最为常见的展示是否符合平行趋势假设的检验方法有两个。

其一，对比不同组别因变量均值的时间趋势，即时间趋势图法。时间趋势图可以粗略地对政策实施前后处理组与对照组样本之间的变化趋势作出判断，是进行 DID 研究的前提所在。具体做法就是绘制处理组和控制组的 y 的均值的时间趋势，这种方法简单直观，不能在统计意义上准确地判断处理组和控制组是否存在显著差异。

其二，回归中加入各时点虚拟变量与政策变量的交互项，若政策或称为处理发生前的交互项系数不显著，则表明存在平行趋势，这种方法叫作事件分析法。事件研究法是一种广泛应用于社会科学各领域的因果推断和政策评估工具。近年来，事件研究法通常与双重差分法搭配使用，用于检验平行趋势假设和政策动态因果效应。事件研究法能够直观地观察和检验政策发生前后个体行为的动态反应与组间差异，因此大量使用双重差分法的实证研究选择借助事件分析法来检验处理组和控制组在政策发生前是否具有相似的时间趋势，从而论证平行趋势假设是否成立。使用事件研究法来检验事前平行趋势已经成为目前双重差分法的标准步骤之一。作为检验平行趋势最常见的一种方法，事件研究法一般模型构造如式（8－4）所示：

$$Y_{it} = \beta_0 + \sum_{-k}^{s} \beta_m D_{it}^m + \eta' x_{it} + \mu_i + \lambda_t + \varepsilon_{it} \qquad \text{式（8-4）}$$

时间虚拟变量 D_{it}^m 表示各地区确立为试点地区前 k 年、当年和后 s 年的观测值，非试点区域虚拟变量均为0。μ_i 为个体固定效应，λ_t 为时间固定效应。

第三节　倾向得分匹配方法

（一）选择偏差与内生性概述

在公共政策研究中，我们常希望评估某项政策实施后的效应，这样的研究也称为政策评估，采取政策的地市也称为“处理效应”。显然，在社会科学研究中，很难进行随机分组实验，更多是靠观察和准实验研究。但是由于选择性偏差和“反事实框架”的存在，导致直接评估政策效果可能存在一定偏误。由于实验组和对照组的初始条件不完全相同造成的选择性偏差，而由于个体通常会根据其参加的项目预期收益而自我选择是否参加项目，导致对平均处理效应的估计带来困难，这也被称为选择难题。采用以下两个例子进行辅助说明。

例1：进行一项调查，调查内容是去不去医院是否会影响个人健康，因此向医院里的各类人员发放问卷并得出其健康状况，最后发现去医院不利于个人健康。

例2：评估一项污染防治政策的政策效果，选择期初污染程度基本一致的地区作为样本，并根据各地区意愿决定其是否实施该项政策，3年后政策实施地的污染指标明显低于未实施该政策的地区，结论是这项政策有效。

以上问卷调查和政策评估的结论可信吗？例1的问题很明显，去医院的大多是健康状况不佳的患者，因此从逻辑上来说正是人们健康状况不佳才选择去医院，而不是因为他们去了医院才导致健康状况不佳。为了得到更令人信服的结论，应该将调查人群（样本）扩大至所有场合，而不仅仅是医院。例2的问题不易看出，从DID的角度来看，“期初污染程度基本一致”说明平行趋势检验基本通过，因此直观上政策实施地（处理组）的污染指标（结果变量）与未实施政策地区（控制组）的污染指标的差值就是政策的处理效应，差值为负说明政策有效。但是，还应该看到的是，“根据各地区意愿决定其是否实施该项政策”，也就是说，各地区是否实施该项政策是自己选择的。实际上，某地是否实施政策更多基于地理区位、经济发展和产业结构等因素的考量。这也与现实情况吻合，政策一般都在先行示范区率先实施，而这些示范区经济发展水平都较高。

那为什么说例 2 的政策评估结论不可信呢？从计量的角度分析，影响某地是否实施政策（即处理组虚拟变量 du 的取值）的因素也会影响该地区的污染指标（y），这些因素可以分为可观测因素与不可观测因素。首先，可观测说明可度量，这些可观测变量与 y 相关，因此可以将其引入我们的模型中，虽然可能与 du 存在共线性，但一定程度的共线性不是问题。问题是我们无法找出所有的可观测变量（或者可观测变量以非线性的形式影响结果变量），而这部分没有引入模型中的可观测变量（或者可观测变量的非线性形式）就被放到扰动项中，造成扰动项与 du 相关，即存在内生性，最后导致 DID 项的估计系数存在偏误。其次，不可观测说明不可度量，因此这部分不可观测因素必然就在扰动项中，同样会存在内生性问题，造成估计偏误。

（二）样本选择性偏差与自选择偏差

例 1 和例 2 存在的问题本质上是不同的。例 1 存在的问题是样本的选择不随机，即我们只获取了医院的样本，而没有随机调查其他场所。某些影响样本选择过程的因素也会影响到 y，因此这些因素被放到扰动项中，造成选择过程与干扰项相关，存在内生性问题，这被称为样本选择性偏差（Sample Selection Bias）。例 2 存在的问题是变量的选择不随机，换言之，各地区对是否实施政策有着自己的“小九九”。du 的取值不随机，而是和其他因素相关，而这些因素又被放到扰动项中，造成解释变量与干扰项相关，存在内生性问题，这被称为自选择偏差（Self - Selection Bias）。若是由可观测变量导致的自选择偏差，可以使用倾向得分匹配方法予以解决。

综合来看，样本选择性偏差和自选择偏差都属于选择偏差，只是侧重的角度不同，一个侧重的是样本的选择不随机，一个侧重的是变量的选择不随机，但都表明一个观点，即非随机化实验将导致内生性。

（三）倾向得分匹配

如果决定个体是否参与实验的可观测变量是一个单一协变量，那么我们只要在控制组中找到与处理组协变量取值相等的样本作为我们的被匹配对象即可。然而，决定个体决策的协变量并非单一，而是一个由多个协变量构成的多维向量 x_i ，直接使用 x_i 进行匹配可能遇到数据稀疏的问题。一种可行的思路是将多维向量进行降维，降维的方法在解决数据稀疏问题的同时还保留了足够多的信息。实际使用中的方法主要有两种：一是使用距离函数，如马氏距离。二是倾向得分匹配（Propensity Score Matching，PSM）。由于距离函数不是本章关注的重点，并且距离函数有其固有缺陷，因此这里不做赘述。

PSM 方法主要有以下三个步骤：

（1）选择协变量。实际应用中，多数论文直接将基础回归所使用的控制变量作为协变量，这种做法的基本逻辑在于要求协变量与 y 相关，但问题在于这些控制变量不一定与处理组变量 D 相关，即便相关，也可能是协变量的高次项或交互项与 D 相关。更稳妥的做法是根据相关文献找出同时影响 y 与 D 的变量，但相关数据可能很难找到，因此直接使用控制变量作为协变量其实是一种妥协，但还是要仔细甄别每一个控制变量是否在理论上真正影响到 D，并且也要做协变量高次项或交互性的敏感性分析。

（2）估计倾向得分值。D 作为被解释变量，协变量作为解释变量，由于 D 是一个二元哑变量，因此使用 logit 模型或 probit 模型，实际应用中更多使用 logit 模型。logit 回归之后会得到各个样本的倾向得分值（在 psmatch2 命令中将生成_pscore 变量，_pscore 介于[0，1]），之后就是根据倾向得分值_pscore 进行第三步的匹配。

（3）根据_pscore 进行匹配。最常用的是卡尺最近邻匹配。卡尺最近邻匹配基于最近邻匹配，最近邻匹配需要设置邻居数，也就是说，根据倾向得分值最接近的原则，每一个处理组样本匹配到特定个数控制组样本，但如果控制组样本的倾向得分值与处理组样本差距太大，这样的匹配是没有多大意义的，因此还需要设置一个卡尺，即控制一个阈值界限，界限内的控制组样本可以作为匹配对象，界限外的样本则被忽视。

现实中的政策本质上是一种非随机化实验（或称准自然实验），因此政策效应评估所使用的 DID 方法难免存在自选择偏差，而使用 PSM 方法可以为每一个处理组样本匹配到特定的控制组样本，使准自然实验近似随机，注意是近似，因为影响决策的不可观测因素在两组间仍然存在差异。然而，PSM - DID 也并不是解决选择偏差的利器，除了 PSM 本身不能控制因不可观测因素导致的组间差异，在与 DID 结合时还存在一个更为关键的问题。从本质上来说，PSM 适用于截面数据，而 DID 仅仅适用于时间—截面的面板数据。对于 PSM，每一个处理组样本匹配到的都是同一个时点的控制组样本，相应得到的政策处理效应仅仅是同一个时点上的处理效应。对于 DID，由于同时从时间与截面两个维度进行差分，所以 DID 本身适用的条件就是面板数据。因此，由 PSM 匹配到的样本原本并不能直接用到 DID 中做回归。面对两者适用数据类型的不同，现阶段的文献大致有两种解决思路。第一，将面板数据视为截面数据再匹配。第二，采用逐期匹配方法。然而，谢申祥等（2021）指出了这两种方法的不足。将面板数据转化为截面数据进行处理存在“自匹配”问题，而逐期匹配将导致匹配对象在政策前后不一致。虽然传统的研究思路存在一定程度的不足，但在后文还是按照传统的设计思路介绍 PSM - DID 如何在 STATA 中实现。

第四节　安慰剂检验方法

（一）安慰剂检验概念

尽管模型满足平行趋势检验，但仍要担心政策干预时点之后处理组和对照组趋势的变化是否受到其他政策或者随机性因素的影响，因为仅凭一个交互项并不足以说明就是关心的政策导致了 y 的变动。这时，安慰剂检验可以帮助我们的 DID 估计结果更具稳健性。除了共同趋势检验，在 DID 方法中还有一项重要的必不可少的检验，即安慰剂检验。

为什么要叫作安慰剂检验呢？安慰剂来自医学上的随机实验，当我们要检验某种新药品的疗效时，可以将参加实验的人群随机分为两组，其中一组为实验组，服用真药，另一组为控制组，服用安慰剂（无效的糖丸），不让参与者知道自己服用的是真药还是安慰剂，以避免主观心理作用影响实验效果，这就是安慰剂检验。安慰剂检验核心思想就是虚构处理组或者虚构政策时间进行估计，如果不同虚构方式下的估计量的回归结果依然显著，那么就说明原来的估计结果很有可能出现了偏误，我们的被解释变量 y 的变动很有可能是受到了其他政策变革或者随机性因素的影响。

（二）安慰剂检验方法

1. 改变政策发生时间

通过将政策发生时间前置以进行安慰剂检验的方法在双重差分中十分常见。实际上，这与我们经常看到的平行趋势检验是同一种方法。在《经济研究》和《管理世界》发表的文章中，有近 1/3 的安慰剂检验使用的是前置政策发生时间。这在实际操作中并不困难，设定一个虚拟的政策发生年份代替真实的政策发生年份，之后纳入回归即可。但是，在没有任何理论逻辑支持下，进行这样的安慰剂检验可能比较枯燥。尤其是在论文中单独一小节中专门呈现安慰剂检验结果。为此，我们可以借鉴部分已发表的文章，学习如何将安慰剂检验有逻辑地放进文章中。

通过举例进行更详细的说明，王永钦和吴娴（2019）利用 2018 年 6 月 1 日中国人民银行扩大中期借贷便利（MLF）担保品范围政策这一准自然实验和债券市场微观数据，采用三重差分法识别了基于抵押品的货币政策的作用机制和政策效果。但是，文章结论的潜在威胁是，债券利差的下降可能是由市场的周期性变化而非政策导致的。为了证明前文回归结果的稳健性，作者设定了 2015 年 6 月 1 日为虚拟的货币政策实施时间，使用 2015 年 1 月 1 日—2015 年 9 月 30 日发行的 AA 级以上公司信用类债券和金融债数据进行了安慰剂检验。林毅夫等（2020）使用双重差分法、三重差分法和合成控制法来识别消费券的发放效果，并评估政府在助力经济复苏中的作用。但潜在的威胁是，发券城市的市民本身就有更强的消费倾向。为此，作者进行了安慰剂检验，分别假设消费券发放的时间提前 30 天或者 15 天，然后考察这些虚拟的消费券发放是否会影响支付笔数。

2. 随机生成实验组

另一种常见的安慰剂检验的方式是随机生成实验组。例如，刘瑞明等（2020）根据中国文化体制改革的“准自然实验”，采用中国 283 个地级市 2002—2016 年的面板数据，评估了文化体制改革对地区旅游业发展的影响。对于文章的结论而言，一个可能的质疑是，人均国内旅游人次、人均国内旅游收入、人均国内外旅游总人次和人均国内外旅游总收入四个指标的统计显著可能来自某些随机因素。为此，作者通过随机生成实验组的方式进行安慰剂检验，以判断文化体制改革的旅游促进效应是否是由其他随机性因素引起的。利用这一方法进行安慰剂检验主要目的是排除由其他随机因素造成的经济后果，以得到更加可信的因果识别效应。通过随机抽取实验组，重复多次，提取安慰剂结果系数或 t 值，然后将其绘制在图中，并观察真实的政策效应与安慰剂结果。当真实的政策效应与安慰剂检验结果显著不同时，可排除其他随机因素对结果的干扰。具体可参见图 8－2。

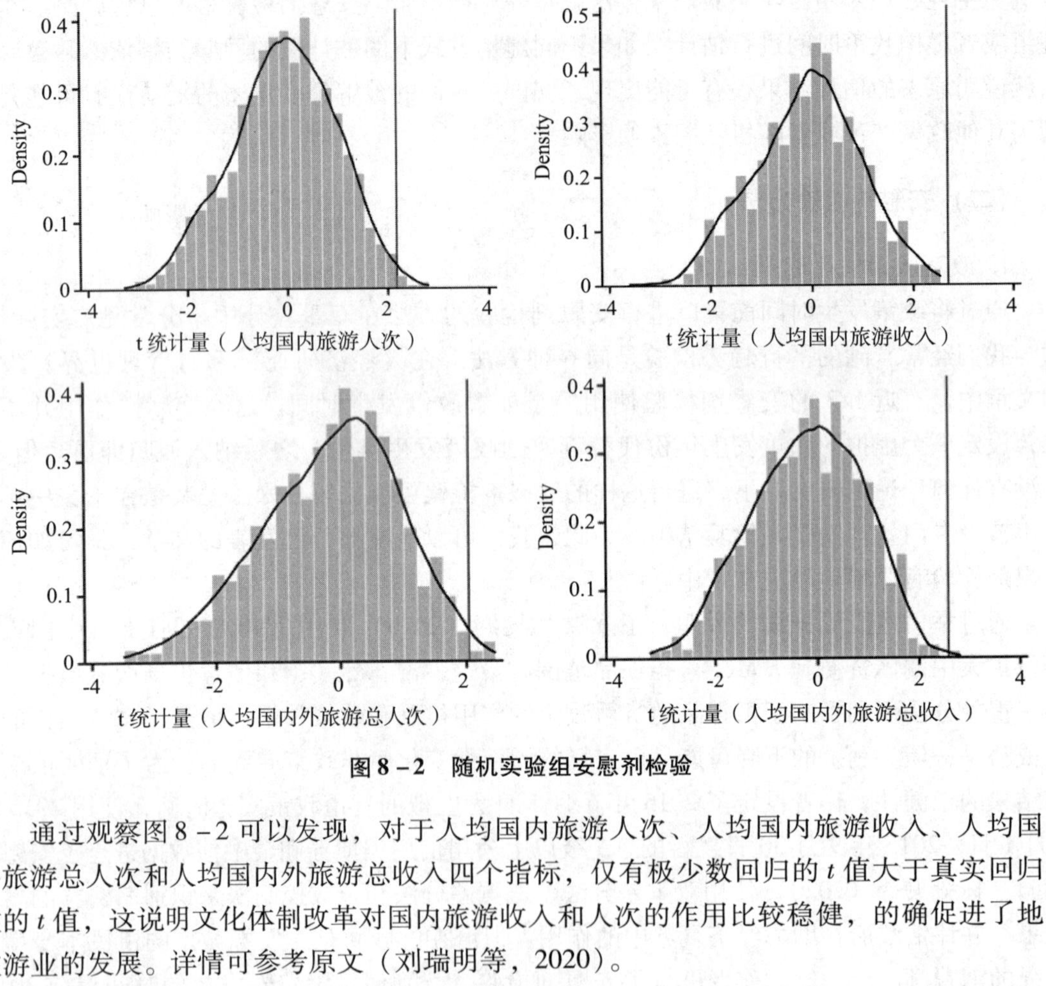

图 8－2　随机实验组安慰剂检验

通过观察图 8－2 可以发现，对于人均国内旅游人次、人均国内旅游收入、人均国内外旅游总人次和人均国内外旅游总收入四个指标，仅有极少数回归的 t 值大于真实回归系数的 t 值，这说明文化体制改革对国内旅游收入和人次的作用比较稳健，的确促进了地区旅游业的发展。详情可参考原文（刘瑞明等，2020）。

3. 替换样本

替换样本进行安慰剂检验与随机生成实验组的方法较为相似。不同之处在于，随机生成实验组的安慰剂检验方法最终结果以图形展示，而替换样本安慰剂检验结果多以表格形式展示。在实际操作过程中，替换样本安慰剂检验不需要重复模拟，这在技术上显得容易一点，但在理论逻辑上更加严谨。比如，某政策颁布后，受政策影响的是污染行业，在因果识别后，可对非污染行业进行分析，探究是否存在政策效应（抑或对政策范围外的污染行业进行分析）。如果对于非污染行业依然存在所谓的政策效应，那么前文的分析并不可靠。

通过举例进行进一步详细说明，张琦等（2019）以《环境空气质量标准（2012）》的实施为准自然实验，采用双重差分法检验了新标准实施引致的官员动机变化对企业环保决策的影响。文章以74个试点城市以外的其他城市中重污染企业作为安慰剂样本，进行了证伪检验。汪德华等（2019）基于2013年中国家庭收入调查数据，运用截面数据双差法，评估了20世纪90年代中期二片地区“国家贫困地区义务教育工程”的政策效果，并以不受政策影响的样本作为分析对象，进行了安慰剂检验。

4. 替换变量

替换变量进行安慰剂检验主要分为替换被解释变量和替换解释变量。与稳健性检验有所不同的是，稳健性检验希望在替换变量后结果依然稳健，而安慰剂检验希望替换变量后结果不再显著。

首先，替换被解释变量。某项政策实施后，对特定经济活动会产生影响，但并不是对所有的经济活动都会产生影响。因此，将被解释变量替换为预期不会受到政策影响的变量进行安慰剂检验，以排除其他可能的干扰因素。例如，陈林和万攀兵（2019）以双重差分法实证检验了《京都议定书》的政策效果。由于《京都议定书》未将PM2.5纳入减排考核目标，这诱使清洁技术和可再生能源项目（CDM）项目实施方对PM2.5的防治有所忽略。可以预期，CDM项目的实施并不会对以PM2.5为代表的常规空气污染物产生显著的减排效果。因此，以PM2.5为被解释变量进行安慰剂检验。

其次，替换解释变量。这一方法似乎没那么常用，或者说与前文的随机生成实验组和替换样本安慰剂检验有类似之处。做法主要是将解释变量替换为看起来相似，但经济意义不同的变量。例如，梁斌和冀慧（2020）在研究失业保险如何影响求职努力时，使用“有失业保险”的虚拟变量作为解释变量进行安慰剂检验。这主要是因为“有失业保险”不等于“领取失业保险金”。马黎珺等（2019）通过机器学习对2009—2015年的分析师报告进行了文本分析，以检验分析师报告的文字内容是否传递增量信息。结果表明，在控制了定量信息的影响之后，分析师报告中前瞻性语句的情感与报告发布后的累积超额收益显著正相关，说明前瞻性语句向市场传递了增量信息。在文章的稳健性检验部分，采用伪前瞻性语句对主要结果进行了安慰剂检验，以排除窗口期内其他并发事件对文章结果的影响。

第五节　异质性稳健DID估计方法

（一）处理效应异质性偏误

随着交错DID在经济学各个领域的普遍使用，很多学者都关注到交错DID一个重要的潜在问题是存在异质性处理效应，即同一处理对于不同个体产生的效果存在差异，这种差异可能表现在接受处理后的时长或者不同时点接受处理的组别两个维度（刘冲等，2022）。

在此背景下，如果利用传统双向固定效应模型估计量（Two - Way Fixed Effect，TWFE）进行估计，无论是静态还是动态估计结果，都存在潜在偏误。一方面，在静态情形下，即使“平行性趋势”假设满足，TWFE 也会存在“坏的控制组”问题，即由于处理时点的差异，较早接受处理的样本会成为较晚处理样本的控制组，从而可能带来估计偏误。另一方面，在动态情形下，TWFE 不仅存在“坏的控制组”问题，其每一期的估计系数还会受到跨期交叉污染而变得难以解释，甚至还会面临平行性趋势检验失效的风险。

Goodman - Bacon（2021）从理论上指出，当处理效应存在异质性时，同一处理对于不同个体产生的效果存在差异，将会导致 TWFE 产生潜在的估计偏误。如图 8 - 3 所示，假设存在 k、l、u 的三组个体，它们在接受处理时点上存在差异。其中 k 组个体最早接受政策处理（第 5 期），l 组个体相对较晚接受政策处理（第 9 期），u 组个体是从未接受处理组。对于交错 DID 的情形而言，Goodman - Bacon（2021）指出，个体接受处理的多时点特征使得样本中产生了多个组别，TWFE 估计系数是不同的 2 × 2 - DID 组合估计系数的加权平均。

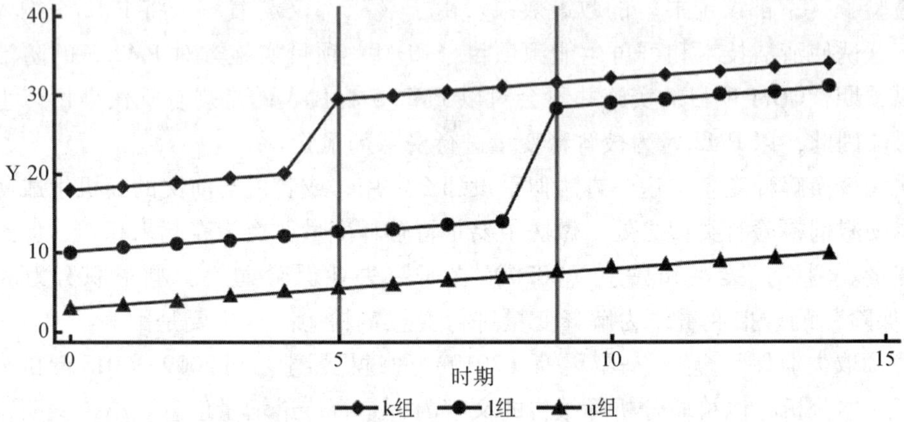

图 8 - 3　交错 DID 示意图

如图 8 - 4 所示，$\hat{\beta}_{fe}$可分解为四种类似 2 × 2 - DID 估计系数$\hat{\beta}_{ku}$、$\hat{\beta}_{lu}$、$\hat{\beta}_{kl}$、$\hat{\beta}_{lk}$。可以发现，交错 DID 相较于传统 2 × 2 - DID 的关键不同在于，较早受处理的个体会作为较晚受处理个体的控制组进入估计中，如 $\hat{\beta}_{lk}$。较早接受处理组并不是很好的控制组（也称作“坏的控制组”），因为相较于较晚接受处理组或从未接受处理组（也称作“好的控制组”），它们的事前趋势已经发生了变化。正是由于这种“坏的控制组”的存在，才导致了 TWFE 在进行交错 DID 估计时，产生潜在偏误。

Bacon 分解方法将$\hat{\beta}_{fe}$中的每一组处理效应提取出来，并计算对应的权重，以此直观显现政策在所有处理—对照组中的效果。Goodman - Bacon（2021）检验的核心是将双向固定效应估计量拆分为若干个 2 × 2 - DID 组合，画出每一个 2 × 2 - DID 对应的处理效应和权重，再对处理效应异质性问题是否严重进行判断。借用刘冲等（2022）的案例进行辅助说明，如图 8 - 5 所示，使用“较早接受处理组”为控制组的比重较大，且对应的平均处理

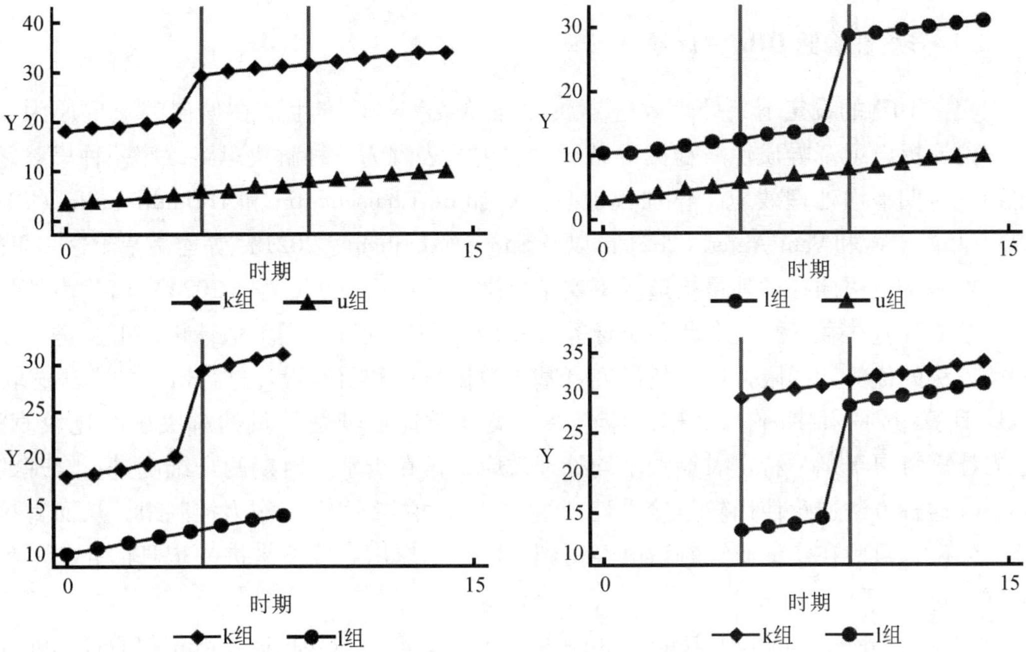

图 8－4　交错 DID 分解示意图

效应符号与使用“从未接受处理组”为控制组的符号相反，异质性问题可能较为严重。在此例中，使用这类“较早接受处理组”为控制组的 2×2－DID 占整体的 38.2%，并且其平均处理效应与其他两类符号相反，说明异质性问题较为明显，应当考虑使用其他稳健的方法。

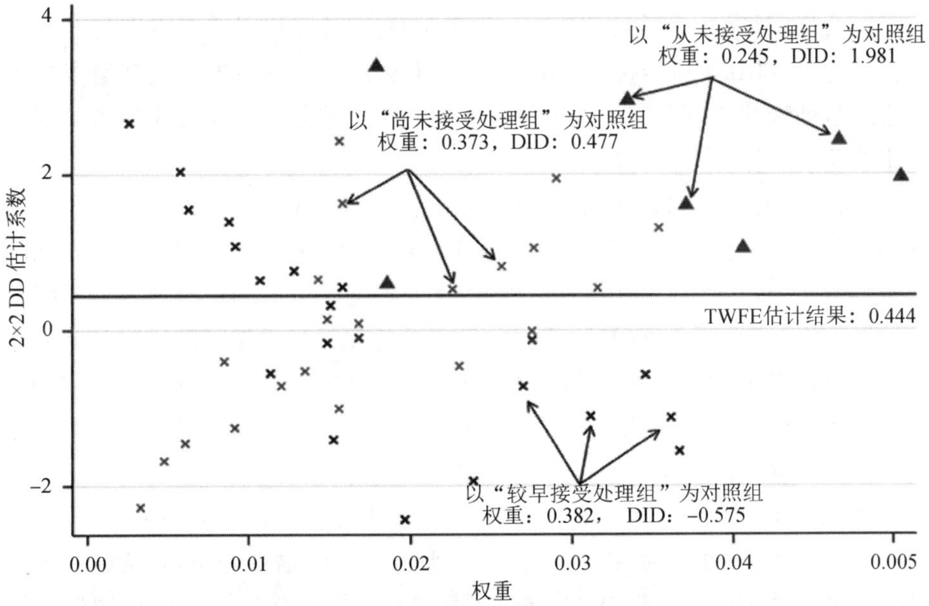

图 8－5　Goodman－Bacon 分解示意图

（二）异质性稳健 DID 估计量

在交错 DID 的设定下，处理效应异质性是导致 TWFE 产生潜在偏误的重要原因。为此，理论界提出了“异质性—稳健”估计量，主要表现为三种解决思路。第一种思路是计算组别—时期平均处理效应，再加权加总。例如 de Chaisemartin 和 D'Haultfreuille（2020，2022）、Callaway 和 Sant'Anna（2021）以及 Sun 和 Abraham（2021）等均是基于这一思想；第二种思路是使用插补估计量构造反事实结果进行估计。以 Liu 等（2024）为代表的学者构造了新估计量；第三种思路是 Cengiz 等（2019）采用的堆叠回归估计量。下文进一步探讨各类方法的优势和局限，以方便研究者基于数据特点和研究设计进行恰当的方法选取。

1. 计算组别—时期平均处理效应。这一类异质性稳健估计量的解决思路比较直接，即首先计算特定组别—特定时期的平均处理效应，再在组别、时期两个维度进行合理的加权加总。这种方法避免使用较早接受处理组（“坏的控制组”）作为控制组，从而直接避免估计偏误，目前在实证研究领域已经得到了广泛的应用。接下来进一步具体介绍三种常见的估计量：

（1）de Chaisemartin 和 D'Haultfreuille 提出的估计量。de Chaisemartin 和 D'Haultfreuille（2020，2022）认为，双向固定效应模型的关键问题在于错误地将那些已经在当期之前接受过处理的样本作为控制组和当期接受处理的样本进行对比，造成了“禁止对比”问题。因此一个解决方案是构造避免进行这种比较的参数，然后使用 DID 方法来估计它。假设给出的参数是 δ，对应的估计量为 DID_M。从直觉上说，参数 δ 仅考虑政策发生时点前后的观测，并将政策发生时点前后处理状态发生变化的个体视作处理组，比较这些处理组个体实际接受处理后的结果与其反事实结果，从而得到处理效应。由于处理组个体在未接受政策处理状态下的反事实结果不可得，DID_M 估计量的任务就是利用样本构造一个对应于 δ 的估计量。在思想上，DID_M 与传统的 DID 估计量非常相似，只不过其处理组限制为政策发生时点前后政策处理状态发生变化的个体，而控制组则限制为政策发生时点前后政策处理状态未发生变化的个体。

（2）Sun 和 Abraham（2021）提出的估计量。Sun 和 Abraham（2021）针对处理效应异质性问题给出的 IW 估计量（Interaction - Weighted Estimator），尤其适用于事件研究。从直观上想，既然处理效应可能因为第一次接受处理的时点不同以及接受处理时长不同而具有异质性，那么对于同一时点接受处理并且接受处理后时长相同的样本处理效应则是一样的，因此作者定义了“组别—时期平均处理效应”，在估计时则选取“尚未接受处理”和“从未接受处理”的样本作为对照，而研究者关心的动态处理效应和平均处理效应就可以在组别—时期平均处理效应的基础上通过加权求和得到。

（3）Callaway 和 Sant'Anna（2021）提出的估计量。Callaway 和 Sant'Anna（2021）与 Sun 和 Abraham（2021）的思想有一致之处。他们提出的估计量同样需要先计算每个组别—时期内的平均处理效应，即 ATT，随后对 ATT 进行加总从而获得平均处理效应的估计，而标准误则通过 Bootstrap 的方式获取。

2. 插补估计量。除了计算组别—时期平均处理效应外，有一些文献提出使用插补估计量来解决交错 DID 的处理效应异质性问题。插补估计量具有以下直觉步骤。首先，利用从未接受处理的样本或尚未接受处理的样本估计出每个处理组个体每个时期的反事实结果。其次，计算处理组个体的处理效应，即真实结果与反事实结果的差。最后，将个体层面的处理效应进行加总，即得到平均处理效应的估计。这类做法在给定模型设定的前提下，通过构造合理的反事实，同样避免了使用“坏的控制组”问题。事实上，这一类解决思想得到了很多学者的青睐。此处重点选取 Borusyak 等（2021）以及 Liu 等（2022）提出的方法进行介绍：

（1）Borusyak 等（2021）提出的估计量。与前文介绍的估计量相似，该估计量同样依赖于平行趋势假设和无预期效应假设。不过需要注意的是，插补估计量所依赖的平行趋势假设与前文提到的 de Chaisemartin 和 D'Haultfreuille（2020，2022）、Callaway 和 Sant'Anna（2021）、Sun 和 Abraham（2021）这几个估计量所依赖的平行趋势假设存在差异。de Chaisemartin 和 D'Haultfreuille（2020，2022）等提出的估计量所依赖的平行趋势假设建立在组别的层面，即不同组别未接受处理时的因变量的变化趋势应当保持平行。而 Borusyak 等（2021）提出的插补估计量所依赖的平行趋势假设是建立在个体的维度。尤其需要强调的是，Borusyak 等（2021）对平行趋势假设的形式有参数化的要求，即隐含了该估计方法依赖于模型的正确设定，因此这是一种更强的平行趋势假设。

（2）Liu 等（2022）提出的估计量。Liu 等（2022）同样基于插补的思想来构建估计量，但不同于 Borusyak 等（2021）的做法，他们提供了更为丰富的三种插补估计量：固定效应反事实估计量、交互固定效应反事实估计量和矩阵补全估计量。其中，固定效应反事实估计量与 Borusyak 等（2021）提出的估计量是等价的；而存在不可观测的随时间变化的混杂因素时，固定效应反事实估计量将不再适用，交互固定效应反事实估计量和矩阵补全估计量则能处理这种情况。

3. 堆叠回归估计量。其核心是给每个处理组选择“好的控制组”组成数据集，按照相对事件时间堆叠数据集并进行回归估计。

Cengiz 等（2019）提出了堆叠回归估计量的方法。从直觉上看，这种方法为每一个处理组的观测都匹配了从未接受处理或尚未接受处理的观测，进而形成一个数据集，随后将这些数据集堆叠在一起，通过进一步加入组别—个体、组别—时间固定效应进行线性回归。与前两类方法相似，从本质上讲，这种做法也是通过避免使用较早接受处理组作为控制组来解决处理效应异质性问题。

第六节　双重差分模型在 STATA 中的应用

（一）DID 模型及平行趋势检验在 STATA 软件中的实现

DID 模型中的基本回归命令与面板回归命令基本一致，应用比较普遍的是 xtreg 与

reghdfe。对于 xtreg 命令的使用已较为成熟，此处不再赘述。reghdfe 命令可以解决多维固定效应问题，而且运行速度较快，因而备受青睐。以下为 DID 模型及两种平行趋势检验代码示例：

```
. xtreg entre_activation did $xlist i. year, fe robust
. xtreg gdpr did invest consume export gov second agg innov i. year, fe cluster (id)
. reghdfe gdpr did invest consume export gov second agg innov, ab (province year) vce (cluster id)
. reghdfe gdpr did invest consume export gov second agg innov, ab (i. province#i. year province year id) vce (cluster id)
```

1. 时间趋势图法

时间趋势图可以粗略地对政策实施前后处理组与对照组样本之间的变化趋势作出判断，是进行 DID 研究的前提所在。以白俊红等（2022）的论文数据为例，以国家创新型城市试点政策实施为准自然实验。具体可在 STATA 中采用以下代码实现：

```
. graph set window fontface " Times New Roman"
. graph set window fontfacesans " 宋体" //设置图形输出的字体
. egen mean_y = mean (entre_activation), by (year group)
. graph twoway (connect mean_y year if group == 1, sort) (connect mean_y year if group = 0, sort lpattern (dash)), xline (2010, lpattern (dash) lcolor (gray)) ytitle (" {stSans: 创}" " {stSans: 业}" " {stSans: 活}" " {stSans: 跃}" " {stSans: 度}", orientation (h)) xtitle (" {stSans: 年 度}") ylabel (0 (0.5) 3, labsize ( *0.75) format (%02.1f)) xlabel (, labsize ( *0.75)) legend (label (1 " {stSans: 处理组}") label (2 " {stSans: 控制组}")) xlabel (2004 (1) 2018) graphregion (color (white))
. graph export " 平行趋势事前检验 . png"
```

如图 8－6 所示，以 2010 年国家创新型城市试点为例，2010 年之后，试点城市（处理组）的创业活跃度相对于非试点城市（对照组）经历了更高程度的增长，二者的创业活跃度差距逐渐扩大，而在 2010 年之前，二者具有较为一致的变化趋势。

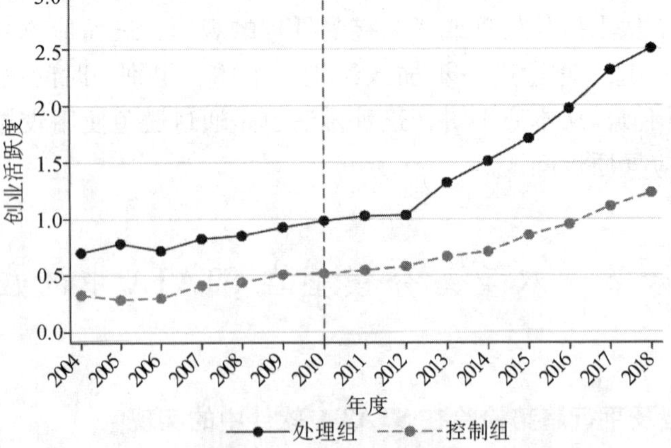

图 8－6　时间趋势图

2. 事件分析法

白俊红等（2022）考虑到政策实施时间与试点数量等因素，基于式（8－4），取 $k=3$，$s=8$。手动计算各时期虚拟变量，在 STATA 中采用 coefplot 命令实现直接绘图：

```
. xtset city year
. gen event = year – branch_reform if group == 1
. replace event = –4 if event < = –4
. tab event，gen（eventt）
. forvalues i = 1/15 {
replace eventt`i' = 0 if eventt`i' = . }
. drop eventt1
. xtreg entre_activation eventt * $xlist i. year，r fe
. coefplot，keep（eventt2 eventt3 eventt4 eventt5 eventt6 eventt7 eventt8 eventt9 eventt10 eventt11 eventt12 eventt13）coeflabels（eventt2 = " –3" eventt3 = " –2" eventt4 = " –1" eventt5 = " 0" eventt6 = " 1" eventt7 = " 2" eventt8 = " 3" eventt9 = " 4" eventt10 = " 5" eventt11 = " 6" eventt12 = " 7" eventt13 = " 8"）vertical yline（0）ytitle（" coef"）xtitle（" time passage relative to year of adoption of implied contract exception"）addplot（line @ b @ at）ciopts（recast（rcap））scheme（s1mono）
. graph export " article3_3. png"，as（png）replace width（800）height（600）
```

运用 coefplot 绘图时需要将 eventt * 转换为基于政策前后的数值，平行趋势图如图 8－7 所示。

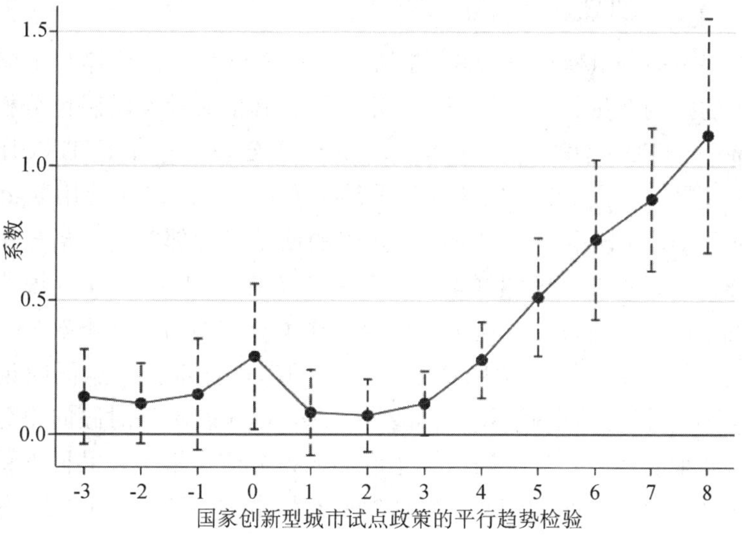

图 8－7　事件分析法平行趋势图

由图 8－7 可知，政策发生前的相对时间虚拟变量系数均不显著且数值较小，表明政策发生之前，处理组与对照组在创业活跃度上无显著差异，满足平行趋势假设。进一步从动态效应来看，在政策发生后当年，试点政策短暂产生创业效应但还未稳定，试点政策推行3年后，创新型城市试点政策的影响系数显著为正并不断提升，表明创新型城市试点政策能够产生促进创业活跃度提升的政策效应，但具有一定的滞后性。

（二）PSM-DID 模型在 STATA 软件中的实现

1. 倾向得分匹配实现

具体来说，本章借用李青原和章尹赛楠（2021）公布在《中国工业经济》官网的原始数据，采用 PSM 方法获得匹配样本，之后将匹配样本进行 DID 回归。由于 psmatch2 为外部命令，因此第一次使用该命令时需要键入如下代码进行安装。

```
. ssc install psmatch2, replace
```

在使用 psmatch2 命令前，首先设置一个随机种子并将样本进行随机排序，这么做的原因是在匹配控制组样本时，如果有几个样本的倾向得分值相同，系统会优先选择排序靠前的样本。当然，不进行随机排序直接使用原始数据集的默认样本顺序问题也不大。这里采用卡尺最近邻匹配（1∶2）。

```
. use psmdata.dta, clear
. set seed 0000
. gen norvar_1 = rnormal()
. sort norvar_1
. psmatch2 treated $xlist, outcome(TFPQD_OP) logit neighbor(2) ties common ate caliper(0.05)
. save csdata.dta, replace
```

treated 是本例中的分组变量，$xlist 是协变量的全局暂元，纯粹为了演示，这里直接使用基础回归中的控制变量，实际使用中一定要结合其他文献及敏感性分析挑选出适合的协变量。outcome（TFPQD_OP）括号里面填的是结果变量（这里是 TFPQD_OP），即基准回归中的被解释变量 y，括号里可以填入多个结果变量。logit 表明使用 logit 模型估计倾向得分值，默认使用 probit 模型。neighbor（2）表明使用最近邻匹配，括号里填入 2 说明使用 1∶2 的匹配方法，即一个处理组样本最多匹配 2 个控制组样本。ties 说明如果多个控制组样本的倾向得分值相同并且处于这个得分值的样本应该作为被匹配对象，那么匹配样本的结果变量取它们的均值，默认按照样本的排列顺序进行选择。这同时说明，如果加上 ties，那么数据集是否提前排序就不怎么重要了。common 表示只对倾向得分值共同取值范围内的样本进行匹配。也就是说，两组样本的倾向得分值如果不在共同取值范围内，则直接被排除，从一开始就没有匹配资格。默认对所有样本进行匹配。ate 表示同时汇报 ATE、ATU 和 ATT，默认只汇报 ATT。ATE 是全部样本平均处理效应（Average Treatment Effect on All Samples）、ATT 是处理组平均处理效应（Average Treatment Effect on Treated）、ATU 是非参与者的平均处理效应（Average Treatment Effect on the Untreated），我们重点关注的是 ATT。caliper（0.05）表示卡尺设置为 0.05，即控制组样本的倾向得分值如果在处理组

样本倾向得分值 ±0.05 以外，直接没有被匹配的资格。因此，如果选择项同时包括 neighbor（#）和 caliper（#），则说明使用卡尺最近邻匹配。

如图 8－8 所示，psmatch2 命令的运行结果包括三部分的内容。第一部分是 logit 回归结果。第二部分则重点关注 ATT 的大小与显著性。在未匹配前（Unmatched 行），平均处理效应为 －0.1026，且在 1% 的水平下显著（t 值的绝对值大于 2.58）；匹配后，参与者的平均处理效应 ATT 为 －0.1068，同样在 1% 的水平下显著。第三部分考察两组在共同取值范围内（On support 列）的样本量。可以看到，处理组和控制组都分别只有一个样本在共同取值范围外，这说明绝大多数样本（特别是控制组样本）都有资格参与匹配。

```
Logistic regression                             Number of obs     =     81,567
                                                LR chi2(13)       =    5973.89
                                                Prob > chi2       =     0.0000
Log likelihood = -53407.844                     Pseudo R2         =     0.0530

------------------------------------------------------------------------------
     treated |      Coef.   Std. Err.      z    P>|z|     [95% Conf. Interval]
-------------+----------------------------------------------------------------
         ADM |   2.303432   .1007328    22.87   0.000     2.105999    2.500865
         PPE |  -1.222116   .0342674   -35.66   0.000    -1.289279   -1.154953
         ADV |   21.56327   3.731756     5.78   0.000     14.24917    28.87738
          RD |   18.12885   3.306851     5.48   0.000     11.64754    24.61016
         HHI |  -.4729895    .065837    -7.18   0.000    -.6020276   -.3439513
     INDSIZE |   .0015667   .0103893     0.15   0.880     -.018796    .0219294
      NFIRMS |   .4045981   .0190289    21.26   0.000     .3673021     .441894
      FCFIRM |   2.685802   .1414342    18.99   0.000     2.408596    2.963008
      MARGIN |   .8316006   .0620282    13.41   0.000     .7100276    .9531736
     LEVDISP |  -2.178396   .0987579   -22.06   0.000    -2.371958   -1.984835
    SIZEDISP |   .2341893   .0247433     9.46   0.000     .1856934    .2826852
      ENTRYR |  -.0103419   .0385426    -0.27   0.788    -.0858841    .0652002
       EXITR |  -.1123095   .0605613    -1.85   0.064    -.2310075    .0063884
       _cons |  -.9478736   .1123736    -8.44   0.000    -1.168122   -.7276253
------------------------------------------------------------------------------
----------------------------------------------------------------------------------------
        Variable     Sample |    Treated     Controls   Difference         S.E.   T-stat
----------------------------+-----------------------------------------------------------
       TFPQD_OP  Unmatched | 2.24921913   2.35179198  -.102572852   .006214925   -16.50
                       ATT | 2.24921615   2.35605481  -.106838668   .008017304   -13.33
                       ATU | 2.35179488   2.28215595  -.069638929            .        .
                       ATE |                          -.089340447            .        .
----------------------------+-----------------------------------------------------------
S.E. does not take into account that the propensity score is estimated.

 psmatch2: |   psmatch2: Common
 Treatment |        support
assignment | Off suppo  On suppor |     Total
-----------+----------------------+----------
 Untreated |         1     38,367 |    38,368
   Treated |         1     43,198 |    43,199
-----------+----------------------+----------
     Total |         2     81,565 |    81,567
```

图 8－8　倾向得分匹配结果

2. 平衡性检验

平衡性检验即检验匹配后协变量取值在两组间是否存在显著差异，如果差异不明显，则说明匹配效果好，使用这样的匹配样本进行 DID 回归就比较合适。平衡性检验主要有两种：第一是度量两组间协变量的标准化均值偏差。如果匹配后协变量的标准化均值偏差小于 10%，且明显小于未匹配前的标准化均值偏差，则说明对于这个协变量来说，两组间并无差距。第二是通过 t 检验来判断各个协变量的取值在两组间是否存在系统性偏差。t 检验的原假设是“两组间协变量的取值不存在系统性偏差”，因此我们的目标是最终接受原假设。psmatch2 命令自带两个估计后检验命令，一个是 pstest，用于进行平衡性检验；一个是 psgraph，用柱状图的方式直观呈现出两组间满足共同支撑假设（即倾向得分值在共同取值范围内）样本的分布情况。平衡性检验代码如下：

```
. pstest, both graph saving (balancing_assumption, replace)
. graph export " balancing_assumption. emf", replace
. psgraph, saving (common_support, replace)
. graph export " common_support. emf", replace
```

both 表示同时显示匹配前后两组间各变量的平衡情况。graph 表示图示各变量匹配前后的平衡情况。saving 表示将图形保存为 STATA 可以识别的 *. gph 格式，方便后续修改。graph export 表示将图形输出为 *. emf 矢量图，方便插入论文中。pstest 的运行结果包括图 8-9 的两张表和图 8-10 的协变量的标准偏差。

图 8-9 的第一张表是我们关注的重点。可以看到，所有协变量的标准化均值偏差均小于 10%，且都明显小于匹配前的标准化均值偏差，标准化均值偏差的绝对值较匹配前大幅下降了 56. 1%~98. 7%。除 ADM、LEVDISP 和 ENTRYR 这三个协变量外，其余协变量均不拒绝“两组间协变量的取值不存在系统性偏差”的原假设。图 8-9 第二张表是匹配前后 logit 回归的情况，其中，Unmatched 一行是匹配前的回归结果，与 psmatch2 运行后第一张表保持一致，Matched 一行是匹配后的 logit 回归情况。可以看到，匹配后回归结果中伪 R^2 明显变小，这说明匹配后两组间的所有协变量取值差异性都不大，从而对 logit 回归中的被解释变量的变动没有太大的解释力。

图 8-10 和第一张表的结果保持一致，即所有协变量的标准化均值偏差均小于 10%，并且都明显小于匹配前的标准化均值偏差。psgraph 的运行结果如图 8-11 所示。同样，图 8-11 和前文 psmatch2 运行结果保持一致，即处理组和控制组的绝大多数样本都在共同取值范围内，而不在共同取值范围内的样本的倾向得分值比较极端（从图片中暂时无法看出是极端大还是极端小）。

3. PSM-DID 回归

利用 PSM 后的样本进行 DID 回归，并将回归结果与基准回归结果进行比较。回归需要样本，那么如何获取匹配后的样本呢？打开 STATA 的数据编辑器，可以观察到 psmatch2 在我们的数据集中生成了几个新变量，具体如下。

```
_pscore  _treated  _support  _weight  _TFPQD_OP  _id  _n1  _n2  _nn  _pdif
```

Variable	Unmatched Matched	Mean Treated	Mean Control	%bias	%reduct |bias|	t-test t	t-test p>|t|	V(T)/V(C)
ADM	U	.07524	.06583	11.5		16.40	0.000	1.07*
	M	.07524	.07762	-2.9	74.7	-3.92	0.000	0.77*
PPE	U	.34533	.40875	-29.7		-42.32	0.000	0.93*
	M	.34532	.34725	-0.9	96.9	-1.36	0.173	1.02*
ADV	U	.00044	.00036	4.4		6.22	0.000	1.26*
	M	.00044	.00042	1.1	75.5	1.50	0.133	1.03*
RD	U	.00047	.0003	6.9		9.77	0.000	1.63*
	M	.00047	.00045	0.5	92.1	0.72	0.470	1.03*
HHI	U	.2341	.26739	-19.8		-28.19	0.000	0.95*
	M	.23409	.23365	0.3	98.7	0.38	0.703	0.97*
INDSIZE	U	13.279	12.873	29.9		42.60	0.000	1.01
	M	13.279	13.291	-0.9	96.9	-1.31	0.189	0.85*
NFIRMS	U	2.6806	2.3742	37.9		53.74	0.000	1.35*
	M	2.6807	2.6892	-1.1	97.2	-1.41	0.159	0.89*
FCFIRM	U	.01606	.00744	15.2		21.47	0.000	2.16*
	M	.01606	.01534	1.3	91.7	1.60	0.109	1.01
MARGIN	U	.8387	.83491	2.9		4.17	0.000	1.01
	M	.8387	.83786	0.6	77.9	0.95	0.343	0.99
LEVDISP	U	.25657	.26916	-16.9		-24.11	0.000	0.81*
	M	.25656	.25834	-2.4	85.9	-3.69	0.000	0.99
SIZEDISP	U	1.211	1.1797	8.3		11.88	0.000	0.85*
	M	1.211	1.2131	-0.5	93.4	-0.83	0.405	0.97*
ENTRYR	U	.081	.08743	-3.4		-4.82	0.000	0.92*
	M	.081	.07818	1.5	56.1	2.25	0.024	1.05*
EXITR	U	.03935	.0459	-5.4		-7.74	0.000	0.81*
	M	.03935	.04031	-0.8	85.4	-1.21	0.225	0.96*

* if variance ratio outside [0.98; 1.02] for U and [0.98; 1.02] for M

Sample	Ps R2	LR chi2	p>chi2	MeanBias	MedBias	B	R	%Var
Unmatched	0.053	5936.79	0.000	14.8	11.5	55.2*	1.17	85
Matched	0.000	45.01	0.000	1.1	0.9	4.6	0.91	77

* if B>25%, R outside [0.5; 2]
(file balancing_assumption.gph saved)

图 8－9　平衡性检验结果

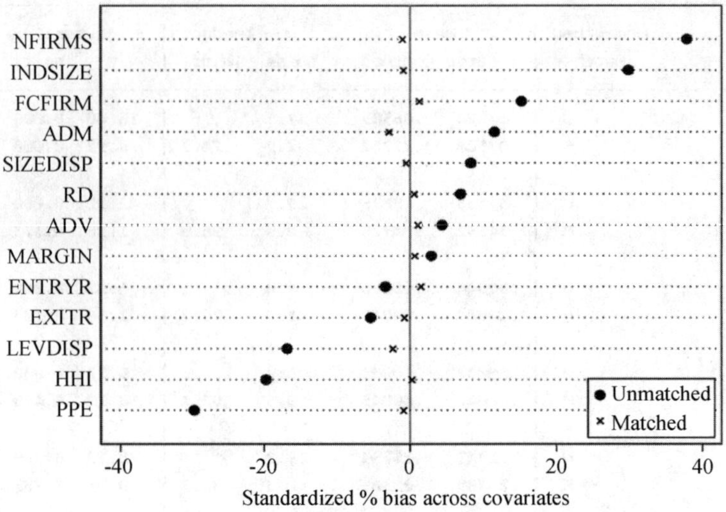

图 8－10　协变量标准偏差

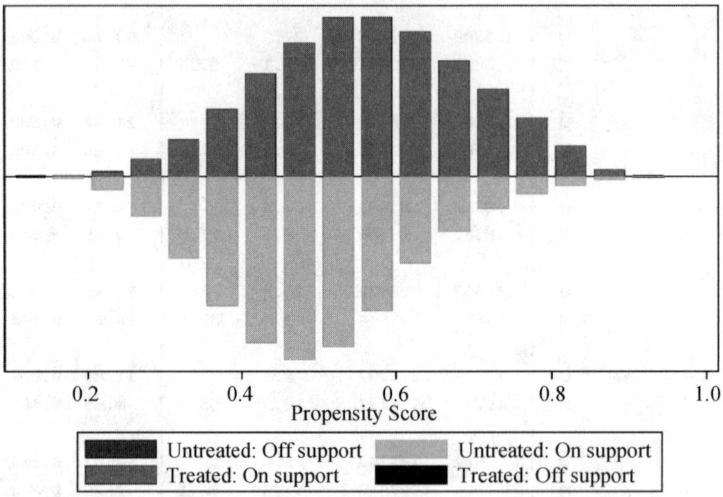

图 8－11　共同支撑假设检验

_pscore 是样本的倾向得分值。_treated 是处理组虚拟变量，和我们手动生成的 treated 保持一致。_support 是样本是否满足共同支撑假设的虚拟变量，即如果样本处于共同取值范围内，该变量取值为 1，否则为 0。_weight 是一个关键变量。对于处理组样本来说，该变量为空，说明没有参与匹配（即未满足共同支撑假设），或者参与匹配了但在卡尺范围内暂未匹配到控制组样本；如果匹配成功了，该变量取值为 1。

对于控制组样本来说，该变量为空，说明样本不满足共同支撑假设或在卡尺范围内没有匹配成功；对于匹配成功的样本，该变量可能取整也可能不取整，这取决于样本匹配成功的次数。具体来说，如果是 1∶1 无放回匹配，则每个处理组样本最多匹配成功一次，并且控制组样本也最多被匹配一次，因此对于控制组中匹配成功的样本来说，_weight 只可能等于 1；如果是 1∶1 有放回匹配，则每个处理组样本最多匹配成功一次，而控制组样本可能被匹配 k 次，因此对于控制组中匹配成功的样本来说，_weight 的取值为大于等于 1 的整数；如果是 1∶m 的有放回匹配（psmatch2 只允许在 1∶1 匹配中设置无放回选项），则一个处理组样本最多可以匹配到 m 个对象，因此被匹配到的对象所占的权重为 1/m，那么对于控制组样本来说，如果它被匹配到了 k 次，那么它的总权重就是 k × 1/m，即_weight 取值为 k/m。如果我们想要知道在 1∶m 有放回匹配中，控制组样本被匹配的次数 k，那么就只要将它们的_weight 乘以 m 即可。因此，_weight 的取值表明了样本是否参与匹配以及样本的重要性程度。

_TFPQD_OP 代表样本匹配到对象的结果变量（这里是 TFPQD_OP）的均值。_id 是 psmatch2 自动为每一个样本赋予的唯一识别编码。_n1 和 n2 代表样本匹配对象在_id 中的编码，由于这里是 1∶2 匹配，所以有两个。_nn 表示处理组样本匹配到的控制组样本的个数。_pdif 表示样本的倾向得分值与_n1 样本倾向得分值之差的绝对值。

由此可知，只要样本的_weight 不为空，就代表该样本参与了匹配，就可以将这些样本代入 DID 回归模型中进行参数估计，而且在一定程度上缓解了基准回归中存在的选择偏差问题，进一步还可以与基准回归结果进行比较以检验其稳健性。

（三）安慰剂检验在 STATA 软件中的实现

现存的教程多使用 forvalue 循环，随机抽取样本进行一定次数的回归。这种方法在操作的过程中至少会生成好几个文件。命令也少则几行，多则几十行。而现在我们引入 permute 命令，一行代码即可实现安慰剂检验。permute 的基本语法如下：

. permute permvar exp_list ［，options］：command

permvar：需要进行随机抽样的变量，即 DID 中的 Treat，或交互项 Treat × Post。exp_list：需要提取的统计量，一般是回归系数。options 有以下一些设定。reps（#）：抽样次数。enumerate：计算所有可能的不同排列。rseed（#）：设定抽样种子。strara（varlist）：分层抽样。saving（file）：保存抽样值。command：回归命令。

接下来，我们进行安慰剂检验。对交互项随机抽取 500 次，查看系数是否与基准估计结果存在显著差异。图 8 - 12 汇报了抽样估计结果。我们只需要关注 beta 行即可。500 次抽样中，仅有一次结果在基准回归系数的右侧，占总抽样次数的 0.2%，所以我们可以看到它的 p 值为 0.0020，这是单侧检验的结果。对于双侧检验而言，p 值则等于 0.0040。可以看到，无论是单侧检验还是双侧检验，都表明在随机抽样的情况下，基准回归系数 -2.50是一个小概率事件，这说明安慰剂检验是成立的。

进一步，画出安慰剂检验的系数与 p 值结合图：

. twoway（scatter p_value beta）（kdensity beta，yaxis（2）），xline（-2.520，lc（black * 0.5）lp（dash））xline（0，lc（black * 0.5）lp（solid））yline（0.055，lc（black * 0.5）lp（dash））xlabel（-3（1）3）xtitle（" Estimator"，size（* 0.8））xlabel（，format（%4.1f）labsize（small））ytitle（" Density"，size（* 0.8））ylabel（，nogrid format（%4.1f）labsize（small））ytitle（" P Value"，size（* 0.8）axis（2））ylabel（, nogrid format（%4.1f）labsize（small）axis（2））legend（r（1）order（1 " P Value" 2 " Estimator"））graphregion（color（white））

```
cap erase "simulations.dta"
permute did beta = _b[did] se = _se[did] df = e(df_r), ///
 reps(500) rseed(123) saving("simulations.dta"): ///
  reghdfe y did, absorb(country year) vce(robust)

Monte Carlo permutation results                    Number of observations =  70
Permutation variable: did                          Number of permutations = 500

      Command: reghdfe y did, absorb(country year) vce(robust)
         beta: _b[did]
           se: _se[did]
           df: e(df_r)

-------------------------------------------------------------------------------
             |                                               Monte Carlo error
             |                                              -------------------
           T |    T(obs)       Test       c       n      p  SE(p)   [95% CI(p)]
-------------+-----------------------------------------------------------------
        beta | -2.519512       lower       1     500  .0020  .0020  .0001  .0111
             |                 upper     499     500  .9980  .0020  .9889  .9999
             |             two-sided                  .0040  .0028  .0000  .0095
             |
          se |  1.285631       lower     499     500  .9980  .0020  .9889  .9999
             |                 upper       1     500  .0020  .0020  .0001  .0111
             |             two-sided                  .0040  .0028  .0000  .0095
             |
          df |        53       lower     500     500 1.0000  .0000  .9926 1.0000
             |                 upper     500     500 1.0000  .0000  .9926 1.0000
             |             two-sided                 1.0000  .0000      .      .
-------------------------------------------------------------------------------
Notes: For lower one-sided test, c = #{T <= T(obs)} and p = p_lower = c/n.
       For upper one-sided test, c = #{T >= T(obs)} and p = p_upper = c/n.
       For two-sided test, p = 2*min(p_lower, p_upper); SE and CI approximate.
```

图 8-12 安慰剂抽样估计检验

如图 8-13 所示，主坐标标识虚拟回归系数分布，副坐标标识 p 值，竖虚线代表真实回归估计系数。这幅图将系数和 p 值结合在一起。可以发现，虚拟回归系数呈正态分布且多位于零线两侧，且多数回归结果与真实估计系数相距较远。因此，安慰剂检验的结果成立。

（四）异质性稳健 DID 估计量在 STATA 软件中的实现

1. 组别—时期平均处理效应

以下列举出在 STATA 中的三种实现方法：

（1）de Chaisemartin 和 D'Haultfoeuille 提出的估计量，这种方法可以通过以下命令实现：

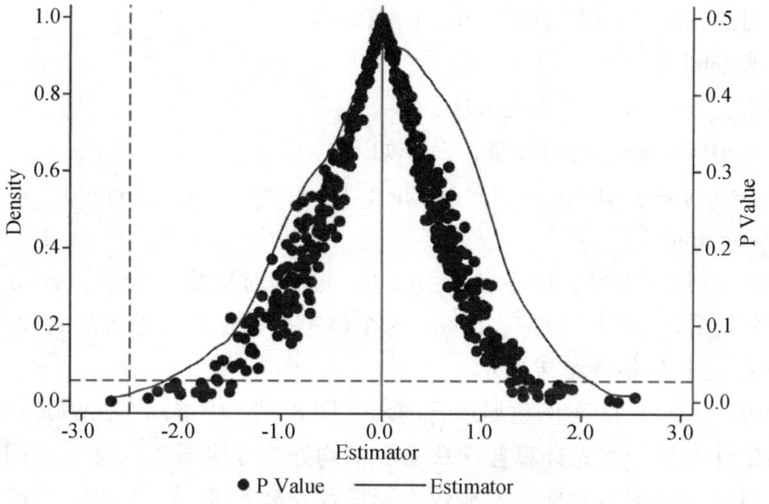

图 8-13　安慰剂检验抽样系数与 p 值

. did_multiplegt outcome groupid timeid treatment twowayfeweights outcome groupid timeid treatment，type（feTR）

其中，outcome 指因变量，treatment 即核心解释变量，groupid 和 timeid 分别指组别固定效应和时间固定效应。

（2）Sun 和 Abraham（2021）提出的估计量，命令如下：

. eventstudyinteract outcome {rel_time_list}，absorb（i. groupid i. timeid）cohort（first_treatment）control_cohort（controlgroup）

其中，outcome 指因变量，rel_time_list 即为变量 $1\{E_i = e\}$，first_treatment 是个体第一次接受处理的时间，也即前文提到的 e，controlgroup 是控制组的指示变量，groupid 和 timeid 分别指组别和时期固定效应。

（3）Callaway 和 Sant'Anna（2021）提出的估计量，命令如下：

. csdid outcome，i（groupid）time（timeid）gvar（cohort）

其中，outcome 指因变量，groupid 和 timeid 分别指组别和时期固定效应，cohort 为个体第一接受政策处理的时间点，也即前文提到的 e。

2. 插补估计量

以下列举出在 STATA 中的两种实现方法：

（1）Borusyak 等（2021）提出的估计量，命令如下：

. did_imputation outcome　groupid　timeid　cohort

其中，outcome 指因变量，groupid 和 timeid 分别指组别和时期固定效应，cohort 为个体第一接受政策处理的时间点，也即前文提到的 e。

（2）Liu 等（2022）提出的估计量，命令如下：

. fect outcome，treat（treatment）unit（id）time（time）method（"type"）

其中，outcome 指因变量，treatment 即核心解释变量，id 是个体编码，time 是时间变

量，type 指选用的方法（具体可以是 ife、fe 或 mc）

3. 堆叠回归估计量

以下列举出在 STATA 中的实现方法：

Cengiz 等（2019）提出的估计量，命令如下：

. stackedev outcome leads_lags_list，cohort（cohort）time（timeid）never_treat（no_treat）unit_fe（groupid）

其中，outcome 指因变量，leads_lags_list 是一系列时期指示变量，groupid 和 timeid 分别指组别固定效应和时间固定效应，cohort 为个体第一接受政策处理的时间点。

4. 异质性稳健 DID 估计结果展示

借助刘冲等（2022）的案例数据进行演示。图 8-14 中展示了 TWFE 以及三类异质性稳健估计量的估计效果。首先计算各期真实的平均处理效应系数，然后采用各个异质性稳健估计量与之对比。在图中发现，处理效应异质性比较严重时，TWFE 会错误估计事前的动态处理效应，事后的处理效应系数估计也随着时间增加偏误越加明显。其他异质性稳健 DID 估计量的置信区间基本都涵盖了真实值，并且点估计结果也都在真实值附近，明显优于 TWFE 估计。

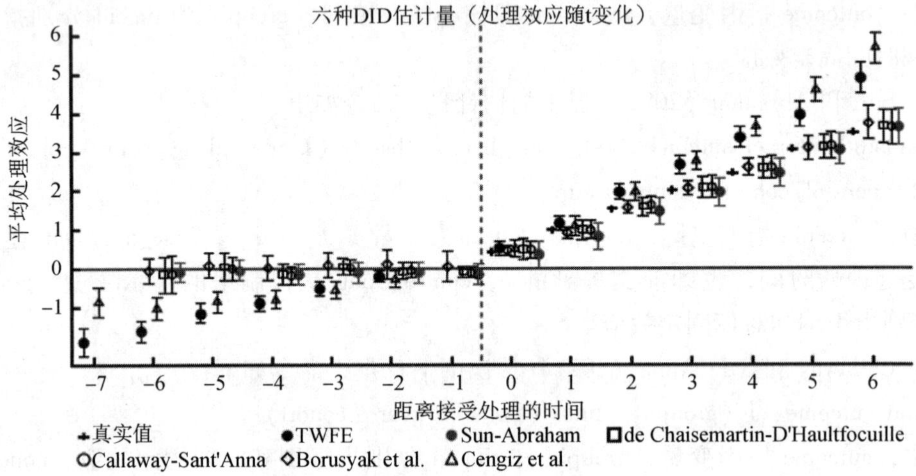

图 8-14　事件研究：六种估计量的对比

第九章

机器学习因果推断

第一节　机器学习概述

（一）机器学习的定义

机器学习是一门涉及统计学、系统辨识、逼近理论、神经网络、优化理论、计算机科学、脑科学等诸多领域的交叉学科。研究计算机怎样模拟或实现人类的行为学习，以获得新的知识或技能，重新组织已有的知识结构使之不断改善自身的性能，是人工智能技术的核心。

（二）机器学习的主要类型

机器学习主要分为两类：监督学习与非监督学习。所谓监督学习就是有目标的学习，具体而言，在监督学习中，第 i 个个体或观测值的数据可以写为（y_i，x_i），机器学习的任务就是使用 x_i 对 y_i 进行预测。如对垃圾邮件的识别中，y_i 是取值为 0 ~ 1 的哑变量，也称为虚拟变量，当 $y_i = 0$ 时，邮件为正常邮件，而当 $y_i = 1$ 时，邮件为垃圾邮件。x_i 则是一系列关键词出现的频率组成的向量。在监督学习中，机器学习算法有着明确的目标，即用 x_i 预测 y_i。y_i 在这里就起到了监督与指导的作用，所以这种机器学习方法被称为监督学习。在非监督学习中，数据只有 x_i 而没有 y_i，学习的过程就是在 x_i 中由机器学习算法自主识别数据的某种规律。

（三）机器学习的主要术语

机器学习始于计算机科学的人工智能领域，有一套独特的术语。在机器学习中，样本数据主要用于训练计算机获得学习的能力，故称为“训练数据”或“训练集”。在实际的机器学习模型的训练中，一般会将原始数据划分为“训练集”与“测试集”，使用“训练集”对模型进行训练，继而使用“测试集”评估模型的训练效果。在机器学习中，x_i 被称为“特征”“特征向量”“预测变量”或“属性”，而统计学中 x_i 则被称为“自变量”或“解释变量”。同样地，机器学习中的 y_i 被称为“响应变量”“目标”，而统计学中被称为

“因变量”“被解释变量”。

（四）机器学习与计量经济学的关系

机器学习与计量经济学之间存在一定的差别。首先，二者的研究目标不同，机器学习通常使用大数据，而计量经济学使用的样本一般较小。但是，随着计量经济学越来越多地开始使用大数据，这种差别正在变得越来越小。因而在本质上，机器学习与计量经济学最主要的区别在于其研究的目标有所不同：机器学习更加注重预测，计量经济学着重于进行因果推断。其次，在二者研究的方法论上，机器学习主要采用“最优化方法”，即设定某个目标函数或损失函数并使其最小。由于最优化问题通常并不存在解析解，故通常需要使用某种迭代算法，寻找使目标函数或损失函数最小化的数值解。而计量经济学常常采用概率统计的渐近理论证明当样本容量趋近于无穷大时，估计量依概率收敛到真实值。

机器学习与计量经济学虽然存在以上差别，但是二者之间也存在密切的联系并相互借鉴。一方面，在很多预测问题中也需要因果关系，如宾馆的入住率与宾馆房价之间关系的预测，如果只进行预测，就会发现房价与入住率呈现正相关。如果仅仅按照预测的结果，认为只需要提高房价，就可以提高入住率，这样就忽略了高入住率是因，而高房价是果，因此对于这些问题的预测，实际上也是因果推断。另一方面，因果推断也离不开预测。如在评估某项政策的效应时，可以度量政策实施地区的政策效果。但是，如果该地区没有实施政策，其结果是难以观测的，对于这种“反事实的结果”，一般只能进行估计或预测。由于机器学习擅长进行预测，因而机器学习方法在因果推断中得以广泛应用。

第二节　机器学习与因果推断的联系

（一）什么是因果推断

所谓因果推断，就是推断一个事物对另一个事物的影响。如外面正在下雨，不带雨具出门就会被淋湿衣服，不带雨具出门与淋湿衣服之间就是因果关系，下雨是原因，淋湿是结果。

社会科学实证研究的焦点之一是因果识别，在经济学、政治学和社会学等社会科学的研究中，因果关系日益成为研究的重中之重。近几十年来，社会科学中因果关系识别已经成为了重要的研究范式，双重差分、断点回归、随机试验等方法已经被广泛应用在实证研究之中。同时，近年来，计算机科学的发展也使得数据变得异常丰富，使科研工作者可以挖掘全新的、高维度高频率的、非结构化的数据，以此探索全新的问题。当传统方法在面对一些无法满足传统方法前提要求与假设的情况的数据失效时，科研工作者可以使用全新的方法来进行解决。总而言之，机器学习方法极大地拓宽了科研工作者面对因果识别问题时所可以使用的工具，拓宽了因果关系识别的经典方法的适用范围。

（二）机器学习与社会科学中的因果关系

在社会科学的研究中，特别是近十年的研究中，因果关系的识别日益称为研究的重中之重。由于在数据的预测中，因果关系的识别并不是需要关注的重点，只关注变量之间的相关性就已经足够了，因此，很多机器学习算法就仅关注响应变量与特征变量之间是否存在相关关系，而忽视了对变量间因果关系的识别，于是乎导致了机器学习与主流的实证方法之间存在一些疏离。但是，机器学习与因果关系识别并不一直这样疏远。机器学习在因果识别方面存在着重要的价值，近年来很多文献也开始使用机器学习方法来帮助识别因果关系，机器学习在因果关系的识别中也表现出其独特的优势。

首先，实证分析控制因果效应的核心问题在于识别与控制被称为混淆因素的特征。在常规的操作中，控制变量的选择主要依靠理论分析与理论直觉，这可能导致两个问题：一是控制变量被人为操纵以获得统计上的显著性；二是在大数据时代，继续依靠理论与直觉选择控制变量变得非常困难，非结构化的大数据存在高维稀疏的特征，这就导致了在成百上千个潜在控制变量中，可能仅有几个是最终被选上的。因此，Belloni 等（2014）提出了一种称为“Post Double Selection”的数据驱动的机器学习策略：先通过 Lasso 等附带正则项的机器学习算法，经过交叉验证等方法，识别出一组对结果变量具有解释力的变量，进而重新将结果变量对这些挑选出的特征变量使用传统计量模型进行分析。同样地，上述方法也可用于选择工具变量，如可以使用机器学习在工具变量方法的第一阶段分析内生变量与工具变量之间的关系；在面对多个工具变量的情况下，可以使用机器学习算法来挑选工具变量，以避免弱工具变量的问题。

其次，反事实结果不可观测是因果效应识别的根本性问题，在传统的因果识别中，研究者通常会为处理组构造合适的对照组，进而实现反事实结果构造和因果效应识别。在双重差分法中，一个重要的前提就是处理组和对照组在政策实施之前保持相同的趋势，即平行趋势条件。然而在某些情况下，处理组和对照组在政策实施前可能并不存在同样的线性趋势。在存在非线性趋势的情况下，一旦变量间存在非线性的关系，使用传统的线性回归进行双重差分法的估计就会存在问题。而机器学习是数据驱动的，它通过数据信息而发现变量间的线性或非线性关系，尤其擅长处理变量间复杂的非线性关系。在匹配法中，如果样本较少，则传统的匹配方法会因为数据不足而无法满足“共同支撑”假设，此时传统做法就是丢弃这部分样本，减少处理个体，在样本较少的情况下，估计出的效应就不是平均处理效应了。贝叶斯加性回归树（BART）算法能在很大程度上削弱这一问题的影响，BART 算法的优势在于：传统匹配法要求模型的设定必须正确，而 BART 算法不需要；传统匹配法更多地考虑基于能预测处理变量的协变量的权重而忽视了结果变量中关于共同支撑的信息，BART 算法则根据后验标准分布提取这一信息。简言之，传统匹配法在匹配中会损失大量样本，且结果不一定稳健。BART 算法的样本损失更小，且结果更稳定。

机器学习还可以更好地识别异质性因果效应。异质性因果效应对社会科学的实证研究意义重大，通过对异质性因果效应的分析，可以得到关于稀缺社会资源在非平等社会中的分布和关于社会政策的重要见解。在传统方法中，为了探究处理个体的哪些特征是存在异质性的，研究者会将交互项逐步或一次性地加入模型中，这两种方法都存在一些问题：前者会耗费大量的精力，而后者会增加推断错误的概率。在这种情况下，机器学习算法就可以在成百上千个协变量中筛选变量并保证计算的可行性。传统的分组方法也面临着分组变量选择的问题，机器学习的树模型在变量如何选取、连续变量如何切分及避免过拟合问题等方面存在明显的优势。

（三）机器学习在因果推断中的用途

1. 估计平均处理效应

许多因果推断的文献都是在条件独立假设（Conditional Independence Assumption，CIA）下估计平均处理效应（Average Treatment Effects）。CIA 要求在控制了一系列协变量之后，潜在结果变量独立于处理分配，在此假设下计算处理组和控制组之间的平均差异，就是处理分配的因果效应。但是，在实际研究中，往往存在大量的与处理分配和结果相关的协变量，人们并不知道哪些协变量是重要的。如果研究者没有控制住那些重要的协变量，就会导致估计的处理效应是有偏的。Belloni 等（2014）使用有监督机器学习中的 LASSO 法来选择影响潜在结果的最重要的协变量。传统最小二乘法通过最小化残差平方和来估计目标函数的参数，而 LASSO 法则在最小化残差平方和的计算中又加入了一个收缩惩罚项对估计参数进行缩减，见式（9－1）：

$$\hat{\beta}_{LASSO} = argmin_{\beta}\{\sum_{t=1}^{N}(y_i - \beta_0 - \sum_{J=1}^{P} x_{ij}\beta_j) + \lambda\sum_{J=1}^{P}|\beta_j|\} \qquad 式（9-1）$$

其中，y_i 是潜在结果变量，x_{i1}，…，x_{ip}包含了一系列用于控制的协变量。明显地，当取较大的参数时，某些重复且不重要的解释变量的系数将缩减为 0。在该模型中，我们还可以从样本中任意选取相同大小的多个子样本，通过交叉验证法来选择最合适的λ值，并剔除此时系数为零的协变量。尽管 LASSO 的估计过程会带来处理变量系数的估计偏误，但是我们却获得了更好的关于潜在结果的预测。为了满足条件独立假设，经济学家也会利用某一次外生的冲击，并使用工具变量法来估计因果效应。机器学习方法也可以用在其第一个阶段的线性回归之中，能够提高工具变量对被解释变量的估计能力，从而缓解弱工具变量的问题。

在评估某一项政策实施的因果效应时，我们通常采用双重差分方法。比如，如果要考察“营改增”税收政策对民营企业的投资效应，可以在政策试点地区随机选取民营企业，考察其在执行过程中的投资行为差异。在此基础上，选取经济发展程度相近但又与之相近的非国有企业为对照组，考察其在不同时期的投资决策差异，并将其进行差异化处理，即税务政策对民营企业的影响。为确保数据具有可比性，通常采用以下三种方式：（1）尽量增加能够体现区域特征的控制变量；（2）使用倾向得分匹配法挑选出与处理组得分相近的地区作为对照组（Abadie & Imbens，2006）；（3）使用合成控制法为处理组中的每一个单元创造出一个与其特征极其相似但未被处理的单元，此单元是由控制组中的多个单元加权平均而得到的。然而，当协变量较多时，它们往往不能很好地解决问题。将机器学习方法应用到双重差分的估计过程，不仅可以帮助筛选出重要的协变量，更重要的是其与合成控制法的结合能够为处理组的每个单元从控制组中挑选出一个最佳的单元组合，从而通过加权的方式创造出与处理组单元最相似的单元集合。进一步地，作者分别使用上述四种方式，重新估计了现有文献中三个使用双重差分法评估政策实施因果效应的经典案例——美国加州烟草法案对吸烟率的影响（Abadie et al.，2010）、德国重新统一对西德地区经济发展的影响（Abadie et al.，2015）以及20世纪80年代古巴大量移民对美国工人工资的影响。研究结果显示，使用机器学习方法能够更大程度地利用控制组中的单元信息，最大限度地满足处理组与控制组的相似性，从而可以显著地改善估计结果。

2. 估计处理效应的异质性

在应用微观研究中，不仅关注单个政策执行效果的均值加工效果，而且关注其加工效果的异质性。例如，目前，我们正在从一个"人口资源国家"走向"人才国家"的一个非常时期，而要完成这个转变，最主要的方法就是要大力发展"人才培养"。政府评估一种职业培训的政策时，要考虑到它对不同地域、不同民族的人的影响。如果政策的制定过程将这些差异考虑进去，则可以有效地提升政策的执行效果。传统的计量方法在研究处理效应的异质性时，依赖于在潜在结果回归模型中引入协变量与处理变量的交互项。例如，我们想用以下回归模型研究某一项职业培训项目（用 Z 表示）对于未来工资（用 Y 表示）的因果效应，见式（9-2）。

$$Y_i = \alpha + \beta X_i + \gamma Z_i + \varepsilon_i \qquad \text{式（9-2）}$$

其中，X_i 为被控变量（Covariate），Z_i 代表第 i 名雇员以前是否获得过绩效报酬（如果得到过为1，否则为0）。而 γ 是我们关注的平均处理效应。不过，有无绩效奖金的雇员，职业培训的影响也许会有所不同。我们可以在回归模型中引入 X 与 Z 的交互项，来研究处理效应的异质性，见式（9-3）。

$$Y_i = \alpha + \beta X_i + \gamma Z_i + \theta X_i Z_i + \varepsilon_i \qquad \text{式（9-3）}$$

其中，交互项前的系数 θ 反映了职业培训的效果对于这两类员工的差异。

在协变量个数比较少的情况下，传统的计量方法（包括半参数模型和非参数模型）可以获得对 θ 和 γ 的一致估计（Athey 和 Haile，2007；Athey 和 Imbens，2015）。但是，当存在较多的协变量时，上述方法可能就不适用了。这是因为人们并不知道处理效应是随着哪些协变量而变化的。机器学习的方法可以在一定程度上改进异质性处理效应的研究。比如，Athey 和 Imbens（2016）使用基于因果树的机器学习方法来划分所有的协变量空间。划分协变量空间是为了寻找最能反映出处理效应异质性的协变量交互项组合。这就意味着，我们不必事先确定处理效应会随协变量的不同而改变，我们可以直接利用算法的优势去寻找答案。在划分后的协变量子空间内，人们可以计算受处理组和未受处理组之间的平均差异，即子空间内的平均处理效应。然后比较不同子空间的平均处理效应，从而得到异质性处理效应的结果。进一步地，Athey（2017）引入随机森林法的概念，首先通过有放回的、随机的方式在样本集中抽取若干个相同大小的子样本，以建立一个包含许多因果树的因果森林。然后对于每一个因果树，从估计其处理效应的数据中找到协变量空间，使用

Athey 和 Imbens（2016）的方法进行计算，最后对众多因果树的结果取平均就是因果森林的结果。

3. 估计结构模型

与传统的简约模型相比，结构模型以经济体中的微观个体出发刻画经济主体的经济活动，因此使研究者们可以对经济政策的传递机理进行深入的研究，比如，在宏观层面上经常使用的动态随机一般均衡等。然而，由于大规模的结构化模型中包含了大量的变量，使学者们在利用经典的计量经济学方法进行建模时，会由于数据限制得到有偏的估计（Bai 和 Ng，2008）。利用机器学习方法，可以提高结构化模型的预测能力（Abadie 等，2010）。

例如，针对一种 5000 余种产品分类中的数据对顾客的选择进行研究，可以建立能够反映产品间替代和补充关系的数学模型。因为顾客人数和商品数目都很多，所以在对 5000 种商品间的联系进行解析时，将产生 2^{5000} 种不同的组合，每个顾客的效用函数就有 2^{5000} 个参数（即“效用—物品”矩阵维数很大）。而且，在现实生活中，由于数量庞大，每位顾客往往只会选择其中很少一部分，使该模型非常稀少，这很难用传统方法估计。因而，可以将“效用—物品”矩阵进行降维，其主要思想是将“效用—物品”的矩阵化简为两个子矩阵。在使用产品时，个体对产品的使用存在着多种偏好，这种偏好可以通过产品的特性（如价格、形状、用途等）来描述。在此基础上，构建一种“效用—特征”的矩阵，用以表达顾客对于各特征所能提供的效用的喜好。在此基础上，构建一种“特征—产品”的模型，用以表征每种产品所占的比例。通过将两个子矩阵相加，即可得出顾客对产品的使用情况。如何在结构化的建模过程中引入人为因素，使其尽量贴近现实环境，是未来机器学习与经济学科融合的研究方向之一。

另一项基于结构模型的研究来自 Athey（2017），利用美国旧金山湾区数千名移动电话使用者的样本数据研究顾客挑选午餐餐馆的行为。这些可观察的特征有饭店的星级评定、食品种类和价位区间。因此，不同顾客在餐厅的选择上会呈现出不同的个性化偏好，也就是说，顾客在每家餐厅的用餐意向与基础效用均不相同。在此基础上，作者运用矩阵分解法，建立了顾客对饭店选择的模型。研究结果表明，与多标准的竞争模型（如多项 Logit、嵌套 Logit 模型）相比较，这种方法构建出来的模型能更准确地预测饭店开放和关闭时顾客的表现，也能更好地理解饭店关门后顾客的需求再分布情况。

第三节　机器学习因果推断方法

（一）惩罚回归

1. 高维回归

“高维数据”也称为“数据丰富的环境”，是大数据的重要表现形式，即特征向量 x_i 的维度 p 大于样本容量 n 。特征向量的高维度提供了更多的信息，也给回归估计造成了困难。考虑传统的线性回归模型，见式（9－4）：

$$y_i = x_i'\beta + \varepsilon_i \quad \text{式（9－4）}$$

其中，响应变量 y_i 为连续变量，故为回归问题。上述模型写为矩阵的形式，见式(9－5)。

$$y = X\beta + \varepsilon \quad \text{式（9－5）}$$

其中，响应变量 $y \equiv (y_1 y_2 \cdots y_n)'$，残差向量 $\varepsilon \equiv (\varepsilon_1\ \varepsilon_2 \cdots\ \varepsilon_n)'$，$n \times p$ 数据矩阵 X 包含所有特征向量 x_i 的信息，见式（9－6）。

$$X \equiv \begin{pmatrix} x_1' \\ x_2' \\ \vdots \\ x_n' \end{pmatrix} = \begin{pmatrix} x_{11} & x_{12} & \cdots & x_{1p} \\ x_{21} & x_{22} & \cdots & x_{2p} \\ \vdots & \vdots & & \vdots \\ x_{n1} & x_{n2} & \cdots & x_{np} \end{pmatrix} \quad \text{式（9－6）}$$

对于高维数据，由于 $n < p$，故矩阵不满秩，存在严格多重共线性，因此逆矩阵 $(X'X)^{-1}$ 不存在，故 OLS 的解不唯一。对于传统的低维数据而言，样本容量大于变量个数，一般很少出现严格多重共线性。即使出现，也只需要将多余的变量去除即可。但是在面对高维数据时，简单去除多余变量则显得力不从心了。如样本为 100 个病人，每个病人有多达两万种基因，要研究是何种基因导致了疾病，则去掉其他基因以消除共线性就极为困难了，难免将所要探究的基因同无关的基因一并去除。

2. 岭回归

岭回归的出发点是为了解决多重共线性的问题。当近似的多重共线性出现时，特征变量之间高度相关，此时的矩阵 $X'X$ 就变得几乎不可逆了，导致 $(X'X)^{-1}$ 变得非常巨大，使 OLS 估计量的方差变得很大了。

岭回归的解决方案是：在矩阵 $X'X$ 的主对角线都加入某大于 0 的常数 λ，以缓解多重共线性，由此得到岭回归估计量，见式（9－7）。

$$\hat{\beta}_{rigde} \equiv (X'X + \lambda I)^{-1} X'y \quad \text{式（9－7）}$$

其中，λ 称为调节参数。由式（9－7）可知，岭回归就是在 OLS 的表达式中加入了“山岭”λI，故名岭回归。

由于 OLS 估计量是无偏的，而岭回归估计量在加上 λI 后则是有偏的，其偏差见式(9－8)：

$$Bias(\hat{\beta}_{ridge}) \equiv E(\hat{\beta}) - \beta \neq 0 \quad \text{式（9－8）}$$

对于任意估计量 $\hat{\beta}$，其均方误差可分解为方差与偏差的平方之和，见式（9－9）。

$$MSE(\hat{\beta}) \equiv E[(\hat{\beta} - \beta)(\hat{\beta} - \beta)'] = Var(\hat{\beta}) + [Bias(\hat{\beta})][Bias(\hat{\beta})]' \quad \text{式（9－9）}$$

在一维的情形下，上式简化为式（9－10）。

$$MSE(\hat{\beta}) = Var(\hat{\beta}) + [Bias(\hat{\beta})]^2 \quad \text{式（9－10）}$$

我们的目标是最小化均方误差的同时并不强求无偏估计。结合式（9－10）可知，最小化均方误差就是在方差和偏差之间进行权衡：如当无偏估计方差很大时，可以适当接受偏差而方差大幅度减少，使 MSE 比无偏估计更小。

岭回归的理论基础是：在存在严格多重共线性的情况下，不存在唯一的 OLS 估计量 $\hat{\beta}_{OLS}$，则意味着存在许多的 $\hat{\beta}_{OLS}$ 使得残差平方和为 0 而拟合优度 R^2 为 1，这就导致了过拟合的问题。为了使参数向量 β 的解唯一，可以对其范围进行限制，即进行所谓的正则化。

考虑在损失函数中加入惩罚项，进行惩罚回归，见式（9-11）。

$$\min_{\beta} L(\beta) = (y - X\beta)'(y - X\beta) + \lambda \|\beta\|_2^2 \qquad \text{式（9-11）}$$

其中，损失函数的第一项为残差平方和 SSR，第二项为惩罚项，又称为正则项，λ 为大于 0 的条件参数，用以控制惩罚力度，$\|\beta\|_2$ 为参数向量 β 的模长。

将惩罚项改写为 $\lambda\|\beta\|_2^2 = \lambda(\beta_1^2 + \cdots + \beta_p^2) = \lambda\beta'\beta$，损失函数改写为式（9-12）。

$$\min_{\beta} L(\beta) = (y - X\beta)'(y - X\beta) + \lambda\beta'\beta \qquad \text{式（9-12）}$$

使用向量微分规则，得到一阶条件，见式（9-13）。

$$\frac{\partial\ L(\beta)}{\partial\ \beta} = -2X'(y - X\beta) + 2\lambda\beta = 0 \qquad \text{式（9-13）}$$

移项整理，得岭回归估计量，见式（9-14）。

$$\hat{\beta}_{rigde} \equiv (X'X + \lambda I)^{-1}X'y \qquad \text{式（9-14）}$$

3. 套索估计量

套索估计量（LASSO）全称为最小绝对收缩和选择算子。套索回归的核心在于通过对系数的绝对大小施加惩罚，以防止过度拟合，这种惩罚模型鼓励将部分系数收缩为 0，从而有效地简化模型。

在进行高维回归时，我们希望从大量特征变量中筛选对 y 真正有影响的少数变量。因此，我们希望真实模型或数据生成过程为稀疏模型，为此我们需要一个估计量，能够挑选出哪些真正有影响的变量，而其余无关紧要的变量的回归系数为 0。为此，我们可以使用套索估计量（LASSO）进行回归，将岭回归惩罚项中的 2-范数改为 1-范数，见式（9-15）：

$$\min_{\beta} L(\beta) = (y - X\beta)'(y - X\beta) + \lambda\|\beta\|_1 \qquad \text{式（9-15）}$$

其中，$\|\beta\|_1$ 为参数向量 β 的 1-范数，为 $\sum_{j=1}^{p}|\beta_j|$，即 β 各个分量的绝对值之和。由于损失函数包含惩罚项，因而 LASSO 也是收缩估计量，由于惩罚项是 β 的各个分量的绝对值之和，因而也称为绝对值收缩。其最优解 $\hat{\beta}_{lasso}$ 比 OLS 估计量更向原点收缩。

LASSO 最小化问题可等价地写为如下的约束极值问题，见式（9-16）。

$$\min_{\beta}\ (y - X\beta)'(y - X\beta)$$
$$s.t.\ \|\beta\|_1 \leqslant t \qquad \text{式（9-16）}$$

其中，t 为非负的常数。可以发现约束集的形状为菱形或更高维度下的菱状体，由于 LASSO 的约束集为带尖角的菱形，故等值线较容易与约束集相切于坐标轴的位置，导致 LASSO 估计量的某些回归系数为 0，使其可以得到稀疏解。LASSO 的这种特性使得其具备变量筛选的能力。

在实际估计中，如果真实模型是稀疏的，则 LASSO 的效果更优，如果不是稀疏的，则岭回归更好。实际中可以通过交叉验证对模型的估计方法进行选择。

4. 弹性网

LASSO 可以用于筛选变量，但是并非所有情况下 LASSO 都可以满足回归的要求，如当几个变量存在高度相关时，套索估计可能就只选择其中一个了。为此，Zhou 和 Hastie（2005）将岭回归与 LASSO 相结合，提出了弹性网估计量。

在弹性网估计量的损失函数中，同时包含 L_1 与 L_2 惩罚项，见式（9-17）。

$$\min_{\beta} L(\beta) = (y - X\beta)'(y - X\beta) + \lambda_1 \|\beta\|_1 + \lambda_2 \|\beta\|_2^2 \qquad \text{式（9-17）}$$

其中，λ_1、λ_2 是非负的调节参数。由于 λ_1、λ_2 的取值范围均为 $[0, +\infty)$，则不便使用交叉验证计算最优值。为此，我们定义 $\lambda \equiv \lambda_1 + \lambda_2$，$\alpha \equiv \lambda_1/\lambda$，损失函数改写为式（9-18）。

$$\min_{\beta} L(\beta) = (y - X\beta)'(y - X\beta) + \lambda[\alpha \|\beta\|_1 + (1-\alpha)\|\beta\|_2^2] \qquad \text{式（9-18）}$$

其中，$\lambda \geqslant 0$，$0 \leqslant \alpha \leqslant 1$ 均为调节参数。于是可以比较方便地使用交叉验证选择其最优值。当 $\alpha = 1$ 时，模型变为岭回归；若 $\alpha = 0$，则模型退化为 LASSO。当 $0 < \alpha < 1$ 时，弹性网是岭回归与 LASSO 之间的折中。

弹性网的损失函数可等价地写为极值约束问题，见式（9-19）。

$$\min_{\beta} (y - X\beta)'(y - X\beta)$$

$$s.t.\ \alpha\|\beta\|_1 + (1-\alpha)\|\beta\|_2^2 \leqslant t \qquad \text{式（9-19）}$$

显然，约束集 $\alpha\|\beta\|_1 + (1-\alpha)\|\beta\|_2^2 \leqslant t$ 兼具岭回归与 LASSO 的特点。当若干特征变量之间高度相关时，弹性网倾向于将这些变量都选上。

（二）*K* 近邻法

我们采用参数方法进行监督学习，即预先假设了函数的具体形式。接下来我们将采用非参数方法进行监督学习。最简单的非参数方法就是 K 近邻（K Nearest Neighbors）法，即以最近的 K 个邻居进行预测。

1. 回归问题 K 近邻法

首先考虑回归问题，假设响应变量 y 连续，x 为 p 维特征向量，则能够使均方误差最小化的函数为条件期望函数 $E(y|x)$。在理想情况下，对于任意给定的 x，均有很多不同的 y 观测值，则可以对这些 y 进行简单的算术平均。但是，现实中的数据大多数比较稀疏，给定 x 的情况下通常只有很少的 y 观测值，甚至某些 x 不存在对应的 y 值。

一个解决的方法就是在特征空间中，考虑距离 x 最接近的 K 个邻居。记 $N_k(x)$ 为最靠近 x 的 K 个观测值 x_i 的集合。K 近邻估计以离 x 最近的 K 个邻居的 y 观测值的平均值作为预测值，见式（9-20）。

$$\hat{f}_{KNN}(x) \equiv \frac{1}{K}\sum_{x_i \in N_K(x)} y_i \qquad \text{式（9-20）}$$

如果 $K = 1$，则为"最近邻法"，即以离 x 最近邻居的 y 观测值作为预测值。当然，为了找到最近的 K 个邻居，首先需要在特征空间中定义一个距离函数。通常情况下，以欧氏

距离（即 L_2 范数）作为此距离函数，即 $\| x_i - x \|_2$ 。因此，使用 K 近邻法的前提是，所有特征变量均为数值型，否则将无法计算欧氏距离。此外，为了避免极端值的影响，在使用 K 近邻法前，建议将所有变量标准化。

2. 如何确定 K

在使用 K 近邻（KNN）法进行估计时，比较重要的问题是如何确定 K 的取值。在本质上，K 的取值的选择依然是“偏差与方差的权衡”。当 K 取值很小，如 K 取 1 时，此时称为最近邻法，因为仅仅使用最近邻的信息，因此偏差较小；但是由于未将近邻的 y 观测值进行平均，因此方差较大。此时，所估计的回归函数很不规则，可能导致“过拟合”的问题，同时使函数的泛化能力较差。在 K 很大的情况下，由于用到了更远处的邻居的信息，由此导致了模型的偏差很大；同时，由于使用了更多的观测值进行平均，使得方差很小。当 $K = n$ 时，则使用样本均值进行所有预测，出现“欠拟合”，这也使算法的泛化能力下降。

因此，选择合适的 K 可以使模型在偏差与方差之间保持较好的权衡。在实践中，可以使用交叉验证选择最优的 K 。如对于不同的 K 的取值，可以分别计算相应的交叉验证误差，选择交叉验证误差最小的 K 值。

3. 分类问题 K 近邻法

分类问题同样可以使用 K 近邻法。如特征变量 x 为数值型数据，但响应变量 y 为离散数据，仅取有限的值，如 $y \in \{1,2,\cdots,N\}$ ，共分为 N 类。给定 x ，在进行 KNN 估计时，首先确定离 x 最近 K 个邻居的集合 $N_K(x)$ ，然后采用多数票规则，将 $N_K(x)$ 中最常见的类别作为预测。如果 $N_K(x)$ 中存在两个或多个类别数量一样，则可以随机采用一个常见的类别作为预测结果。

对于分类问题的估计，K 的取值同样重要。类似于回归问题，当 K 的取值很小时，则偏差较小时、方差较大，存在过拟合问题，使得模型的泛化能力较差；同样地，当 K 的取值很大时，则偏差很大、方差很小，存在欠拟合问题，整个模型的泛化能力也较差。

4. K 近邻法的优缺点

K 近邻法作为非参数估计，不依赖于具体的函数形式，故较为稳健，且简单易懂。但是，由于 x 在特征空间变动时，其 K 个邻居的集合 $N_K(x)$ 可能会发生不连续的变化，即加入新的邻居、去掉旧的邻居，这就导致 KNN 所估计的回归函数或决策边界不规则。因此，在真实的回归函数或决策边界较为不规则的情况下，KNN 的效果较好。

KNN 算法是一种“懒惰学习”，这是因为 KNN 算法并没有估计真正意义上的模型，而是平时不学习，直到预测的时候才去寻找最临近的邻居，导致预测较慢，故不适用于需要实时预测的场景。

KNN 算法要求样本容量 n 远大于特征向量的维度 p ，对于高维空间而言，KNN 算法可能很难找到邻居，即遇到“维度灾难”，此时的 KNN 算法预测效果较差。

此外，KNN 算法对于“噪声变量”并不稳健。若特征向量 x_i 中包含对 y_i 毫无意义的噪声时，KNN 算法在计算观测值之间的欧氏距离时并不会区分噪声变量，导致了估计效率的下降。

（三）决策树

上文介绍的 K 近邻法是一种简便的非参数算法。但是，KNN 算法在寻找邻居时，并未考虑到响应变量 y 的信息，由此导致 KNN 算法对噪声变量并不稳健。决策树本质上也是一种近邻方法，可以看作是“自适应的近邻法”。由于决策树在进行节点分裂时考虑了 y 的信息，故决策树不受噪声变量的影响，适用于高维数据。

将决策树算法应用于分类问题，则称为分类树。如果将决策树用于回归问题，则成为回归树。

1. 二叉树的数学本质

本质上，二叉树将“特征空间”进行递归分割（Recursive Partitioning），每次总是沿着与某个特征变量 x_j 轴平行的方向进行切割（Axis - parallel Splits），切成“矩形”（Rectangle）或者“超矩形”（Hyper - rectangle）区域，即所谓的“箱体”。因此，分类树是一种通过分割特征空间进行分类的分类器（Classification as Partition）。

假设只有两个特征变量 (x_1, x_2)，则递归分裂的一种可能结果：首先根据是否 $x_1 \leqslant t_1$ 进行分裂，然后根据是否 $x_2 \leqslant t_2$ 进行分割，得到终节点 R_1 与 R_2。接着，根据是否 $x_1 \leqslant t_3$ 进行分裂，得到终节点 R_3。最后，根据是否 $x_2 \leqslant t_4$ 进行分割，得到终节点 R_4 与 R_5。

2. 分类树的分裂准则

对于 CART 算法的二叉树，在每个节点进行分裂时，需要选择分裂变量、分裂变量的临界值进行分裂。对于分类树，一般希望在节点分裂后，其两个子节点内部的纯度最高，即分裂之后，数据的“不纯度”应当是最低的。

我们假设响应变量 y 共分为 K 类，取值为 $y \in \{1, \cdots, K\}$。在节点（Node）t，记 y 不同取值的相应概率为 $p_1, p_2, \cdots, p_K$，其中，$p_K \geqslant 0$，且 $\sum_{k=1}^{K} p_K = 1$。我们希望定义一个节点不纯度函数（Node Impurity Function）$\varphi(p_1, p_2, \cdots, p_K) \geqslant 0$ 作为分裂准则，节点不纯度函数应当具备以下性质：

（1）当 $p_1 = p_2 = \cdots = p_K = \frac{1}{K}$ 时，$\varphi(p_1, p_2, \cdots, p_K)$ 达到最大值，不纯度最高；

（2）当 $(p_1, p_2, \cdots, p_K)$ 中有且仅有一个为 1、其余为 0 时，$\varphi(p_1, p_2, \cdots, p_K)$ 为 0，即不纯度最小；

（3）$\varphi(p_1, p_2, \cdots, p_K)$ 关于自变量 $(p_1, p_2, \cdots, p_K)$ 是对称的。

显然，不止一种函数满足上述性质。通常情况下，我们选择错分率函数作为不纯度函数，见式（9 - 21）。

$$Err(p_1, p_2, \cdots, p_K) \equiv 1 - max\{p_1, p_2, \cdots, p_K\} \qquad \text{式（9 - 21）}$$

其中，$max\{p_1, p_2, \cdots, p_K\}$ 为最多的类别发生的频率，$1 - max\{p_1, p_2, \cdots, p_K\}$ 为以最多类别预测时候的错分率。

当多分类问题简化为二分类问题时，错分率函数简化为式（9 - 22）。

$$Err(p_1,p_2) \equiv 1 - max\{p_1,p_2\}\begin{cases} p_1, 0 \leqslant p_1 < 0.5 \\ 1 - p_1, 0.5 \leqslant p_1 \leqslant 1 \end{cases} \quad \text{式 (9-22)}$$

即将错分率看作 p_1 的函数，则错分率在 $p_1 = 0.5$ 处达到最大值0.5，向两侧递减。由此我们可以发现，分段函数的错分率函数对不纯度的度量并不敏感，在实践中，常用的不纯度函数为基尼指数与信息熵。

基尼指数度量的是从概率分布 $(p_1,p_2,\cdots,p_K)$ 中随机抽取两个观测值，则这两个观测值不一致的概率见式（9-23）：

$$Gini(p_1,p_2,\cdots,p_K) = \sum_{k=1}^{K} p_k(1-p_k) = \sum_{k=1}^{K} p_k - \sum_{k=1}^{K} p_k^2 = 1 - \sum_{k=1}^{K} p_k^2 \quad \text{式 (9-23)}$$

其中，$\sum_{k=1}^{K} p_k^2$ 是随机抽取的两个观测值的类别相同的概率。对于二分类问题，基尼指数简化为式（9-24）。

$$Gini(p_1,p_2) = 1 - P_1^2 - (1-P_1)^2 = 2P_1(1-P_1) \quad \text{式 (9-24)}$$

其中，$P_1(1-P_1)$ 可以看作是两点分布的方差。

信息熵起源于信息理论，一个随机事件的发生，其信息量似乎与它发生的概率成反比。直观上，信息度量的是"吃惊程度"，假设有人告诉你"明天太阳会升起"，则此信息毫无价值，因为这是必然事件；倘若有人告诉你"明天会下雨"，那么这个消息就有一定的信息量了，因为下雨是有概率发生的；倘若有人说"明天会地震"，这个消息的信息量就很大了，因为地震发生的概率很小。

记随机事件" $y = k$ "发生的概率为 p_k，首先根据上面的小案例，我们可以假设这个随机事件发生的信息量为 $\frac{1}{p_k}$。但是，我们也希望当事件为必然事件时，信息量为0，因此，更合理的选择是取对数，即随机事件发生的信息量为 $\log_2(1/p_k)$。将随机事件" $y = k$ "发生的概率作为权重，计算 y 取得所有取值的期望信息量，则得到了信息熵，见式（9-26）。

$$Entropy(p_1,p_2,\cdots,p_K) \equiv E[\log_2(1/p_k)] = -\sum_{k=1}^{K} p_k \log_2 p_k \quad \text{式 (9-25)}$$

此时，$\log_2(\cdot)$ 为以2为底的对数，其单位为比特。当 $p_k = 0$ 时，我们定义 $0 \cdot \log_2 0 \equiv 0$（洛必达法则）。上述定义中也可以使用自然对数，此时单位变为奈特。但是两种方法没有本质上的区别。

对于二分类问题，信息熵的定义简化为式（9-26）。

$$Entropy(p_1,p_2) = -p_1\log_2 p_1 - (1-p_1)\log_2(1-p_1) \quad \text{式 (9-26)}$$

选定分裂准则后，在进行节点分裂时要寻找每个特征变量的最优临界值，选择可以使节点的不纯度下降最多的变量作为分裂变量。

3. 修枝

在训练决策树模型时，如果不停地进行分裂，会使每个叶节点最终只有一个观测值或多个相同的观测值，此时模型的训练误差为0，导致过拟合的问题，模型的泛化能力下降。

因此，我们需要选择一个合适的深度，决定在何时停止节点分裂。

我们自然会想到，确定何时停止分裂是比较困难的，因为在某个节点进行分裂时，即使节点不纯度函数下降很少，但在之后的节点分裂中，不纯度函数依然可能大幅下降。因此，在实际操作中，我们一般先让树进行不受限制的分裂，得到最大的树，记为 T_{max} ，再进行“修枝”以得到一个子树。对于任意子树 $T \subseteq T_{max}$ ，定义其“复杂性”为子树 T 的终节点数目，记为 $|T|$ 。为了避免过拟合，不希望决策树过于复杂，故惩罚其规模 $|T|$,见式（9-27）。

$$\min_{T} R(t) + \lambda \cdot |T| \qquad 式（9-27）$$

其中，$R(t)$ 为损失函数，λ 为非负的调节参数，也称为成本复杂性参数，控制对决策树规模 $|T|$ 的惩罚力度，其取值可以通过交叉验证确定。这种修枝方法称为成本复杂性修枝，即在成本与复杂性之间进行最优的权衡。

进一步地，我们假设损失函数为 0～1 损失函数，即在训练样本中，预测正确时损失为 0，预测错误时损失为 1。将成本损失函数代入表达式，得到式（9-28）。

$$\min_{T} \sum_{m=1}^{|T|} \sum_{x_i \in R_m} I(y_i \neq \widehat{y}_{R_m}) + \lambda |T| \qquad 式（9-28）$$

其中，R_m 为第 m 个终节点，$\widehat{y}_{R_m}$ 为该节点的预测值（取该终节点观测值的众数），而 $I(y_i \neq \widehat{y}_{R_m})$ 为示性函数，$\sum_{x_i \in R_m} I(y_i \neq \widehat{y}_{R_m})$ 表示在第 m 个终节点的损失，然后对所有终节点进行加总。当 $\lambda = 0$ 时，则不存在惩罚项 $\lambda|T|$ ，则会选择最大的树 T_{max} ，训练误差为 0，导致了过拟合。当 λ 增大时，我们会得到一个相互嵌套的子树序列，从中可以选出最优的子树。

4. 回归树

决策树应用于回归问题时称为回归树。回归问题的响应变量 y 为连续变量。故对于回归树，可以使用“最小化残差平方和”作为节点分类的准则，在进行节点分裂时，我们希望分裂后残差平方和下降最多，即两个子节点的残差平方和之总和最小。

同样地，为了避免过拟合问题，也需要使用惩罚项进行修枝，最小化目标函数为式（9-29）。

$$\min_{T} \sum_{m=1}^{|T|} \sum_{x_i \in R_m} I(y_i \neq \widehat{y}_{R_m})^2 + \lambda |T| \qquad 式（9-29）$$

同样地，R_m 为第 m 个终节点，$\widehat{y}_{R_m}$ 为该节点的预测值（取该终节点观测值的众数），$\sum_{x_i \in R_m} I(y_i \neq \widehat{y}_{R_m})^2$ 表示在第 m 个终节点的残差平方和，对所有终节点进行加总，得到成本 $R(T)$ 。

5. 特征重要性

决策树是一种非参数估计方法，并不存在回归系数，因此，决策树的特征重要性是指每个特征（或属性）对模型准确性的贡献程度。在决策树中，理解变量重要性对于选择最相关的特征、提高模型性能非常重要。

通常情况下，通过计算基尼不纯度或平均减少不纯度可以确定特征重要性。前者通过计算特征划分前后的基尼指数差值来确定特征的重要性。基尼指数减少量越大，特征对分类任务的贡献越大；后者则对应于决策树算法中的 CART 算法。它通过计算每个特征在决策树中被用作分裂标准的次数和该特征分裂所带来的平均减少不纯度来评估特征的重要程度。在实际应用中，根据具体情况和数据集的特点，可以选择适合的方法来评估特征的重要性。例如，在 scikit - learn 的决策树算法中，feature_importances_属性返回的是特征的重要性，这个重要性是根据特征在决策树中被用来分割后带来的增益总和进行计算的。而在 XGBoost 和 LightGBM 等基于决策树的算法中，特征重要性的计算也与模型超参数的设置有关，例如，可以选择基于分裂次数或基于增益来计算特征重要性。

6. 决策树的优缺点

决策树与 KNN 算法都采取分割的策略，将特征空间分割为若干区域，利用近邻进行预测。但是，KNN 算法在进行划分时，不会考虑响应变量 y 的信息，在高维度空间会遇到维度灾难，且容易受到噪声的影响。而决策树在进行特征空间分割时，会考虑到响应变量 y 的信息，且每次仅使用一个变量作为分裂变量。故决策树适用于高维空间，不容易受到噪声变量的影响。

但是，决策树在进行递归分裂时，仅考虑“超矩形”区域。如果真实的决策边界与此相去甚远，那么决策树也会导致较大的误差。基于决策树的集成学习可以较好地应对这个问题，我们将在后面的章节进行阐述。

（四）随机森林

随机森林属于集成学习算法。集成学习也称为组合学习，是指将多个机器学习模型结合起来，以提高单个模型的性能或稳健性的方法。集成学习的基本问题是，如果有一些预测效果一般的弱学习器，能否以某种方式将它们组合起来，构成一个预测效果优良的强学习器。

1. 装袋法

装袋法（Bagging），全称为 Bootstrap Aggregating，是机器学习领域的一种集成学习算法，用于提高分类和回归算法的准确率和稳定性，同时降低结果的方差，避免过拟合的发生。

装袋法的基本思想是通过结合几个模型降低泛化误差。主要步骤包括：给定一个训练集，装袋算法会从中均匀、有放回地选出多个子集，然后在每个子集上使用分类或回归算法，得到多个模型。最后，通过取平均值或进行多数投票等方法，得到最终的预测结果。

装袋法的具体步骤如下：

（1）对训练数据进行有放回的再抽样，得到 B 个自助样本，其中第 b 个自助样本可以写为式（9－30）。

$$\{x_i^{*b},y_i^{*b}\}_{i=1}^{n},b = 1,\cdots,B \qquad \text{式（9－30）}$$

式（9－30）中，“$*$”表示自助样本。每个自助样本的容量均为 n 。

（2）根据自助样本 $\{x_i^{*b}, y_i^{*b}\}_{b=1}^{B}$ 估计 B 棵不同的决策树，不进行修枝。其预测结果见式（9－31）：

$$\{\hat{f}^{*b}(x)\}, b = 1, \cdots, B \quad \text{式（9－31）}$$

（3）对于回归树，将 B 棵决策树的预测结果进行平均，我们有式（9－32）。

$$\hat{f}_{bag(x)} = \frac{1}{B}\sum_{b=1}^{B} \widehat{y}^{*b}(x) \quad \text{式（9－32）}$$

对于分类树，则对 B 棵决策树的预测结果进行多数投票，得票最多的类别胜出，见式（9－33）。

$$\hat{f}_{bag(x)} = \underset{y\in\{1,\cdots,K\}}{\operatorname{argmax}} \sum_{b=1}^{B} I[y = \widehat{y}^{*b}(x)] \quad \text{式（9－33）}$$

其中，我们假设 $y \in \{1,\cdots,K\}$ ，共分为 K 类。$I(\cdot)$ 为示性函数，用以判断是否 $y = \widehat{y}^{*b}(x)$ ；若是，则为 1，否则为 0。通过多数投票，将许多弱分类器进行组合，即装袋法将许多自助样本的估计结果进行汇总。

2. 装袋法的原理

Bagging 将很多决策树进行平均，由此降低了估计量的方差，从而提高了模型的预测准确率。此外，由于装袋法并不修枝，由此降低了每棵决策树的偏差。因此，在一定条件下，装袋法可以同时降低偏差与方差，减小均方误差或总误差。

3. 袋外误差

Bagging 提供了估计测试误差的简便方法，可以不用测试集或交叉验证。由于进行有放回的再抽样，每棵树都有些观测值未使用，这些观测值称为袋外观测值（OOB），可以作为测试集。

具体而言，对于任意观测值 x_i ，它未出现于大约 $B/3$ 的决策树中，故对于这些决策树而言是 OOB 观测值。将这些决策树的预测结果进行平均或多数投票，记为对第 i 个观测值的袋外预测值为 $\widehat{y}_{i,OOB}$ ，得到对所有观测值的袋外预测值 $\widehat{y}_{i,OOB}{}_{i=1}^{n}$ 。将袋外预测值 $\widehat{y}_{i,OOB}$ 与实际观测值 y_i 相比较，得到袋外误差。对于回归问题，袋外误差称为袋外均方误差（OBB MSE），见式（9－34）。

$$MSE_{OOB} \equiv \frac{1}{n}\sum_{i=1}^{n} (\widehat{y}_{i,OOB} - y_i)^2 \quad \text{式（9－34）}$$

对于分类问题，袋外误差则为袋外错误率，见式（9－35）。

$$Err_{OBB} \equiv \frac{1}{n} I(\widehat{y}_{i,OOB} \neq y_i) \quad \text{式（9－35）}$$

当自助样本的数目 B 足够大时，则袋外误差与“留一交叉验证误差”几乎等价。对于样本容量很大或变量很多的大数据，尤其方便使用袋外误差作为对测试误差的估计。对于回归问题，还可以根据 OOB 均方误差计算准 R^2 ，即在响应变量 y 的样本方差中，有多大比例可由模型解释，见式（9－36）。

$$PseudoR^2 \equiv \frac{Var(y) - MSE_{OOB}}{Var(y)} = 1 - \frac{MSE_{OOB}}{Var(y)} \quad \text{式（9－36）}$$

其中，$Var(y)$ 是 y 的样本方差。

4. 随机森林

Bagging 将决策树进行平均，故可以降低估计量的方差，例如，假设随机变量 $\{z_1, z_2, \cdots, z_n\}$ 为独立同分布，而方差为 σ^2，则样本均值 $\bar{z} = \frac{1}{n}\sum_{i=1}^{n} z_i$ 的方差可以缩小 n 倍，见式（9－37）。

$$Var(\bar{z}) = Var\left(\frac{1}{n}\sum_{i=1}^{n} z_i\right) = \frac{1}{n^2}\sum_{i=1}^{n} Var(z_i) = \frac{\sigma^2}{n} \qquad 式（9-37）$$

但是，当 $\{z_1, z_2, \cdots, z_n\}$ 之间相关时，样本均值的方差一般不会缩小 n 倍。显然，在使用装袋法的过程中，由于所用的算法完全相同，而每棵决策树所用的自助样本均来自相同的原始数据，因而存在比较高的相关性。

解决这一问题的有效途径就是降低决策树之间的相关性，于是随机森林方法被提出。即在 Bagging 的基础上，在决策树的每个节点进行分裂时，仅随机选择部分变量作为候选的分裂变量。比如，在一个节点随机选择 m 个变量作为候选的分裂变量，而在下一个节点再次随机选 m 个变量作为候选的分裂变量，每次选择的变量可能并不相同。以此类推，然后对随机森林中的每棵决策树都如此操作。一般而言，对回归树选取 $m = p/3$，对于决策树，一般选取 $m = \sqrt{p}$，p 为特征变量的个数。

这个过程被称为随机特征选择，通过随机特征选择，可以降低决策树之间的相关性。随机特征选择又称为列子抽样。随机森林作预测的方式与装袋法相同，也是对所有的决策树的预测结果进行平均或多数投票。

5. 特征重要性

随机森林在每次节点分裂时只使用一个变量，故容易区分每个变量的贡献，考察这个分裂变量使残差平方和或基尼系数下降的幅度。具体而言，对于每个变量，在决策森林的每棵决策树，可以度量该变量所导致的分裂准则函数的下降幅度，针对这个下降幅度进行平均，由此得到该变量重要性的度量。将每个特征变量的重要性依次画图，得到特征重要性图。

6. 偏依赖图

有的时候我们会关注特征变量对响应变量的边际效应，但是在非参数估计中，函数并没有具体的形式。为了不失一般性，我们假设第一个特征变量 x_1 对 y 的边际效应见式(9－38)：

$$\frac{\partial y}{\partial x_1} = \frac{\partial f(x_1, x_2, \cdots, x_p)}{\partial x_1} \qquad 式（9-38）$$

其中，边际效应 $\partial y/\partial x_1$ 依赖于其他变量 $(x_2, x_3, \cdots, x_p)$ 的取值，一般不会是常数。为此，考虑在函数 $y = f(x_1, x_2, \cdots, x_p)$ 中，将其他变量 $(x_2, x_3, \cdots, x_p)$ 的影响通过积分消除，因此所得结果只是 x_1 的函数。一般情况下，$f(\cdot)$ 不存在解析式，通常使用统计学方法进行估计，以样本均值替代总体均值，见式（9－39）。

$$\widehat{\phi}(x_1) \equiv \frac{1}{n}\sum_{i=1}^{n} f(x_1, x_{i2}, x_{i3}, \cdots, x_{ip}) \qquad 式（9-39）$$

其中，任意给定 x_1，均可计算得到 $\widehat{\phi}(x_1)$，并绘制 $[x_1, \widehat{\phi}(x_1)]$ 的图像，称为偏依赖图。

（五）提升法

集成学习的基本思想是：使用多个模型进行估计以获得更好的效果。但是，如果这些模型的优缺点完全相同，那么集成学习则不能起到很好的效果。随机森林的策略为尽量使决策树之间不相关，那么，我们自然而然地可以想到，是否可以主动选择不同的模型呢？这就是提升法的主要思想。随机森林中，每个决策树的作用完全对称，可以随意变换决策树的位置。而在提升法中，每个决策树的作用各不相同，这些依次而种的决策树之间的相对位置不能随意变动，因此，提升法是一种“序贯集成法”。

1. 自适应提升法

最早的提升法是自适应提升法，但仅适用于分类问题。对于分类问题，考虑依次种 M 棵树 $G_1(x), \cdots, G_M(x)$。随机森林使用自主样本，故可以计算袋外误差，但提升法基于原始样本，一般无法计算袋外误差，但是可以使用不同的观测值权重。对于在第 m 棵树中的错误分类的观测值，则在之后的第 $m+1$ 次中加大其权重，并以此类推，常用的加大错分观测值权重的方法如下：

（1）权重更新。在定义基尼系数或信息熵的不纯度函数，以及在计算终节点的预测值时，均考虑不同观测值的权重。

（2）再抽样。在种每棵决策树时，都使用从“加权的分布”中再抽样得到的数据，前提条件是标准化每轮权重。

假设训练数据为 $\{x_i, y_i\}_{i=1}^{n}$。首先考虑二分类问题的 AdaBoost 算法，响应变量 $y \in \{1, -1\}$。其中，$y=1$ 表示正例，$y=-1$ 表示反例。

二分类问题的 AdaBoost 算法可以按照如下步骤进行：

①初始化每个观测值的权重 $w_i = 1/n, i = 1, 2, \cdots, n$。

②对于决策树 $m = 1, 2, \cdots, M$，进行以下操作：

第一，使用观测值 i 的当前权重 w_i 估计第 m 棵决策树 $G_m(x)$；

第二，根据当前的权重，计算第 m 棵决策树的错分率 err_m，见式（9-40）。

$$err_m \equiv \frac{\sum_{i=1}^{n} w_i I[y_i \neq G_m(x_i)]}{\sum_{i=1}^{n} w_i} \qquad 式（9-40）$$

其中，分母为所有观测值的权重之和，分子为错分观测值的权重之和。

第三，计算所有正确分类的对数几率 α_m，具体的定义见式（9-41）。

$$\alpha_m \equiv \ln\left(\frac{1-err_m}{err_m}\right) \qquad 式（9-41）$$

第四，更新观测值的权重，见式（9－42）。

$$w_i \leftarrow w_i \times exp\{\alpha_m \times I[y_i \neq G_m(x_i)]\}$$ 式（9－42）

第五，将所有权重标准化，见式（9－43）。

$$w_i \leftarrow \frac{w_i}{\sum_{j=1}^{n} w_j}$$ 式（9－43）

③以对数几率 α_m 为权重，将决策树的预测结果 $G_m(x)$ 以加权多数投票的方式组合在一起，输出最终预测结果，见式（9－44）。

$$G(x) = sign[\sum_{m=1}^{M} \alpha_m G_m(x)]$$ 式（9－44）

在 AdaBoost 算法的第二部中，为了方便起见，我们假设弱分类器的错分率比我们随机猜测要更低，则 $\frac{1 - err_m}{err_m} > 1$，则有 $\alpha_m = \ln(\frac{1 - err_m}{err_m}) > 0$，权重公式可改写为式(9－45)。

$$w_i \leftarrow w_i \times exp\{\alpha_m \times I[y_i \neq G_m(x_i)]\} = \begin{cases} w_i\left(\frac{1 - err_m}{err_m}\right), x < 0 \\ w_i, x \geqslant 0 \end{cases}$$ 式（9－45）

由式（9－45）可知，分类错误的观测值权重增加了 $\frac{1 - err_m}{err_m}$ 倍，正确分类的观测值权重不变。若某观测值一直被错误地分类，则其权重会不断被强化，表明算法希望将它正确分类。

2. 自适应提升法的统计解释

AdaBoost 算法可等价地视为向前分段加法模型，并使用指数损失函数。对于二分类问题的 AdaBoost 算法，可将最终表达式 $G(x) = sign[\sum_{m=1}^{M} \alpha_m G_m(x)]$ 中的每一项 $G_m(x) \in \{-1,1\}$ 视为基函数，类似于泰勒展开，考虑将函数 $f(x)$ 做“基函数展开”，由此得到加法模型，见式（9－46）。

$$f(x) = \sum_{m=1}^{M} \beta_m G(x;\gamma_m)$$ 式（9－46）

其中，β_m 为展开系数，$G(x;\gamma_m)$ 为基函数，γ_m 为参数向量。为了估计展开系数与基函数参数，可最小化以下目标函数，见式（9－47）。

$$\min_{\{\beta_m,\gamma_m\}} \sum_{i=1}^{n} L[y_i, \sum_{m=1}^{M} \beta_m G(x_i;\gamma_m)]$$ 式（9－47）

其中，$L(\cdot)$ 为损失函数。显然，基函数并没有解析表达式，直接求解非常困难，因此，我们采用前向分段法：

（1）初始化 $f(x)$ 为 0 函数，即 $f_0(x) = 0$；

（2）对于基函数 $m = 1,2,\cdots,M$，进行以下循环：

①求解最小化问题，见式（9－48）。

$$(\beta_m,\gamma_m) = \underset{\{\beta,\gamma\}}{\text{argmin}} \sum_{i=1}^{n} L[y_i, f_{m-1}(x_i) + \beta G(x_i;\gamma)]$$ 式（9－48）

②更新加法模型等式，见式（9－49）。

$$f(x) = f_{m-1}(x) + \beta_m G(x;\gamma_m) \quad \text{式（9－49）}$$

二分类问题的 AdaBoost 算法等价于使用指数损失函数的前向分段加法模型。由于篇幅受限，本章不再赘述。

3. 回归问题的提升法

AdaBoost 算法使用指数损失函数，那么，在向前分段加法模型中，可以使用其他损失函数，以得到不同的算法。对于回归问题，常见的作法是使用“误差平方”的损失函数，见式（9－50）。

$$L[y,f(x)] = [y - f(x)]^2 \quad \text{式（9－50）}$$

将向前分段的加法模型代入损失函数中，得到式（9－51）。

$$\begin{aligned}&\min_{\beta,G} L[y_i, f_{m-1}(x_i) + \beta \cdot G(x_i;\gamma)]\\&= [y_i - f_{m-1}(x_i) - \beta \cdot G(x_i;\gamma)]^2\\&= [r_i^{(m)} - \beta \cdot G(x_i;\gamma)]^2\end{aligned} \quad \text{式（9－51）}$$

其中，$r_i^{(m)} \equiv y_i - f_{m-1}(x_i)$ 为当前阶段模型的回归残差，只要当前残差为响应变量，我们只需要对特征向量 x_i 进行回归。这就是回归问题的提升法。

在进行“回归”时，可以使用线性回归，也可以使用回归树进行“回归”。当使用回归树时，涉及一些需要考虑的参数，这些参数被称为“超参数”。

（1）决策树的数量 M，当 M 过大时，也可能会产生过拟合问题，一般可以通过交叉验证来进行选择；

（2）决策树的分裂次数 d，又称为交互深度。当 $d = 1$ 时，决策树仅分裂一次，$d = 2$ 时分裂两次，依次类推。分裂次数越多，则可以考察到越多变量之间的交互效应。通常选择分裂次数为 4 次至 8 次。

（3）学习率 η，$0 < \eta < 1$。一般选择 $\eta = 0.1$ 或 0.01。用以降低学习速度，并使用更多的决策树来拟合函数。

4. 梯度提升法

AdaBoost 算法推广到更为一般的梯度提升法，简称为 GBM。其创新之处在于提出了以非参数方法估计基函数，并在“函数空间”内使用“梯度下降”求近似解。梯度提升法的算法如下：

（1）初始化 $F_0(x) = arg \min_{c \in R} \sum_{i=1}^{n} L(y_i, c)$，$F_0(x)$ 为最优的常值函数；

（2）对于基准函数 $m = 1, \cdots, M$，进行 for 循环：

①计算准残差，见式（9－52）。

$$r_i^{(m)} = -\left\{\frac{\partial L[y_i, F(x_i)]}{\partial F(x_i)}\right\}F(x) = F_{m-1}(x) \quad \text{式（9－52）}$$

②使用准残差对 x 进行回归，见式（9－53）。

$$a_m = \min_{a,\beta} \sum_{i=1}^{n} [r_i^{(m)} - \beta h(x_i;a)]^2 \quad \text{式（9－53）}$$

③计算最优步长，见式（9-54）。

$$\rho_m = \min_{\rho} \sum_{i=1}^{n} L[y_i, F_{m-1}(x_i) + \rho h(x_i; a_m)] \quad \text{式（9-54）}$$

④更新函数，见式（9-55）。

$$F_m(x) = F_{m-1}(x) + \rho h(x; a_m) \quad \text{式（9-55）}$$

（3）最后，输出结果 $F_M(x)$。

5. 随机梯度提升

在梯度提升法的基础上，进一步有随机梯度提升。随机梯度提升在每次迭代中，不是使用全部的训练数据来构建基学习器（通常是决策树），而是从训练集中随机抽取一部分样本（称为一个子集）来训练。这种方法可以减少过拟合的风险，因为每次迭代都是基于数据的一个随机子集进行的，从而使模型更加泛化。除了样本的随机抽取，随机梯度提升还可以在构建每棵树时随机选择一部分特征。这意味着每棵树都是在随机选择的特征子集上训练的，这进一步增加了模型的泛化能力，并减少了训练时间。通过引入随机性，模型能够更好地泛化到未见过的数据上。由于每次迭代只使用部分样本和特征，因此训练速度可以得到提升。随机性有助于模型避免对特定数据点或特征的过度依赖。随机梯度提升的一个著名实现是随机梯度提升决策树（Stochastic Gradient Boosting Decision Tree，SGBDT），它是在传统梯度提升决策树（Gradient Boosting Decision Tree，GBDT）的基础上加入了随机性。随机梯度提升算法在许多机器学习任务中都表现出色，尤其是在处理大规模数据集时。

6. XGBoost 算法

XGBoost（eXtreme Gradient Boosting）是一种高效的梯度提升决策树（Gradient Boosting Decision Tree，GBDT）实现，读者在处理样本容量较大的数据时，可以使用陈天奇教授团队开发的 Python 模块 xgboost。它是一种用于分类、回归以及其他机器学习任务的优化分布式梯度提升库。xgboost 算法依然使梯度提升，但是在具体算法上进行了改进。包括使用牛顿法计算下降方向、改进决策树的算法等。

（六）支持向量机

支持向量机（Support Vector Machine，SVM）的基本思想是：通过寻找最优的分离超平面，将两类数据分离开。SVM 特别适用于变量很多的数据，因为在高维空间，数据被“打散”，故更容易用超平面进行分离。SVM 在变量较多的数据中有很多的成功应用，如文本分析与图像识别。

1. 分离超平面

考虑以下两类数据，以实心点与空心点所代表的连累数据，可以使用一条直线分离，在三维空间中（有 3 个特征变量），则可以使用一个平面进行分离。更一般地，推广到高维空间，则可以由一个“超平面”分离，称为分离超平面。

假设有 p 个特征变量，则分离超平面 L 的方程可以写为式（9-56）。

$$\beta_0 + \beta_1 x_1 + \cdots + \beta_p x_p = \beta_0 + \beta' x = 0 \quad \text{式（9-56）}$$

显然，此分离超平面 L 将 p 维特征空间一分为二。根据判断 $\beta_0+\beta'x$ 与 0 的关系，判断样本落在超平面的哪一侧。

如果两类数据之间存在超平面，则称数据为线性可分。在线性可分的情况下，分离超平面一般并不唯一，最大间隔分离器可以用于解决这一问题。

2. 最大间隔分类器

针对分离超平面并不唯一的问题，一种做法使分离超平面距离两类数据足够的远。具体来说，就是两类数据之间存在一条“隔离带”，“隔离带”的宽度越宽越好，这就是俗称的“最宽街道法”，即“最大间隔分类器”。

对于训练集 $\{x_i, y_i\}_{i=1}^n$，考虑二分类问题，记响应变量为 $y_i \in \{-1, 1\}$。称 $y_i = 1$ 的一类数据为正例；称 $y_i = -1$ 的一类数据为反例。

希望用分离超平面分离这两类数据，即找到一个函数 $f(x) = \beta_0 + \beta'x$，若 $f(x) > 0$，则预测 $\widehat{y} = 1$；反之，若 $f(x) < 0$，则预测 $\widehat{y} = -1$。记分离超平面为 $L \equiv x: f(x) = 0$，则超平面 L 的方程见式（9－57）。

$$f(x) \equiv \beta_0 + \beta'x = 0 \qquad \text{式（9－57）}$$

其中，β 为垂直于此超平面的法向量。这是因为任意给定在超平面 L 上的两点 x 与 $\tilde{x}$，则向量（$x-\tilde{x}$）也在此超平面上，且与 β 正交，见式（9－58）。

$$\beta_0 + \beta'x = 0,\ \beta_0 + \beta'\tilde{x} = 0 \Rightarrow \beta'(x - \tilde{x}) = 0 \qquad \text{式（9－58）}$$

式（9－58）的左边两式相减，即得右边。记法向量 β 与超平面 L 的交点为 x_0，则从观测值 x_i 到超平面 L 的最短（垂直）距离见式（9－59）。

$$\begin{aligned} d(x_i, L) &= \| x_i - x_0 \| \cos\theta \\ &= \| x_i - x_0 \| \frac{\beta'(x_i - x_0)}{\| x_i - x_0 \| \ \| \beta \|} \\ &= \frac{\beta'(x_i - x_0)}{\| \beta \|} \\ &= \frac{\beta' x_i - \beta' x_0}{\| \beta \|} \end{aligned} \qquad \text{式（9－59）}$$

从中不难看出，函数 $d(x_i, L)$ 可正可负，它的符号取决于 x_i 在超平面的哪一侧，称为“距离符号”，由于 x_0 在超平面上，因此有 $\beta_0 = -\beta'x$，代入式（9－59），有式（9－60）。

$$d(x_i, L) = \frac{\beta_0 + \beta'x}{\| \beta \|} = \frac{f(x_i)}{\| \beta \|} \qquad \text{式（9－60）}$$

假设超平面 L 可以将两类数据完全分离，即所谓“分离超平面”，则对于所有“$y_i = 1$”的正例，都有 $f(x_i) > 0$；对于所有“$y_i = -1$”的反例，都有 $f(x_i) < 0$。因此，分离超平面就是决策边界。由此，分离规则见式（9－61）。

$$\widehat{y} = sign\{\beta_0 + \beta'x\} \qquad \text{式（9－61）}$$

其中，$sign(\cdot)$ 为符号函数，具体定义见式（9－62）。

$$sign[f(x)] = \begin{cases} 1, & f(x) > 0 \\ -1, & f(x) < 0 \end{cases} \qquad \text{式（9－62）}$$

在所有样本点中，到分离超平面 L 的最小距离的两倍称为间隔。有三个样本点落在间隔上，其中一个为正例、两个为反例。显然，在这个案例中，这三个样本点（向量）完全决定了最优分离超平面与最大间隔，因而，这三个样本点也被称为支持向量。

称正例支持向量所处的间隔为正间隔，记为 L^+，称反例支持向量所处的间隔称为负间隔，记为 L^-。不失一般性，由于 $f(x) = \beta_0 + \beta'x$ 为线性函数，则可以通过线性变换，使得对于所有在正间隔 L^+ 的样本点，都有 $f(x_i) = 1$，对于所有在负间隔 L^- 的样本点，都有 $f(x_i) = -1$。

考虑正间隔 L^+ 上的某样本点 x^*，x^* 到分离超平面 L 的距离的两倍，即为正间隔 L^+ 与负间隔 L^- 之间的最大间隔，见式（9－63）。

$$2d(x^*, L) = 2\frac{f(x^*)}{\|\beta\|} = \frac{2}{\|\beta\|} \qquad \text{式（9－63）}$$

式（9－63）就是我们需要的最大化函数，其中，因为 x^* 处于正间隔，故 $f(x^*) = 1$。约束条件为所有样本点都能正确分类。在所有样本点都正确分类的情况下，对于所有正例，都有 $f(x_i) \geqslant 1$，对于所有反例，都有 $f(x_i) \leqslant -1$，因此，$y_i f(x_i) \geqslant 1$ 总是成立。由此，求解最大间隔的约束极值问题见式（9－64）。

$$\max_{\beta,\beta_0} \frac{2}{\|\beta\|}$$

$$s.t.\ y_i f(x_i) \geqslant 1,\ i = 1,\cdots,n \qquad \text{式（9－64）}$$

根据上述问题所得到的分类器，就称为最大间隔分类器。在训练集中的间隔越大，则我们就可以期待它在测试集中的间隔也越大，模型的训练效果就更好。求解上述问题，发现最大化 $\frac{2}{\|\beta\|}$ 等价于最小化 $\|\beta\|$，最小化 $\frac{1}{2}\|\beta\|^2 = \frac{1}{2}\beta'\beta$。将 $f(x_i) = \beta_0 + \beta'x_i$ 代入约束条件，则最优化问题可写为式（9－65）。

$$\min_{\beta,\beta_0} \frac{1}{2}\beta'\beta$$

$$s.t.\ y_i(\beta_0 + \beta'x_i) \geqslant 1,\ i = 1,\cdots,n \qquad \text{式（9－65）}$$

我们发现上述改写的最优化问题中，$\frac{1}{2}\beta'\beta = \frac{1}{2}(\beta_1^2 + \beta_2^2 + \cdots + \beta_n^2)$ 为二次型，而约束问题则是一个线性不等式。使用拉格朗日函数求解这个最优化问题，见式（9－66）。

$$\min_{\beta,\beta_0,\alpha} L_p(\beta,\beta_0,\alpha) = \frac{1}{2}\beta'\beta - \sum_{i=1}^{n}\alpha_i[y_i(\beta_0 + \beta'x_i) - 1]$$

$$= \frac{1}{2}\beta'\beta - \beta_0\sum_{i=1}^{n}\alpha_i y_i - \beta'\sum_{i=1}^{n}\alpha_i y_i x_i + \sum_{i=1}^{n}\alpha_i \qquad \text{式（9－66）}$$

其中，$\alpha \equiv (\alpha_1\alpha_2\cdots\alpha_n)'$ 为对于约束条件 $y_i(\beta_0 + \beta'x_i) \geqslant 1$ 的 n 个拉格朗日乘子。使用向量的微分规则，将此拉格朗日函数分别对 (β,β_0) 求偏导，得到一阶条件，见式（9－67）和式（9－68）。

$$\frac{\partial L_P}{\partial \beta} = \beta - \sum_{i=1}^{n}\alpha_i y_i x_i = 0 \qquad \text{式（9－67）}$$

$$\frac{\partial L_P}{\partial \beta_0} = - \sum_{i=1}^{n} \alpha_i y_i = 0 \qquad \text{式 (9-68)}$$

原问题包含不等式约束，故最优解需要满足卡罗需—库恩—塔克（Karush - Kuhn - Tucker，KKT）条件，见式（9－69）。

$$\begin{cases} \alpha_i \geqslant 0; \\ y_i(\beta_0 + \beta' x_i) \geqslant 1; \\ \alpha_i[y_i(\beta_0 + \beta' x_i) - 1] = 0 \end{cases} \qquad \text{式 (9-69)}$$

其中，$i = 1,2,\cdots,n$。从KKT条件可以看出，只有 $\alpha_i = 0$ 或 $y_i(\beta_0 + \beta' x_i) = 1$。当 $\alpha_i = 0$ 的情况下，则 $y_i(\beta_0 + \beta' x_i) > 1$，表明观测值 x_i 在间隔之外，且不影响拉格朗日函数；反之，当 $\alpha_i > 0$ 时，$y_i(\beta_0 + \beta' x_i) = 0$，则观测值 x_i 恰好在间隔支上，这时 x_i 就是所谓的支持向量。支持向量会影响拉格朗日函数的最优化，因此，在估计完模型后，大部分训练数据都无需保留，最终的模型只与支持向量有关。

3. 软间隔分类器

最大间隔分离器仅仅考虑了线性可分的数据，但是，在实际中，并不是所有数据都是线性可分的。对于线性不可分的数据，可以放松对于约束条件的要求，只要求分离超平面将大多数观测值正确分离即可，允许少数的错误分类。

为此，引入“松弛变量” $\xi_i \geqslant 0$，而将约束条件变为 $y_i(\beta_0 + \beta' x_i) \geqslant 1 - \xi_i$；同时，对所有观测值的松弛变量之和 $\sum(\xi_i)$ 进行惩罚。最优化问题改写为式（9－70）。

$$\min_{\beta,\beta_0,\xi_i} \frac{1}{2}\beta'\beta + C\sum_{i=1}^{n} \xi_i$$

$$s.t.\ y_i(\beta_0 + \beta' x_i) \geqslant 1 - \xi_i,\ \xi_i \geqslant 0, \qquad \text{式 (9-70)}$$

其中，$C \geqslant 0$，称为调节变量，用以惩罚过大的松弛变量（因为作出了过多的错误判断）。由于存在松弛变量 ξ_i，因而允许一部分的 x_i 落在间隔的错误的一边，因此称为软间隔分类器或支持向量分类器。当 $0 < \xi_i < 1$ 时，x_i 落在间隔的错误一边，但依然在超平面的正确的一边。当 $\xi_i = 1$ 时，x_i 正好落在超平面上。当 $\xi_i > 1$ 时，x_i 落在超平面错误的一边。对于软间隔分类器，所有在间隔上、间隔内与分类错误的样本点均为支持向量，对最优解都有影响。

当惩罚参数 $C \to \infty$ 时，意味着算法不允许训练样本中的任何分类错误，此时，软间隔分类器就变成了前文的最大间隔分类器，也成为硬间隔分类器。但是，对于硬间隔分类器，分类结果也可能受到极端值的影响。

在受到极端值影响的情况下，硬间隔分类器很好地拟合了噪声，导致过拟合的问题。因此，对于线性可分的问题，一般也会使用软间隔分类器，并调节不同的 C 作为验证参数，再通过交叉验证来确定 C 的最优取值。

4. 软间隔分类器的统计解释

使用软间隔分类器时，我们可以通过仅惩罚分类错误的观测值个数来优化。根据前文，我们知道正确分类的样本满足 $y_i f(x_i) > 0$，则出现 $y_i f(x_i) < 0$ 时，为错误分类。因

此，目标函数可写为式（9－71）。

$$\min_{\beta,\beta_0}\frac{1}{2}\beta'+C\sum_{i=1}^{n}I[y_i(\beta_0+\beta'x_i)<0] \qquad 式（9－71）$$

其中，$C>0$ 为调节变量，控制对错误分类的惩罚程度；而 $I(\cdot)$ 为示性函数，即如果 $y_i(\beta_0+\beta'x_i)<0$，表明分类器作出了错误的分类，则 $I(\cdot)=1$，反之为0。

定义裕度 $z_i\equiv y_i(\beta_0+\beta'x_i)$，则可以通过0～1损失函数来表示，见式（9－72）。

$$\min_{\beta,\beta_0}\frac{1}{2}\beta'+C\sum_{i=1}^{n}L_{0/1}(z_i) \qquad 式（9－72）$$

其中，$L_{0/1}(z_i)$ 是0～1损失函数，定义为式（9－73）。

$$L_{0/1}(z_i)=\begin{cases}0,\ z_i\geqslant 0\\1,\ z_i<0\end{cases} \qquad 式（9－73）$$

0～1损失函数既不连续也非凸，因此不容易解决最优化问题。所以一般采用其他函数来替代0～1损失函数，称为替代损失函数。

一般而言，对于支持向量机，可以使用合页函数作为替代损失函数。合页函数的形式见式（9－74）。

$$L_{hinge}(z_i)=\begin{cases}0,\ z_i\geqslant 1\\1-z_i,\ z_i<1\end{cases} \qquad 式（9－74）$$

其中，如果分类正确，则损失为0，否则损失为 $1-z_i$。

合页函数也可以写成如下的形式，见式（9－75）。

$$L_{hinge}(z_i)=max(0,1-z_i) \qquad 式（9－75）$$

将合页函数代入目标函数，并记松弛变量 $\xi_i=1-z_i$，可得式（9－76）。

$$\begin{aligned}&\min_{\beta,\beta_0}\frac{1}{2}\beta'\beta+C\sum_{i=1}^{n}L_{hinge}(z_i)\\&=\frac{1}{2}\beta'\beta+C\sum_{i=1}^{n}max(0,1-z_i)\\&=\frac{1}{2}\beta'\beta+C\sum_{i=1}^{n}(1-z_i)I(1-z_i\geqslant 0)\\&=\frac{1}{2}\beta'\beta+C\sum_{i=1}^{n}\xi_iI(\xi_i\geqslant 0)\end{aligned} \qquad 式（9－76）$$

不难看出，式（9－76）与软间隔分类器的最优化问题等价。同时，由于合页函数连续，数学性质优于0～1损失函数。但是合页函数存在拐点，依然不是光滑的。

5. 支持向量机的算法概述

在数据线性不可分的情况下，一般也存在着非线性的决策边界。尽管不存在任何线性的分离超平面，但存在一个近乎圆形的决策边界。此时可以进行极坐标变化，将特征向量 (x_1,x_2) 变换为 (r,θ)，见式（9－77）。

$$\begin{cases}x_1-\overline{x_1}=rcos\theta\\x_2-\overline{x_2}=rsin\theta\end{cases} \qquad 式（9－77）$$

其中，$\overline{x_1}$ 与 $\overline{x_2}$ 分别为样本均值。半径 $r = \sqrt{(x_1 - \overline{x_1})^2 + (x_2 - \overline{x_2})^2}$ 。在变换后的 (r, θ) 特征空间，两类数据就变得线性可分了，选择相应的 $r \geqslant t$ 作为分离超平面即可。

更一般地，对于决策边界的非线性数据，考虑对向量 x_i 进行变换，如将 x_i 变换为 $\varphi(x_i)$ ，训练集样本从 $\{x_i, y_i\}_{i=1}^{n}$ 变换为 $\{\varphi(x_i), y_i\}_{i=1}^{n}$ ，$\varphi(x_i)$ 为多维函数，目的是在 $\varphi(x_i)$ 的特征空间中找到线性可分的情景，但是在一般情况下，对于高维数据，并不知道 $\varphi(\cdot)$ 的具体形式。

但是支持向量机的估计结果仅依赖于 $\varphi(x_i)$ 与 $\varphi(x_j)$ 的内积，即 $\langle\varphi(x\_i), \varphi(x\_j)\rangle$ 。将此内积定义为核函数，见式（9 - 78）。

$$K(x_i, x_j) \equiv \langle\varphi(x_i), \varphi(x_j)\rangle = \varphi(x_i)'\varphi(x_j) \qquad \text{式（9-78）}$$

式（9 - 78）中，只需要指定核函数 $K(x_i, x_j)$ 的具体形式，再计算 $[\varphi(x_i), \varphi(x_j)]$ ，而无需知道 $\varphi(\cdot)$ 的具体形式。这种方法称为核技巧，常见的核函数有：

（1）多项式核。多项式核的形式见式（9 - 79）。

$$K(x_i, x_j) = (1 + \gamma x_i' x_j)^d \qquad \text{式（9-79）}$$

其中，d 为多项式的次数，当 $d = 1$ 时，则多项式核变为线性核函数，可直接令 $K(x_i, x_j) = x_i' x_j$ 。

（2）径向核。又称为径向基函数。具体的形式见式（9 - 80）。

$$K(x_i, x_j) = exp(-\gamma \| x_i - x_j \|^2), \gamma > 0 \qquad \text{式（9-80）}$$

其中，$\|\cdot\|$ 为欧氏距离，γ 为径向核参数。径向核非常接近于正态分布的密度函数，所以也称为“高斯核”。

（3）拉普拉斯核。拉普拉斯核的形式见式（9 - 81）。

$$K(x_i, x_j) = exp(-\gamma \| x_i - x_j \|), \gamma > 0 \qquad \text{式（9-81）}$$

从式（9 - 81）中可以看出，拉普拉斯核非常类似于径向核，但是直接在指数中使用欧氏距离。

（4）S 型核。S 型核的具体形式见式（9 - 82）。

$$K(x_i, x_j) = tanh(\beta x_i' x_j + \theta), \beta > 0, \theta < 0 \qquad \text{式（9-82）}$$

式（9 - 82）中，双曲正切函数 $tanh(z) \equiv \frac{e^z - e^{-z}}{e^z + e^{-z}}$ 。在神经网络中，双曲正切函数也作为“激活函数”使用。

6. 多分类问题的支持向量机

由于支持向量机使用超分离平面分离不同类型的数据，因而自然而然地对于多分类问题就不存在比较自然的方法了。对于多分类问题，通常采取的解决方法是一对一分类，也称为全配对法。在全配对法中，假设数据共分为 K 类（ $K > 2$ ）。从这 K 类数据中取出两类，则可能的取法有 C_K^2 种，对于这 C_K^2 个二分类问题均使用支持向量机，可以得到 C_K^2 个 SVM 模型。使用这 C_K^2 个 SVM 模型对观测值进行预测，以最常见的类别作为预测结果。

7. 支持向量回归

支持向量机用于回归问题，称为所谓的“支持向量回归”。SVR 的基本思想是：将支持向量机的合页损失函数应用于回归问题，记回归函数为 $f(x) = \beta_0 + x'\beta$，并以此函数预测连续型响应变量 y，SVR 的目标函数见式（9－83）。

$$\min_{\beta,\beta_0} \frac{1}{2}\beta'\beta + C\sum_{i=1}^{n} L_\varepsilon[y_i - f(x_i)] \tag{式（9－83）}$$

其中，$C > 0$，为正则化参数，$z_i \equiv y_i - f(x_i)$ 为残差，$L_\varepsilon(\cdot)$ 为 ε－不敏感损失函数，具体的定义见式（9－84）。

$$L_\varepsilon(z_i) = \begin{cases} 0, & |z_i| \leqslant \varepsilon \\ |z_i| - \varepsilon, & |z_i| > \varepsilon \end{cases} \tag{式（9－84）}$$

其中，ε 是调节参数，表明残差的绝对值小于或等于 ε 时，损失为0，因而在一个宽度为 2ε 的隔离带内，损失函数对残差不敏感。当残差的绝对值大于 ε 时，则损失为 $|z_i| - \varepsilon$。

由于支持向量回归使用了类似于支持向量机的合页损失函数，故支持向量回归比较适用于变量较多的数据。支持向量回归也可以使用核技巧以得到非线性回归的结果。由于 ε－不敏感损失函数在隔离带之外为线性函数，所以对极端值不敏感，回归结果比较稳健。

8. 支持向量机的优缺点

支持向量机通过最大化分类间隔来训练模型，因而具有良好的泛化能力，可以避免过拟合。同时，支持向量机可以有效处理特征数量比样本量多的高维数据，这也是支持向量机的最大优点。这一优点使支持向量机在文本分析方面得到了广泛的应用。支持向量机还可以使用不同的核技巧来处理线性不可分的数据，可以适应不同的问题。

但是，支持向量机对核函数的参数较为敏感，对于特征空间维度远远超过样本量的数据，支持向量机的泛化能力会较差。此外，支持向量机模型缺乏透明度，不容易解释模型的决策过程，使用超平面进行分类，也无法从概率的角度进行解释。

（七）人工神经网络

人类的大脑是由约1000亿个神经元相连而构成的神经网络，人们很早就对大脑如何运作产生了浓厚的兴趣。提及神经网络的历史和起源，自然避不开 McCulloch 和 Pitts（1943）的论文《A logical calculus of the ideas immanent in nervous activity》。这篇论文被称为人工神经网络的开山大作。他们首次提出了神经元的简化数学模型，随后“感知机”的概念被提出，通过让机器“学习”，使感知器具备将事物分类的能力。但感知机是一种单层神经网络，无法得到非线性的决策边界。直到多层神经网络的出现，算法的日益改进，最终演化为今天的深度学习。

1. 人工神经网络的思想

人工神经网络来自人工智能领域两大派系之一的“连接主义”，也称为仿生学派，他们主张模仿人类的神经元，用模仿的神经网络的连接机制实现人工智能。而人工智能领域两大派系的另一派系“符号主义”又称为逻辑主义，则强调用公理和逻辑搭建一套人工智能系统，认为人工智能应当模仿人类的逻辑方式获取知识。而连接主义则强调用大数据与学习来获得知识。

神经元通过树突与轴突相互连接，从树突获得信号、在神经元的细胞体中进行加工，再通过轴突向外界传输信号，继而被其他神经元的树突接受。McCulloch 和 Pitts（1943）将生物神经元简化为数学模型，简称 M－P 神经元模型。

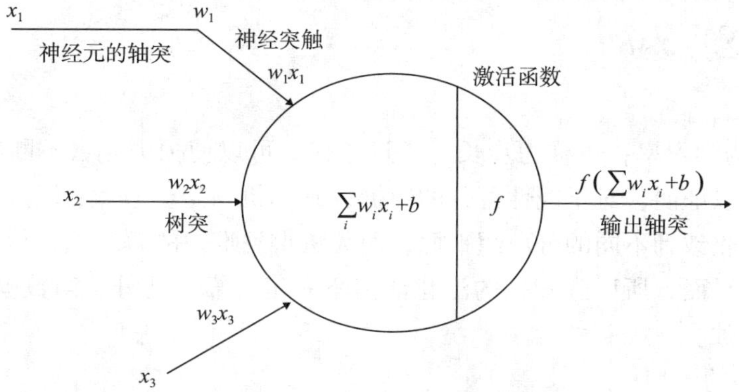

图 9－1 M－P 神经元模型

从图 9－1 中可见，M－P 神经元与生物神经元在类型上类似。M－P 神经元从树突输入型号 $x \equiv (x_1 x_2 \cdots x_p)'$，在细胞体进行加权求和 $\sum_{i=1}^{p} w_i x_i$，其中 $w \equiv (w_1 w_2 \cdots w_p)'$ 为权重。比较求和后的总数与预先设定的阈值（如 $-b$）的大小，若超过，则神经元兴奋，通过轴突向外界传递信号，反之，则神经元处于抑制状态，见式（9－85）。

$$I\left(\sum_{i=1}^{p} w_i x_i + b > 0\right) = \begin{cases} 1, \sum_{i=1}^{p} w_i x_i + b > 0 \\ 0, \sum_{i=1}^{p} w_i x_i + b \leqslant 0 \end{cases} \qquad \text{式（9－85）}$$

其中，$I(\cdot)$ 为示性函数，参数 b 为阈值（门槛值），也成为偏置（Bias）。这里的示性函数也被称为激活函数。此外，式（9－85）仅仅只是一个数学模型，其中的参数 w 与 b 都需要人为指定，而不是通过训练样本进行学习。

2. 感知机

在 M－P 神经元模型的基础上，Rosenblatt（1958）提出感知机，使得其具备学习的能力。对于二分类问题，考虑使用分离超平面"$b + w'x = 0$"进行分类，而响应变量 $y \in \{1, -1\}$。当 $b + w'x > 0$ 时预测 $y = 1$，反之，则预测为 $y = -1$。若 $b + w'x = 0$，则 y 可以任意取值。类似地，当正确预测时，则 $y_i(b + w'x) > 0$，错误预测时则小于 0。

感知机的思路是：从某个初始值出发，通过调整参数 (w,b)，使模型的错误分类最少。即感知机的目标函数为最小化所有分类错误观测值错误程度的加总，见式（9－86）。

$$\min_{w,b} L(w,b) = -\sum_{i \in M} y_i (b + w'x_i) \qquad \text{式（9－86）}$$

其中，M 是所有错误分类个体的下标的集合。我们假设 M 不变，则此目标函数的梯度向量见式（9－87）和式（9－88）。

$$\frac{\partial L(w,b)}{\partial b} = -\sum_{i \in M} y_i x_i \qquad \text{式（9－87）}$$

$$\frac{\partial L(w,b)}{\partial b} = -\sum_{i \in M} y_i$$ 式（9－88）

使用梯度下降法，沿着负梯度方向更新，则参数的更新规则见式（9－89）和式(9－90)。

$$w \leftarrow w + \eta \sum_{i \in M} y_i x_i$$ 式（9－89）

$$b \leftarrow b + \eta \sum_{i \in M} y_i$$ 式（9－90）

其中，η 称为学习率，也称为步长。通过迭代，可以使损失函数不断减小，直到最终变为 0 为止。可以证明，对于线性可分的数据，感知机一定会收敛；但是，感知机从不同的初始值出发会收敛到不同的分离超平面，而无法得到唯一的解，这样得到的超平面也就不是最优分离超平面，所以感知机的泛化能力不一定可靠。此外，当数据线性不可分时，感知机就不会收敛。

3. 神经网络的模型

在感知机的基础上，我们引入多层神经元，经过两个及以上的非线性激活函数迭代后，我们可以得到非线性的决策边界。

考虑具有多个输出结果的感知机（见图 9－2）。

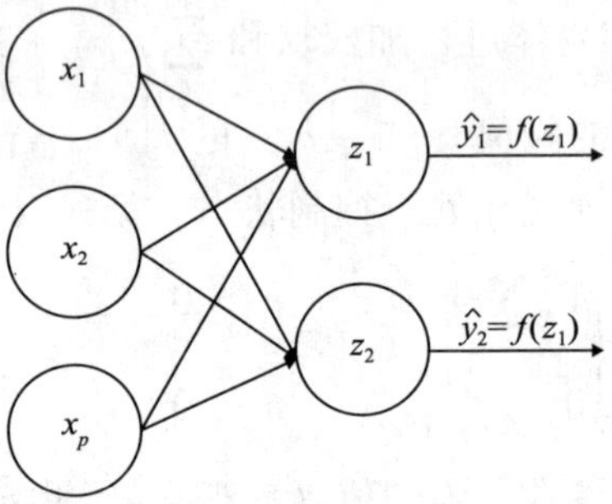

图 9－2　多输出的感知机

在图 9－2 中，有两个输出变量 $\widehat{y_1}$ 和 $\widehat{y_2}$。其中，$z_1 \equiv b_1 + \sum_{i=1}^{p} w_{i1} x_i$ 和 $z_2 \equiv b_2 + \sum_{i=1}^{p} w_{i2} x_i$ 均为在施加激活函数之前的加总值；$f(\cdot)$ 为激活函数。

图 9－2 中的输出结果还可以重新作为输入变量，经过加权求和后，再次施加激活函数，如图 9－3 所示。

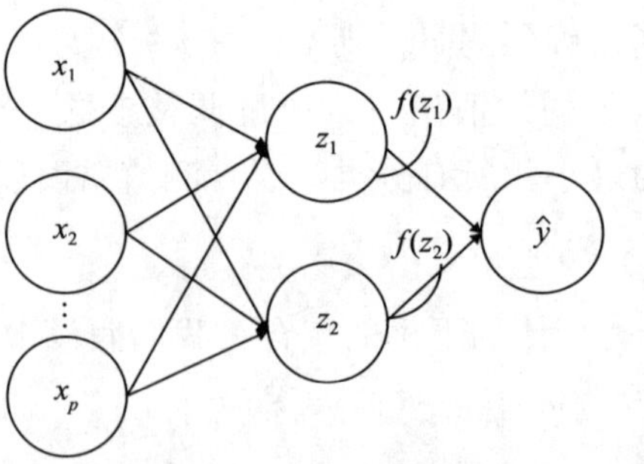

图 9－3　多层感知机

图9－3最终的输出结果见式（9－91）。

$$\hat{y} = f\left[b^{(2)} + w_1^{(2)}f(z_1) + w_2^{(2)}f(z_2)\right] \qquad 式（9－91）$$

式（9－91）中，$w_1^{(2)}$ 与 $w_2^{(2)}$ 为权重，式（9－91）即对 $f(z_1)$ 与 $f(z_2)$ 再次加权求和，再施加激活函数。在图9－3中，最左侧为输入层，中间为隐藏层，最右边为输出层。隐藏层由于该层从计算的算法外部并不可见，因而名为隐藏层。隐藏层可以有多层，输出层也可以有多个输出结果。在概念上，只要包含一个隐藏层，就称为多层感知机，即神经网络模型。

（八）主成分分析

主成分分析（PCA）是统计学中进行降维的常用方法，是一种常见的非监督学习方法。对于非监督学习，其数据中只有特征变量 x，而没有响应变量 y。非监督学习的学习目标是探索特征变量 x 本身的规律或模式。

高维数据是大数据的表现形式之一，在统计学中，降维是常见的处理方法。其根本依据是：虽然数据是高维数据，但是真正有效的信息可能主要存在于低维的空间。

1. 总体中的主成分分析

给定 p 维随机向量 $x \equiv (x_1 x_2 \cdots x_p)'$，数据中并不存在 y，因而这是一种非监督学习方法。我们希望找到 x 的一个线性组合 $a'x$，使这个线性组合包含 $(x_1 x_2 \cdots x_p)$ 尽可能多的信息。进一步，我们希望找到以下 p 个线性组合，即主成分见式（9－92）。

$$z_1 = a'_1 x,\ z_2 = a'_2 x,\ \cdots,\ z_p = a'_p x \qquad 式（9－92）$$

其中，主成分 $z_1, z_1, \cdots, z_p$ 所包含的信息量逐渐减少，每个主成分之间均不相关。我们将组合系数 $(a_{k1}\ a_{k2} \cdots\ a_{kp})'$ 称为第 k 个主成分 z_k 的主成分荷载向量。其各个分量反映了原变量 $(x_1 x_2 \cdots x_p)$ 对 z_k 的不同影响，见式（9－93）。

$$z_k = a'_k x = a_{k1} x_1 + \cdots + a_{kp} x_p \qquad 式（9－93）$$

一种度量信息量大小的方法是找到一条轴，使数据沿着线性组合“$z_1 = a'_1 x$”的方差 $Var(a'_1 x)$ 最大。

在图9－4中，只存在 x_1、x_2 两个变量，我们发现，沿着图中实线方向的数据方差最大，即第一主成分；第二主成分为虚线方向，且与第一主成分正交。从图9－4中我们发现，主成分分析相当于将原先的坐标系进行适当的旋转，使原坐标轴旋转到以主成分为坐标轴的新坐标轴，这样，就可以使用较少的主成分来反映数据的基本特征。

主成分的主要目标是降维。在实践中，主成分个数的确定可以使用陡坡图来做经验判断，在图9－5中，方差的下降速度逐渐减少。我们可以选择方差下降较快的前几个主成分，而后面的方差下降不大的主成分对方差的贡献很少，就可以舍弃了。

2. 样本中的主成分分析

在总体中，我们假设总体的协方差矩阵 $\sum$ 已知。但是在现实中，我们一般并不知道 $\sum$，因此，我们需要先估计样本的协方差矩阵或相关系数矩阵 $\hat{\sum}$，用以替代 $\sum$。在进行主成分分析时，首先应将所有变量进行标准化，即减去均值并除以标准差，使其均值为0，标准差为1。因为如果变量之间的方差较大，则主成分分析可能会被方差较大的变

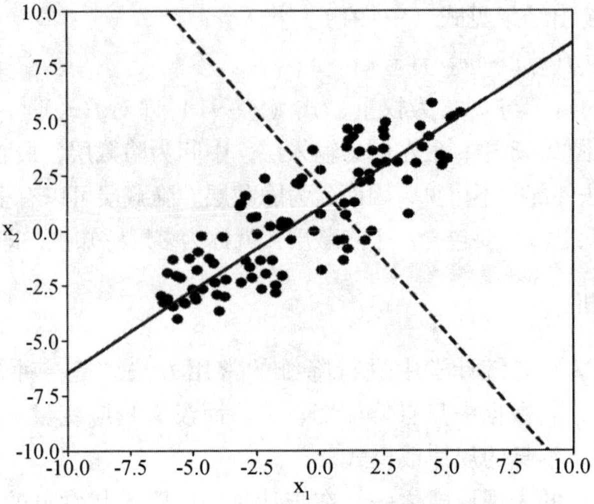

图 9－4　主成分示意图

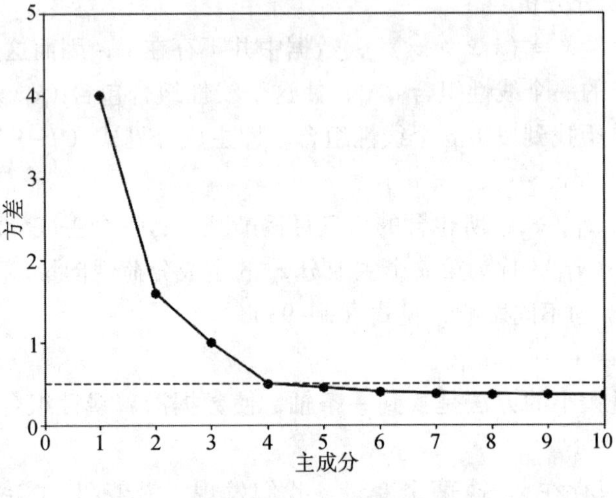

图 9－5　陡坡图

量所主导，使得结果扭曲，变得不容易被解释。其次，主成分分析要求主成分之间线性无关，不进行标准化可能会导致主成分之间存在线性相关。

（九）聚类分析

聚类分析是一种常见的非监督学习方式，又称为“相似性分组”。假定样本数据为 $\{x_1, x_2, \cdots, x_n\}$，其中 $x_i = (x_{i1} x_{i2} \cdots x_{ip})'$ 为 p 维特征向量。聚类分析将样本数据分为若干个“组”或“聚类”，以便同一“组”或“聚类”中的观测值尽可能相似，不同的“组”或“聚类”之间的观测值尽可能不同。

聚类分析一般使用欧氏距离度量相似性，常见的聚类分析方法有 K 均值聚类与分层聚类。

1. K 均值聚类的思想

K 均值聚类是一种自上而下的聚类方法，首先需要确定样本中的聚类数据，即 K 的取值。

假设数据可以分为 K 类（K 通常是已知的），将观测值的下标 $\{1,2,\cdots,n\}$ 划分为 K 个不相交的集合 $\{C_1,\cdots,C_K\}$，每个观测值都有其唯一的归属类别。具体而言，$i \in C_k$ 意味着第 i 个观测值 x_i 属于第 k 类。记聚类 k 的均值或中心位置为式（9－94）。

$$c_k \equiv \frac{1}{|C_k|}\sum_{i \in C_k} x_i \qquad \text{式（9－94）}$$

其中，$|C_k|$ 表示聚类 k 观测值的数量。我们发现，样本中一共有 K 个均值，因此，这个算法被称为"K 均值聚类"。称聚类 k 中的观测值 x_i（$i \in C_k$）到聚类均值的离差（$x_i - c_k$）为"误差"，将聚类 k 中的所有误差的平方和加总，即为聚类 k 的误差平方和 SSE，见式（9－95）。

$$SSE_k \equiv \sum_{i \in C_k} \| x_i - c_k \|^2 \qquad \text{式（9－95）}$$

其中，$\| x_i - c_k \|$ 为欧氏距离。将所有的 SSE 加总，得到全样本的误差平方和，见式（9－96）。

$$\min_{C_1,\cdots,C_k} SSE \equiv \sum_{k=1}^{k} \sum_{i \in C_k} \| x_i - c_k \|^2 \qquad \text{式（9－96）}$$

最后，K 均值聚类使用迭代算法来求近似解。

2. 如何确定 K

K 均值聚类算法的关键问题在于确定 K。一般来说，可以根据所研究问题，结合研究者在专业领域的直觉或经验进行选择或尝试不同的聚类数目 K，考察全样本 SSE 的下降幅度，再使用主成分分析中提到过的陡坡图进行判断。但是，这样的判断方法依然存在一定的主观性。更为客观的方法是：使用信息准则来选择 K。对于 AIC 信息准则，有式（9－97）。

$$\min_K AIC(K) = SSE(K) + 2pK \qquad \text{式（9－97）}$$

其中，$SSE(K)$ 为全样本误差平方和，是对模型拟合优度的奖励，pK 为参数总数。是对模型复杂度的惩罚。随着 K 的增大，可以使 SSE 下降，但是会导致过拟合的问题，因此需要惩罚项 $2pK$ 来对模型的复杂度进行惩罚。

同样地，也可以使用 BIC 信息准则对模型进行更加严厉的惩罚，见式（9－98）。

$$\min_K BIC(K) = SSE(K) + ln(n)pK \qquad \text{式（9－98）}$$

一般而言，$\ln(n) > 2$，因此，BIC 对于模型的惩罚更为严厉，倾向于选择更小的聚类数目 K。

3. 分层聚类

K 均值聚类需要预先指定聚类数目 K。但是 K 的具体值往往难以确定。分层聚类为解决这一问题提供了方法。分层聚类是一种自下而上的逐次聚类方法。具体而言，它从个体的层面开始寻找最近的邻居，然后层层往上，最终再选择聚类的数量。分层聚类算法首先以每个观测值作为一个聚类，找到最近的两个聚类并进行合并。重复此步骤，直到所有观测值都在同一聚类。

第四节 双重机器学习因果推断

（一）双重机器学习算法原理

1. 因果推断问题阐述

首先回顾一下潜在因果框架中因果推断问题的定义：假设样本数据集为 $D = \{d_1, d_2, \cdots, d_n\}$，$n$ 为样本数量；策略变量为 $T \in \{0,1\}$，$T=0$ 表示不施加策略，$T=1$ 表示施加策略；协变量 X，一般指与策略无关的变量；结果变量 Y: Y_{0i} 表示无策略时第 i 个样本的结果变量，Y_{1i} 表示有策略时第 i 个样本的结果变量。目标是基于数据集估计 T 和 Y 之间的因果效应。

在这个定义里面，有个前提假设很容易不满足，那就是 X 和 T 无关。一方面，在寻找 X 时，很难确认 X 和 T 无关。举个例子，我们想知道冰淇淋的价格与销量间的因果效应，此处 T 是价格，Y 是销量。X 很容易想到有：当时的天气温度、当地的生活水平等。但当地的生活水平和价格之间大概率是正相关的，比如同一款巧乐兹在北京卖的价格和十八线小城市的价格，大概率是有差别的。

另一方面，为了更全面考虑问题，变量 X 中会纳入尽可能多的特征，而特征越多，就越难保证其和策略变量 T 是否相关。

当 X 和 T 相关后，就会产生混淆变量 W，该类变量既影响 Y，又影响 T，如图 9－6 所示。在此情况下，要得到 T 和 Y 之间纯净的因果效应就更加不易。

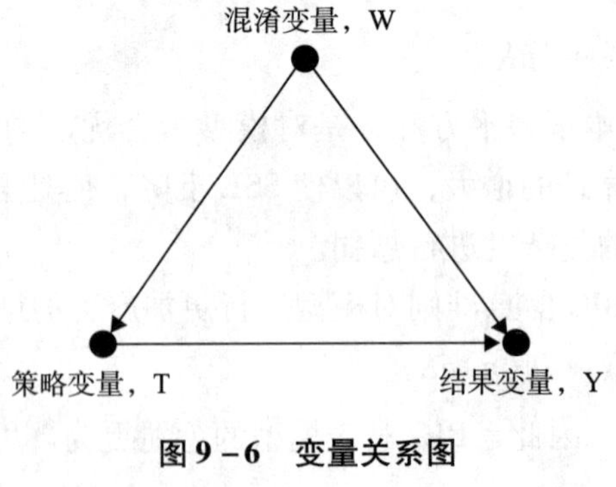

图 9－6 变量关系图

2. FWL 定理

为了解决包含混淆变量的因果推断问题，本节将介绍一种被称为双重机器学习（Double Machine Learning，DML）的算法。为了更具有衔接性地引入 DML，需要先了解一下 Frisch－Waugh－Lovell（FWL）定理。针对如下的线性模型，见式（9－99）。

$$Y = X_1\beta_1 + X_2\beta_2 \quad \text{式（9－99）}$$

则 X_2 对应的系数 β_2 可以表达为式（9－100）。

$\beta_2 = [(M_1X_2)'M_1X_2]^{-1}(M_1X_2)'M_1Y$　　式（9-100）

β_2 的含义是将 M_1Y 回归到 M_1X_2。此处，M_1Y 的含义是将 Y 回归到 X_1 上的残差，M_1X_2 的含义是将 X_2 回归到 X_1 上的残差。也就是说，想计算 X_2 的系数，只需要先用回归的方式得到两个残差，然后针对这两个残差再做一次回归，就可以得到。在这个公式中，如果我们设定 X_2 为策略变量 T，那么在线性模型框架下，该定理就可以用于计算因果效应。

3. DML 算法

在更多的因果推断问题中，W 和 T、Y 之间并非线性关系，这使得 FWL 定理无法直接使用，因此需要使用到 DML 算法，该算法由 Chernozhukov 等（2018）提出。简要地讲，考虑如下一种线性模型，见式（9-101）。

$Y = T\theta_0 + g(X) + U, E[U(X,T)] = 0$　　式（9-101）

$T = m(X) + V, E[V | X] = 0$　　式（9-102）

第一个公式表达的是 Y 和 T 为线性关系，但 Y 和 X 为非线性关系，U 为随机扰动项；第二个公式表达的是 T 和 X 是非线性关系，V 是随机扰动项。DML 的算法方案分为两步：第一步是基于机器学习模型使用 X 分别拟合 Y 和 T，得到 $\widehat{Y}$ 与 $\widehat{T}$，此时残差分别为 $Y-\widehat{Y}$ 和 $T-\widehat{T}$；第二步是对残差用任意机器学习模型（通常是最小二乘法）拟合，得到参数 τ，即认为是 T 和 Y 之间的真正因果效应值，见式（9-103）。

$(Y-\widehat{Y}) = \tau \cdot (T-\widehat{T})$　　式（9-103）

在 FWL 定理的过渡下，DML 算法理解起来并不困难。不过需要额外注意的是，DML 有个基本假设是：T 和 Y 之间是线性关系。所以如果 T 不是 0/1 变量，而是个连续值，那么得到的因果效应值仅在 T 附近有效。例如，在上文提到的冰淇淋价格和销量的因果推断问题中，T 是价格，Y 是销量，设定 $\tau=2$，我们可以说价格减少 1 个单位后销量能增加 2 个单位，但如果价格减少 10 个单位，就不能确认销量是否可以增加 20 个单位。

总的来说，双重机器学习包含以下估计步骤：

（1）将数据集分为 K 个子样本 I_1，I_2，…，I_k，进行 K 折交叉验证；

（2）在 $K-1$ 个子集上训练 E（$Y | X$）的函数形式，在剩余子集上得到残差 $Y-\widehat{Y}$；

（3）在 $K-1$ 个子集上训练 E（$D | X$）的函数形式，在剩余子集上得到残差 $T-\widehat{T}$；

（4）将步骤（2）和步骤（3）重复 K 次，然后遵循 FWL 定理，用 $Y-\widehat{Y}$ 对 $T-\widehat{T}$ 回归，得到的系数即为 θ_0 的估计。

（二）双重机器学习在 STATA 中的实现

本章借用张涛和李均超（2023）的双重机器学习方法文献数据，并利用 STATA 实现双重机器学习估计过程。在 STATA 中使用双重机器学习命令需要借助 Python 环境，因为许多机器学习模型都是使用 Python 中的 scikit-learn 库。因此，需要安装 Python 和 scikit-learn 包。安装完成后，在 STATA 中引入 Python 环境即可使用这些功能。随后，安装双重机器学习的相关命令包：

```
. ssc install ddml, all replace
```

. ssc install lasso pack，all replace

. ssc install rforest，all replace

. ssc install pystacked，all replace

接下来，定义结果变量、协变量和处置变量：

. global Y IGG//被解释变量

. global X Edu　Constru　Urban　Pass　Fre　Inv　Inter　Fis　Unemp　Size　Consump Sci　Cap　Edu2　Constru2　Urban2　Pass2　Fre2　Inv2　Inter2　Fis2　Unemp2　Size2 Consump2　Sci2　Cap2 i. year i. id//控制变量

. global D Broadband//处置变量 & 解释变量

设立随机种子数，采用交叉拟合估计方法，并输出估计结果：

. set seed 42　//设定随机种子数

. ddml init partial，kfolds（5）　//采用五折交叉检验

. ddml E［D | X］：pystacked $D　$X，type（reg）method（rf）//机器学习采用随机森林算法

. ddml E［Y | X］：pystacked $Y　$X，type（reg）method（rf）//机器学习采用随机森林算法

. ddml crossfit

. ddml estimate，robust

汇报时主要关注回归系数和稳健标准误，输出结果如下所示：

```
. ddml estimate, robust

DDML estimation results:
spec  r     Y learner     D learner         b        SE
 opt  1  Y1_pystacked  D1_pystacked     0.117   ( 0.025)
opt = minimum MSE specification for that resample.

Min MSE DDML model
y-E[y|X]  = Y1_pystacked_1                          Number of obs   =      2820
D-E[D|X,Z]= D1_pystacked_1
------------------------------------------------------------------------------
             |               Robust
         IGG |      Coef.   Std. Err.      z    P>|z|     [95% Conf. Interval]
-------------+----------------------------------------------------------------
   Broadband |   .1168334   .0251806     4.64   0.000     .0674803    .1661866
       _cons |  -.0027353   .0054266    -0.50   0.614    -.0133713    .0079007
------------------------------------------------------------------------------
```

在双重机器学习方法中，可以通过改变机器学习方法或交叉检验比例的方法重设机器学习模型，从而进行稳健性检验。

①更换机器学习方法命令如下：

```
. global YIGG
. global X Edu  Constru  Urban  Pass  Fre  Inv  Inter  Fis  Unemp  Size  Consump
Sci  Cap  Edu2  Constru2  Urban2  Pass2  Fre2  Inv2  Inter2  Fis2  Unemp2  Size2
Consump2  Sci2  Cap2 i. year i. id
. global D Broadband
. set seed 42
. ddml initpartial，kfolds（5）
. ddml E［D | X］：pystacked $D $X，type（reg）method（lassocv）//拉索回归
. ddml E［Y | X］：pystacked $Y $X，type（reg）method（lassocv）//拉索回归
* ddml E［D | X］：pystacked $D $X，type（reg）method（gradboost）//梯度提升
* ddml E［Y | X］：pystacked $Y $X，type（reg）method（gradboost）//梯度提升
* ddml E［D | X］：pystacked $D $X，type（reg）method（nnet）//神经网络
* ddml E［Y | X］：pystacked $Y $X，type（reg）method（nnet）//神经网络
* ddml E［D | X］：pystacked $D $X，type（reg）method（svm）//支持向量机
* ddml E［Y | X］：pystacked $Y $X，type（reg）method（svm）//支持向量机
. ddml crossfit
. ddml estimate，robust
```

② 改变交叉检验比例命令如下：

```
. global Y IGG
. global X Edu  Constru  Urban  Pass  Fre  Inv  Inter  Fis  Unemp  Size  Consump
Sci  Cap  Edu2  Constru2  Urban2  Pass2  Fre2  Inv2  Inter2  Fis2  Unemp2  Size2
Consump2  Sci2  Cap2 i. year i. id
. global D Broadband
. set seed 42
. ddml init partial，kfolds（3）//三折交叉检验
* ddml init partial，kfolds（8）//八折交叉检验
. ddml E［D | X］：pystacked $D $X，type（reg）method（rf）
. ddml E［Y | X］：pystacked $Y $X，type（reg）method（rf）
. ddml crossfit
. ddml estimate，robust
```

③采用工具变量法进行内生性检验：

```
. global Y IGG
. global X Edu  Constru  Urban  Pass  Fre  Inv  Inter  Fis  Unemp  Size  Consump
```

```
Sci  Cap  Edu2  Constru2  Urban2  Pass2  Fre2  Inv2  Inter2  Fis2  Unemp2  Size2
Consump2  Sci2  Cap2 i. year i. id
  . global Z z//工具变量
  . global D Broadband
  . set seed 42
  . ddml init iv, kfolds (5)
  . ddml E [Y| X]: pystacked $Y $X, type (reg) method (rf)
  . ddml E [D| X]: pystacked $D $X, type (reg) method (rf)
  . ddml E [Z| X]: pystacked $Z $X, type (reg) method (rf)
  . ddml crossfit
  . ddml estimate, robust
```

第十章

经济预测中的机器学习

伴随着科学技术的进步，机器与人之间的联系越来越紧密。例如，Facebook 能够根据图像识别人脸，Siri 能够理解人的语言，谷歌能够将网页上的文字进行自动翻译，诸如此类。从本质上讲，所有的新技术都与人工智能的发展密不可分。何为机器学习？从狭义上看，人工智能属于计算机科学的一个分支，但从更广泛的角度来看，它是一门综合了计算机、工程、统计等多个学科的交叉学科。近年来，随着人工智能技术在自然科学、医学等诸多领域的发展，以及人工智能等领域的研究日益受到人们的重视。许多经济学家都认为，人工智能将对经济产生更大更深远的影响。

从理论上讲，以深度学习为代表的机器学习已经成为当前人工智能领域研究和应用的一个重要推动力，其快速发展必将对市场和政策产生深远的冲击。2017 年 7 月，国务院发布了《新一代人工智能发展规划》，提出要在人工智能理论、技术和应用三个领域达到世界先进水平，成为世界人工智能领域的重点研究中心。在《新一代人工智能发展规划》中，不仅强调了高级机器学习、类脑智能计算和量子智能计算等方面的国际前沿性研究，而且还将大力推动人工智能与心理学、数学、经济学和社会学等多个学科的相互渗透和深入，开展多个学科的探索性研究。2017 年 10 月，科技部印发了“十一五”重点科研项目，其中涉及“新一代深度神经网络的基本原理与关键技术”四个方面。本项目的开展将促进人们对机器学习的基本原理和方法的理解，并将其应用到经济学领域，从而为经济学领域的研究开辟新的思路。

为此，本书将综合运用机器学习和经济学方法，开展以下几方面的研究：(1) 机器学习的基本定义和分类；(2) 在大数据背景下，研究基于机器学习的经济学模型对大数据的作用；(3) 将机器学习理论应用于经济预报中，以改进经济预报的准确性；(4) 机器学习预测的相关总结。

第一节　机器学习的类别

机器学习不仅提供了新的分析工具，而且试图去解决传统计量方法所不能解决的问题。机器学习大致可分成四类：有监督机器学习、无监督机器学习、强化机器学习和半监督机器学习。

（一）有监督机器学习

监督学习（Supervised Learning）是机器学习中的一种训练方式，是指利用一组已知类别的样本调整分类器的参数，使其达到所要求性能的过程，也称为监督训练或有教师学习，是从标记的训练数据来推断一个功能的机器学习任务。通俗地讲，就是根据已有的数据集，知道输入和输出结果之间的关系。根据这种已知的关系，训练得到一个最优模型。当然，监督学习需要有明确的目标，能够清晰地想到自己想要什么结果，也就是说，在监督学习中训练数据既有特征又有标签，通过训练让机器找到特征和标签之间的联系，这样在当遇到只有特征而没有标签的数据时，就可以为其判断出标签。

监督学习中的“监督”并不是指人为观测机器做的对不对，而是执行以下流程：（1）选择一个适合目标任务的数学模型；（2）给机器一部分已知的问题和答案（即训练集）进行训练模拟；（3）机器根据训练集内容进行规律总结，形成一套自己的方法论；（4）方法论形成后，人类把新的待解决问题（测试集）给机器，让其进行解答。

（二）无监督机器学习

在实际应用中，往往存在先验信息不足，或采用手工标记代价过大的情形。因为没有标注价值，所以我们不能从错误（预测值和标签值）中选择最好的预报模型。为此，提出了一种基于非监督机器学习的新方法：针对未标注的视频、图像、文字等数据，通过挖掘其中隐含的规则，提取具有代表性的特征，实现对相似特征的聚集。在此基础上，本书提出了一种基于机器的自动分类方法，它很少添加人的主观评价，以达到最大限度的客观性。聚类是目前非监督机器学习领域的一个重要应用。Athey（2018）利用机器学习方法对谷歌在西班牙关闭谷歌新闻后所产生的影响进行了分析。在对样本进行降维之后，考察关闭事件对同一时段各类新闻报导的影响。这种方法在日常生活中也有很大的用途，比如现在比较流行的几种人脸识别软件，它可以通过拍摄到的花朵图像，精确地分辨出花朵的种类。

（三）强化机器学习

强化学习主要是指导训练对象每一步如何决策，采用什么样的行动可以完成特定的目的或者使收益最大化。强化学习训练时，需要环境给予反馈，以及对应具体的反馈值。比如 AlphaGo 下象棋，AlphaGo 就是强化学习的训练对象，AlphaGo 走的每一步不存在对错之分，但是存在“好坏”之分。当前这个棋面下，下得“好”，这是一步好棋；下得“坏”，这是一步差棋，强化学习的训练基础在于 AlphaGo 的每一步行动环境都能给予明确的反馈，是“好”是“坏”？“好”和“坏”具体是多少，可以量化。强化学习在 AphaGo 这个场景中最终训练目的就是让棋子占领棋面上更多的域，赢得最后的胜利。

（四）半监督机器学习

半监督学习是机器学习的一个分支，结合了监督学习和无监督学习，使用标记和未标记数据来训练用于分类和回归任务的人工智能（AI）模型。尽管半监督学习通常用于与使用监督学习方法相同的用例，但它的区别在于除了传统监督学习所需的标记数据外，还采用了将未标记数据整合到模型训练中的各种技术。半监督学习方法尤其适用于以下情况：获取足够数量的标记数据非常困难或昂贵，但获取大量非标记数据相对容易。在这种情况下，完全监督或无监督的学习方法都无法提供足够的解决方案。

第二节　机器学习与大数据

“大数据”的兴起使人们对“大数据”的理解发生了翻天覆地的变化：首先，它以日益巨大的数据量为特征。这意味着在这个样品中存在着大量的观测数据，而且很有可能是一个完整的样本。海量的数据需要高效的数据存储与处理技术。Varian（2014）提出了若干大 IT 企业的数据处理技术，如能够处理海量数据的 SQL 技术，开放反射（Open Refine）、数据清理（Data Wrangler）等。其次，“大数据”是高维数据，它包含了大量的变量。随着文本挖掘和图像识别等领域的不断发展，不仅数据种类日益丰富（Blumenstock，2016），并且每个观察个体均可在任意一个维度上挖掘变量。但是，要把“大数据”运用到经济研究中去，如何高效地处理这些海量、高维的数据是关键所在。针对这一问题，可采用非监督的机器学习方法，对高维数据进行处理，从而从图像、文字、声音等非经典数据中挖掘出有用的经济信息。接下来，我们将对上述两种类型的新数据进行有关的研究。

（一）机器学习与图像数据

在过去的数十年里，卫星观测到了大量的地球影像，其中多数影像可以分割成数以万亿个的像素，通过对各种像素及其结合方式的分析，提炼出具有重要经济价值的影像，并将其与科研人员关注的相关特性相结合，进而构造出相应的备选变量。由于卫星图像数据易于获得，且卫星图像具有三大优点：（1）利用卫星图像中的影像数据，可以代替传统卫星图像中不可观测的参数。例如，印度尼西亚森林管理严格，当地官员有时会被贿赂以包庇非法采伐行为，往往造成官方数据的不精确。Burgess 等（2012）在对印度尼西亚毁林进行调查时，利用卫星图像上的颜色差异，更加客观地衡量了区域内的土地利用状况，评估了由于区域经济发展而导致的自然资源流失。Jayachandran（2009）探讨了在印度尼西亚发生的一场火灾中，由于大气污染而引起的新生儿死亡问题。由人造卫星感应装置获得的每天的烟尘及粉尘资料，让研究人员能够连续观测到污染物扩散的全过程。（2）卫星图像比传统数据具有更高的空间分辨率。Marx 等（2019）考察了不同的宗教因素对房地产投资决策的作用，通过 0.5m 分辨率的卫星图像，我们可以很清楚地观察到不同类型的建筑对房地产投资行为的影响。当然，高空间分辨率也只是相对的标准。Bleakley 和 Lin（2012）研究了地理环境对早期经济活动的影响，使用 1 公里分辨率的夜间照明数据，就可以在县级层面上衡量不同地区的商业活动水平，而一般的经济统计数据往往无法捕捉到上述差异。（3）卫星图像中包含地域广泛且时间跨度较长的高频率信息。Donaldson 和 Hornbeck（2016）利用卫星遥感技术建立了一个农作物生产过程的多源遥感模型，用于估算全球不同区域的农作物单产。

在发展中国家经济发展方面，缺少可信的统计资料，利用机器学习方法可以很好地解决经济研究中存在的诸多问题，并能通过更加接近现实的数据来拓展研究视角。例如，Jean 等（2016）采用从非洲 5 个国家（尼日利亚、坦桑尼亚、乌干达、马拉维、卢旺达）获取的高分辨卫星图像资料，显示了在 75% 地区内，如何运用机器学习方法对影像进行辨识，并分析其对经济产量的影响。该研究方案的优势是只利用已公布的数据，因而易于扩充；相对于其他依靠专家型数据的研究，公共数据能够避免因调研覆盖率低所带来的测算结果的不准确，以及各国间的经济发展水平比较。

除了卫星资料，有些学者也利用谷歌的街头影像资料来研究小区里的房价及住户的收入状况。谷歌街景曾在 100 多个国家中进行过街头和建成场景的摄影，其中包含全球各大城市的高清晰度图片。Glaeser 等（2018）选取 2007—2014 年度纽约（12200 幅）和波士顿（3608 幅）的街景影像，采用基于深度学习的方法对影像中建筑物的实体属性进行自动提取（如高度、距离、维修状况等），并将其与美国社会调查的相关资料进行对比分析，探讨纽约、波士顿等区域的住房价格及收入分配差异。在许多领域，图像处理和机器学习有着密切的联系。比如，在处理过程中，机器学习可以应用到预处理、分析、综合等过程中，而在处理过程中，可以将机器学习中的每一个步骤都考虑进去，如预处理、特征抽取等。另外，影像处理与机器学习还可以互相协助，比如，利用机器学习对影像处理进行改进，或是利用影像处理提升学习效果。

（二）机器学习与文本数据

与图像数据一样，通过机器学习方法，可以将文本信息作为新的数据源，构造出更加符合实际的经济指数。比如，在最近几年全球金融危机、一系列欧元区危机以及美国政党之间的政治分歧之后，对经济绩效或不确定的经济前景产生了广泛的忧虑。美国央行认为美国及欧洲在财政、监管及货币政策上的不确定因素也造成了 2008—2009 年的严重衰退。我们假设重大的不确定因素可能导致公司及居民减少或延迟其投资及雇佣活动，从而放缓经济恢复速度。要定量评估区域经济增长中的不确定因素，就必须构造出一个可以体现区域经济发展的不确定度的指数。鉴于很多不确定的政策具有逆经济周期性，而且当经济形势不好时，其对经济的冲击更大。传统的方法是人工提取与金融危机相关的词汇，通过提取出与金融危机相关的词汇，用该词汇的频繁度度量其对经济的不确定程度。但事实却是，大部分研究都采用了“经济”“不确定”“国会”，甚至“白宫”这样的词汇，都不能区分出不同的不确定因素。特别是当信息中包含全部重要信息时，就更难以考察各种不确定因素如何作用于经济增长。比如，某些与经济危机相关的不确定因素会影响到公司的投资和雇佣项目（Bernanke，1983）。然而，其他与科技、公司扩展相关的不确定因素对经济成长具有正向作用，并且伴随着经济的发展，投资意愿也会增强（Segal et al.，2015）。

针对以上问题，可以采用一种全新的思路，即利用全部的信息进行话题的估算，而不依赖某个具体的关键字，将其划分为宏观经济、政策、金融政策等各种不确定性，进而研究各类不确定性对投资与生产的影响。Larsen（2017）采用挪威第一大财经报刊《今日商业》（Dagens Naringsliv）近28年来收集的近50万篇文章，采用了一种名为“主题模型”的方法，即基于机器学习的隐含狄利克雷分配法（LDA）。LDA算法是一种基于非监督的学习算法，该算法假定每条新闻由一条或者多条话题组成，然后由话题抽取词汇构成。若用T代表话题数目，那么在特定的一条消息中出现一个词的可能性可以表达为式（10－1）。

$$P(\omega_i) = \sum_{j=1}^{T} P(\omega_i \mid z_i = j)P(z_i = j) \quad \text{式（10－1）}$$

其中，ω_i 表示单词 i，z_i 表示单词 i 所来自的主题，故 $P(\omega_i \mid z_i = j)$ 表示单词 i 来自主题 j 的概率。$P(z_i = j)$ 表示新闻从 j 主题中选择单词的概率，而每一条新闻都会从多个主题中选择不同的单词来构建。令 W 表示单词的数量，则一个单词在各个主题中出现的概率可表示为式（10－2）。

$$P(\omega_i \mid z = j) = \Phi_{\omega_i}^{(j)} \quad \text{式（10－2）}$$

其中，对于每一个 j 和 ω_i，都有 $j \in [1,T], \omega_i \in \{\omega_1,\omega_2,\cdots,\omega_\omega\}$。从而，一个主题在一个新闻中出现的概率可表示为式（10－3）。

$$P(z = j) = j_j^{(d_i)} \quad \text{式（10－3）}$$

其中，对于每一个 j 和 d_i，都有 $j \in [1,T]$，$d_i \in \{d_1,d_2,\cdots,d_D\}$，$D$ 则表示新闻的数量。

有的学者也利用该模型构造了其他几种经济指数。Larsen 和 Thorsrud（2015）提出一种以话题为基础的新媒体指标，用以考察挪威经济循环中的新闻事件。Hansen 等（2017）利用话题模型对美国联邦储备银行披露的公开资料进行了划分，并考察了提高美国联邦储备银行的信息透明度对于我国经济增长的作用。Hoberg 和 Phillips（2016）通过对美国公司经营情况的分析，归纳出企业之间的相似之处，并对其进行了动态的细分。Kang 等（2013）通过餐饮网站上的顾客留言和健康部的健康监测数据，探讨公众披露对餐馆健康的作用机制。

（三）机器学习与数据集匹配

面板数据（Panel Data）是一种对相同群体进行长期跟踪而构成的一种新的统计方法，它包含了横向和纵向两个方面的信息。面板数据与统计分析技术在控制异质性、减少多重共线性和降低数据偏倚等方面发挥着重要作用，成为当前社会科学领域的实证研究热点（Wooldridge，2010）。尽管在一定程度上可以弥补横断面和时序资料的不足，但是在实际应用中，研究人员却很少能够得到足够大的样本。为此，采用基于机器学习的方法，将不同类型、不同来源的个体和个体的横断面资料进行整合，从而获得更为全面的个体和家庭的纵向数据，为研究早期生活状况、社会歧视、教育投入等因素的长期效应奠定基础。在研究课题上，历史学者面对的档案关联问题和当代资料收集问题是完全不同的。传统的社会保障账户（社会保障账户）可以通过单一身份识别变量（例如社会保障账户号码）将多个账户关联起来，而这种关联是非常少见的。取而代之的是，历史学者能够了解其他因素，例如，姓名，出生年月，出生日期，以及双亲出生的地方。不过，对于那些历史资料中的变数，也会有许多错误，如抄写、拼写、名字变更等。Ferrie（1996）将1850—1860年的联邦人口统计数据结合起来，而Thernstrom（2009）则将美国两座城市的不同时代的人群结合起来，探讨了两个不同时代之间的迁移情况。现有文献多采用人工查找多个样本的方式，既费时费力，又因专家对是否符合的评判准则不一，导致结论不一。

Feigenbaum（2016）利用1915年艾奥瓦州（X_1）的男性统计资料和1940年（X_2）的成人男性资料进行了比较，得出了两组的结果。首先，根据个人的生日、名字等相关资料，对X_1中的每个数据进行筛选，找出与X_2对应的数据。在该模型中，出生年月间的相似度用年度差值度量，而名字间的相似度用Jaro - Winkler字串距离度量（Goeken et al.，2011），从而获得了一组出生年限相差不超过3岁、名字间距小于0.2的样本。其次，将从XX集中随机选择XXT，通过人工判断XXT中每个xx点的配对是否符合条件，再从该样本集合中选择出一个最优的方法，并从中选出XX个符合条件的配对。

第三节 机器学习与经济预测

在前文介绍的几类机器学习算法中，有监督机器学习方法，如回归树（Regression Trees）、LASSO随机森林（Random Forest）、支持向量机（Support Vector Machines）、神经网络（Neutral Network）、深度学习（Deep Learning）等技术，因为其算法在预测上的优势，已被广泛地用于解决经济预测问题。

（一）预测算法比较：有监督机器学习与传统方法

有监督机器学习算法的核心思路与计量经济学中的最小二乘法类似，其出发点依然是构建一个损失函数，基于该损失函数，通过代入数据来选择最优的预测模型。例如，当我们使用一个包含商品价格（y）和商品特征（x）的数据集（y_i，x_i）来预测数据集之外的商品的价格（$\widehat{y}$）时，我们首先定义一个损失函数$L(\widehat{y},y)$，然后在数据集中找到一个具有最高拟合优度的函数形式$\widehat{y}=\hat{f}(x)$，使预测结果与实际结果之间的平均损失达到最小值，即最小化$E\{L[\hat{f}(x),y]\}$。

然而，机器学习算法又不完全等同于传统的计量经济学方法。在一般的线性回归模型框架下我们往往在回归方程的右边放入所有描述商品特征的解释变量x_i，使用数据集来估计每个解释变量的系数，从而对被解释变量进行预测。有时，为了改进预测能力，或者更好地解释某一解释变量的因果效应，我们会在回归模型中引入解释变量的交互项 $x_ix_j(i \neq j)$。但是，在解释变量数目很大的情况下，简单地把所有解释变量的交互项引入回归方程是不现实的，且可能会造成待估参数多于观测值个数的情况，并导致估计结果出现偏误，从而无法得到关于 y 的准确的预测结果。因此，选择哪些交互项放入回归模型直接关系到预测的准确度。例如，在预测人脸的模型中，需要使用大量、复杂的像素变量的交互项描述脸部器官的特征。在这种情形下，机器学习算法的优势就能体现出来，它可以自动地搜寻出符合预测要求的最优交互项组合。

以回归树分析（Regression Trees）法为例子，Mullainathan 和 Spiess（2017）证明了利用机器学习建立房价预报模型的优越性。该研究利用 2011 年度美国家庭问卷收集的 10000 个住宅样本，以房价为研究对象，并对住宅具有可解释的 150 个因素（位置、面积、卧室数量等）进行实证研究。顾名思义，回归树分析法就是构建树形的预测模型，每个树枝的分叉处是树的一个节点，每个节点可以被看作是一个虚拟变量（即节点处有两条路径选择），虚拟变量的取值决定树枝分叉处的走向，如虚拟变量取 1 时向左边路径延伸，虚拟变量取 0 时向右边路径延伸。将树枝看作是一个线性函数，当到达树形末端（树叶）时，把所有的节点联结起来等同于将每个节点所对应的虚拟变量联乘，就可以得到关于房价的预测值。因此，回归树中的每一条路径都可以看作不同解释变量的交互项，整个回归树就是由多个交互项组成的函数族，树的深浅代表着回归树的拟合程度。理论上，只要回归树有足够的深度，则每一片树叶只对应一个观察值，且每个观察值都可以由一组虚拟变量的交互项完美地拟合出来，此时就充分体现出了机器学习在算法上的灵活性。

（二）机器学习预测方法的应用

近年来，许多研究人员开始把人工智能技术引入政府政策制定中，以促进社会生产力的发展。比如，Krueger（2003）通过研究聘请更多的老师会对学生表现产生怎样的效果，从而确定一所大学应该聘用多少名老师。Chalfin 等（2016）提出了利用机器学习来预测个体劳动生产力的新思路，通过对 2009—2010 年入职的 664 位数学老师和 707 位语文老师进行问卷调研，从老师的知识水平、教学风格、学生考试成绩、家庭环境等方面，结合教育评价等多方面的信息，基于机器学习方法估计教师任期决策的预测模型。随后，作者还使用美国费城警察局雇用的 1949 名警官的调查数据，其中包含丰富的警官个人信息和办公执法经历等，基于机器学习方法估计警察雇用决策的预测模型。作者发现，使用机器学习预测模型可以显著提高进行人事决策预测的准确性，进而改善社会福利。

另外，在交通出行领域，机器学习预测方法同样发挥着重要作用。通过对历史交通流量数据的分析，机器学习算法可以预测未来的交通拥堵情况，为城市规划者和交通管理部门提供有力的支持。这种预测不仅有助于优化交通信号灯控制、调整公共交通路线，还能引导私家车车主合理选择出行时间和路线，从而有效缓解交通拥堵问题。此外，机器学习还可以应用于自动驾驶技术的研发中。通过不断学习和优化，自动驾驶系统能够更准确地识别道路环境、预测其他车辆和行人的行为，从而作出更加安全和高效的驾驶决策。

在医疗健康领域，机器学习预测方法的应用更是具有革命性的意义。通过对患者的病历、检查结果等数据的分析，机器学习算法可以辅助医生进行疾病诊断、制订治疗方案。例如，在糖尿病的预测和管理中，机器学习可以基于患者的血糖水平、生活习惯等数据，预测其未来可能出现的并发症风险，并给出个性化的预防建议。此外，机器学习还可以应用于基因测序和药物研发等领域。通过对海量基因数据的分析，机器学习算法可以发现与疾病相关的基因变异和生物标志物，为精准医疗提供有力支持。在药物研发方面，机器学习可以加速药物筛选和临床试验过程，降低研发成本和时间。

在商业领域，机器学习预测方法的应用极为广泛。从市场需求预测到客户行为分析，从个性化推荐到营销策略优化，机器学习都展现出了非凡的能力。例如，在电子商务中，基于用户的历史购买记录、浏览行为等数据，机器学习算法可以构建出用户画像，进而预测其未来的购买意向，并推送个性化的商品推荐。这种精准的推荐系统不仅提升了用户体验，还显著提高了销售额。

近年来，有不少学者将人工智能技术引进到了城市经济领域，并对其进行了研究。例如，政府通常会组织专门人员去检查餐厅的卫生状况，对此，Glaeser 等（2018）使用机器学习模型来预测某个餐厅发生违规行为的概率，作者认为使用这种方法来指导卫生检查可以更合理地分配检查员负责的区域，在使检查频率降低 40% 的同时，不会减少发现违规事件的次数，这一结果显著提高了政府部门的工作效率。Goel 等（2016）采用一种基于机器学习的分析工具，对纽约市警方执行“拦截盘查”制度时的种族主义行为进行了评价。研究人员使用纽约市 4 年间 290000 起拦截事件，利用机器学习算法，从中提取出 23 个与拦截事件、嫌犯特征相关的变量，构建出个体携带枪支可能性的预测模型，结果显示，与白人相比，被拦截和询问的人群中，黑人携带枪支的可能性低于白人。

在金融领域，机器学习也得到了广泛的应用。Gu 等（2018）利用 1957—2016 年美国三万多家公司的数据，对其未来盈利进行了预测。传统的研究方法是把股价收益率作为一系列股票收益率的函数来估计股价的波动（Fama & French，1993），利用含有股价特性的迟滞项与少数宏观经济指标的回归模型对个股的未来收益率进行预测，但该方法不能同时处理近 100 个变量在 60 年间的信息。因此，作者基于 94 个股票收益特征、74 个行业虚拟变量以及 8 个宏观经济指标变量（如股息价格比率、国库券利率等）的数据，使用回归树、随机森林及神经网络等五种常见的有监督机器学习方法分别构建了股票收益预测模型。研究表明，各种机器学习算法在预测高流动性股票或投资组合未来收益率方面的效率均优于常规预测法，其中，回归树与神经网络的预测效果最好。同时，Rapach 等（2013）基于 LASSO 法利用世界主要国家股票收益的滞后项来预测全球股票市场的回报。

关于机器学习在预测中的应用，正如 Glaeser 等（2018）所言，这种预测方法可以在一个很微观的层面上比较不同的结果，从而评估各种政策及变化的影响。在未来的研究中，大规模成像和传感器技术的发展将会继续加深机器学习在生产力、福利分析领域中的应用。

（三）机器学习预测方法存在的问题

在当今这个数据驱动的时代，机器学习作为人工智能的核心分支，已经在众多领域展现出了其强大的预测能力。从金融市场的趋势分析到医疗健康的疾病诊断，从自动驾驶的决策制定到电商平台的个性化推荐，机器学习预测方法的应用无处不在。然而，尽管其潜力巨大，机器学习预测方法在实际应用中仍面临着一系列复杂而深刻的问题。如其应用于政府决策时仍面临以下问题（Athey，2018）。

1. 学习模型对非数据的预测性能。虽然通过机器学习生成的预测模型对样本有着很好的预测能力，但是如果将其应用到非样本人群中，则可能会发生过拟合问题，从而导致有偏的样本外效果（Yeomans et al.，2019）。传统的方法是通过对模型中的参数进行约束（Carrasco，2012）。以回归树为例，若我们舍弃了对树的“深度”的追寻，那么每个回归树的末端将会出现一组的观测值而不再是一个观测值，意味着在选取预报模型时，允许有合适的“噪声”。这样做必然会导致我们的预测树模型在样本内的预测效果变差，但却能改进我们的样本外预测效果。那么，我们应该对预测函数的形式添加多大程度的限制呢？或者说我们应该对预测函数的形式限制到怎样的程度呢？机器学习通常使用“实证调优”（Empirical Tuning）的方法，其实质是将全部观测值分为两类：一类是被当作样本内观测值，用于估计预测模型，可以施加不同程度的限制；另一类则被看作是样本外观测值，用来检验这些预测函数的样本外预测效果，从中选取效果最好的预测函数。

2. 在利用机器学习模型对政策进行分析时可能导致不公平现象。Kleinberg 等（2015）对该方法的公平性问题做了进一步的研究，他发现利用机器学习模型对企业招聘、司法决策、贷款等决策过程中存在性别歧视和种族歧视。然而，Athey（2017）却指出，机器学习可以促进社会资源的合理配置。她指出，与人比较，人工智能的学习方法可以更好地理解和使用更多的知识，并且在各种限制下可以达到最大的优化效果。当某些方法产生的指派效果不能令人满足时，可以对限制进行修正。

3. 基于神经网络的建模方法，需要对其进行稳定性检验。它的稳定性是指可以保证在一个环境中训练出的模型到另一个环境中也能良好地运行。其中，领域自适应、迁移学习等是机器学习领域研究的热点问题。特别地，机器学习通过查找 X 与 Y 间的关系来找到一个最好的模式来预测 Y。然而，X 与 Y 的关系会随着时空的推移而改变。比如，近年来，A 与 B 两种现象经常会同时发生，所以 B 可以用观测到的 A 来预言。但是，A 并非 B 的一个组成部分，它们可以在各种情况下单独生存。所以，当仅有 A 和 B 两个元素时，该方法的表现就会大打折扣。这种情况对于一家每天都使用最新数据估计预测模型的科技公司没什么问题。但是，在某些领域，由于预测模型的使用时期很长，甚至是固定的，这种情况下就需要寻找有效的方法来提高模型的稳定性。

4. 机器学习预测模型可能存在人为操纵的现象。Björkegren 和 Grissen（2020）认为，利用移动电话数据来评估借款人的信贷状况时，借款人有可能通过改变借款人所关心的某些特征变量进行人为操纵。换言之，只要特定的行动方式有助于借款人取得借贷，借款人便能制造出一种虚假的情况，以此来蒙骗贷款提供者。类似地，如果资源被分配给那些在卫星图像中看起来生存条件很差的家庭，那么，家庭或村庄就可能通过改变它们房屋的空中外观，编造出自己很贫困的假象。Athey（2017）指出，如何改进机器学习模型使其不容易被人为操纵，将是该领域未来研究的方向之一，对现有的机器学习方法进行优化是今后研究的一个重要方面。

第四节　机器学习预测的应用总结

在经济研究中，以理论为基础的推论与以资料为基础的分析一直是相互补充与不可或缺的。而“以数据为中心”的研究方法，其目的就是要用数据来回答问题。机器学习为研究人员提供了一种强有力的分析手段，它使研究人员更加清楚地了解这些数据所要表达的内容。在将来，随着机器学习的发展，其对经济学研究的意义可能不仅仅是提供新的数据或新方法，更重要的是，它可以帮助经济学家找到新的问题。本章对使用机器学习方法进行经济学研究的已有文献进行了较为系统的梳理，在与传统计量方法的对比中，阐述机器学习的优势。

首先，针对大数据，通过非监督的机器学习算法，能够有效地解决传统算法维度过高的问题，从而从传统的图像、文本等非规则数据中挖掘出具有经济意义的信息。其次，基于有监督的机器学习方法，能够依据实际情况选取更为灵活的模型，既提高了对非样本的预测性能，也克服了“过拟合”问题。另外，对于经济实证研究中最关注的因果推断问题，机器学习可以通过挑选重要的协变量来改善平均处理效应的估计结果、估计处理效应的异质性，同时在估计结构模型时发挥重要的作用。

必须指出的是，基于研究重心的差异，机器学习算法在经济研究中所起到的作用与其说是取代，不如说是对已有研究成果的一种重要补充。机器学习注重预测的准确性，能够选择出一组预期效应最好的协变量，但不能精确地评估其变动对因变量的作用。比如，在劳动力经济领域有关教育投入和回报的研究中，人们对增加受教育年限后，其工资是否会受到显著的影响，以及会变化多少非常感兴趣。虽然通过机器学习算法可以发现一组对工资有较好的预测能力的变量，却无法准确回答受教育年限变量的显著性和影响程度的问题。由于使用了多种预测参数，其结果也会出现相同的结果，从而导致所选取的预测结果并不具有良好的经济学意义。此外，由于数据结构的复杂性，在计算优化时，一些关键的经济变量往往会被忽略，从而对所关注的变量的系数估计造成偏差。在上述方面，传统的测量手段仍具有一定的优越性。这就要求我们在研究时，要针对具体的问题，把这两种方式灵活结合起来。

参考文献

白俊红，张艺璇，卞元超，2022. 创新驱动政策是否提升城市创业活跃度——来自国家创新型城市试点政策的经验证据［J］. 中国工业经济（06）：61－78.

曾荣光，罗云，叶菊艳，2018. 寻找实证研究的意义：比较—历史视域中的实证主义之争［J］. 北京大学教育评论，16（03）：104－131＋190.

陈林，万攀兵，2019.《京都议定书》及其清洁发展机制的减排效应——基于中国参与全球环境治理微观项目数据的分析［J］. 经济研究，54（03）：55－71.

陈强，2014. 高级计量经济学及 Stata 应用［M］. 高等教育出版社.

董金明，1995. 论社会主义政治经济学的实证研究和规范研究［J］. 上海海运学院学报，(04)：93－97.

杜金沛，邢祖礼，2005. 实证经济学与规范经济学：科学标准的辨析［J］. 财经研究(12)：41－53.

高培勇，袁富华，胡怀国，刘霞辉，2020. 高质量发展的动力、机制与治理［J］. 经济研究，55（04）：4－19.

郭亚军，2007. 综合评价理论、方法及应用［M］. 北京：科学出版社.

何晓群，刘文卿，2019. 应用回归分析［M］. 5 版. 北京：中国人民大学出版社.

黄勃，李海彤，刘俊岐，等，2023. 数字技术创新与中国企业高质量发展——来自企业数字专利的证据［J］. 经济研究，58（03）：97－115.

黄其洪，2006. 论逻辑实证主义的意义理论和证实原则［J］. 中国石油大学胜利学院学报，20（4）：41－43.

贾俊平，何晓群，金勇进，2018. 统计学［M］. 7 版. 北京：中国人民大学出版社.

杰弗里·M. 伍德里奇，2014. 计量经济学导论——现代观点［M］. 5 版. 北京：清华大学出版社.

冷建飞，高旭，朱嘉平，2016. 多元线性回归统计预测模型的应用［J］. 统计与决策，(07)：82－85.

李青原，章尹赛楠，2021. 金融开放与资源配置效率——来自外资银行进入中国的证据［J］. 中国工业经济（05）：95－113.

梁斌，冀慧，2020. 失业保险如何影响求职努力？——来自“中国时间利用调查”的证据［J］. 经济研究，55（03）：179－197.

刘冲，沙学康，张妍，2022. 交错双重差分：处理效应异质性与估计方法选择［J］.

数量经济技术经济研究，39（09）：177－204.

林毅夫，沈艳，孙昂，2020. 中国政府消费券政策的经济效应［J］. 经济研究，55（07）：4－20.

林毅夫，2001. 经济学研究方法与中国经济学科发展［J］. 经济研究（04）：74－81.

刘瑞明，毛宇，亢延锟，2020. 制度松绑、市场活力激发与旅游经济发展——来自中国文化体制改革的证据［J］. 经济研究，55（01）：115－131.

刘耀彬，等，2022. 中国中部地区经济高质量发展报告（2022）［M］. 北京：经济科学出版社.

马黎珺，伊志宏，张澈，2019. 廉价交谈还是言之有据？——分析师报告文本的信息含量研究［J］. 管理世界，35（07）：182－200.

毛新述，2022. 实证研究方法论——STATA 应用［M］. 北京：中国人民大学出版社.

孙焱林，温湖炜，2017. 我国制造业产能过剩问题研究［J］. 统计研究，34（03）：76－83.

汪德华，邹杰，毛中根，2019. “扶教育之贫”的增智和增收效应——对 20 世纪 90 年代“国家贫困地区义务教育工程”的评估［J］. 经济研究，54（09）：155－171.

王小鲁，樊纲，胡李鹏，2019. 中国分省份市场化指数报告（2018）［M］. 北京：社会科学文献出版社.

王永钦，吴娴，2019. 中国创新型货币政策如何发挥作用：抵押品渠道［J］. 经济研究，54（12）：86－101.

吴溪，2012. 会计研究方法论［M］. 中国人民大学出版社.

谢申祥，范鹏飞，宛圆渊，2021. 传统 PSM－DID 模型的改进与应用［J］. 统计研究，38（02）：146－160.

许宪春，任雪，汤美微，2020. 关于中国平衡发展指数指标体系的构建［J］. 统计研究，37（2）：3－14.

张琦，郑瑶，孔东民，2019. 地区环境治理压力、高管经历与企业环保投资——一项基于《环境空气质量标准（2012）》的准自然实验［J］. 经济研究，54（06）：183－198.

张涛，李均超，2023. 网络基础设施、包容性绿色增长与地区差距——基于双重机器学习的因果推断［J］. 数量经济技术经济研究，40（04）：113－135.

ABADIE A，DIAMOND A，HAINMUELLER J，2015. Comparative politics and the synthetic control method［J］. American journal of political science，59（2）：495－510.

ABADIE A，DIAMOND A，HAINMUELLER J，2010. Synthetic control methods for comparative case studies：Estimating the effect of California's tobacco control program［J］. Journal of the american statistical association，105（490）：493－505.

ABADIE A，IMBENS G W，2006. Large sample properties of matching estimators for average treatment effects［J］. Econometrica，74（1）：235－267.

AIGNER D，LOVELL C A K，SCHMIDT P，1977. Formulation and estimation of stochastic frontier production function models [J]. Journal of econometrics, 6 (1): 21 -37.

ASHER S, NEKIPELOV D, NOVOSAD P, et al. , 2016. Classification trees for heterogeneous moment - based models [R]. National bureau of economic research.

ATHEY S, HAILE P A, 2007. Nonparametric approaches to auctions [J]. Handbook of Econometrics, 6: 3847 -3965.

ATHEY S, IMBENS G, 2015. A measure of robustness to misspecification [J]. American economic review, 105 (5): 476 -480.

ATHEY S, IMBENS G, 2016. Recursive partitioning for heterogeneous causal effects [J]. Proceedings of the national academy of sciences, 113 (27): 7353 -7360.

ATHEY S, 2017. Beyond prediction: Using big data for policy problems [J]. Science, 355 (6324): 483 -485.

ATHEY S, 2018. The impact of machine learning on economics [J]. The economics of artificial intelligence: An agenda, 507 -547.

Bai J, Ng S, 2008. Large dimensional factor analysis [J]. Foundations and trends in econometrics, 3 (2): 89 -163.

BATTESE G E, COELLI T J, 1992. Frontier production functions, technical efficiency and panel data: With application to paddy farmers in India [J]. Journal of productivity analysis, 3: 153 -169.

BATTESE G E, COELLI T J, 1995. A model for technical inefficiency effects in a stochastic frontier production function for panel data [J]. Empirical economics, 20: 325 -332.

BELLONI A, CHERNOZHUKOV V, HANSEN C, 2014. High - dimensional methods and inference on structural and treatment effects [J]. Journal of economic perspectives, 28 (2): 29 -50.

BELOTTI F, ILARDI G, 2018. Consistent inference in fixed - effects stochastic frontier models [J]. Journal of econometrics, 202 (2): 161 -177.

BERNANKE B S, 1983. Irreversibility, uncertainty, and cyclical investment [J]. The quarterly journal of economics, 98 (1): 85 -106.

BJÖRKEGREN D, GRISSEN D, 2020. Behavior revealed in mobile phone usage predicts credit repayment [J]. The world bank economic review, 34 (3): 618 -634.

BLEAKLEY H, LIN J, 2012. Portage and path dependence [J]. The quarterly journal of economics, 127 (2): 587 -644.

BLUMENSTOCK J E, 2016. Fighting poverty with data [J]. Science, 353 (6301): 753 -754.

BORUSYAK K, JARAVEL X, SPIESS J, 2021. Revisiting event study designs: robust and efficient estimation [R]. Working Paper.

BURGESS R, HANSEN M, OLKEN B A, et al. , 2012. The political economy of deforestation in the tropics [J]. The quarterly journal of economics, 127 (4): 1707 - 1754.

CHERNOZHUKOV V, CHETVERIKOV D, DEMIRER M, DUFLO E, HANSEN C, NEWEY W, ROBINS J, 2018. Double/debiased machine learning for treatment and structural parameters [J]. The econometrics journal, 21 (1): 1 - 68.

CARRASCO M, 2012. A regularization approach to the many instruments problem [J]. Journal of econometrics, 170 (2): 383 - 398.

CENGIZ D, DUBE A, LINDNER A, et al., 2019. The effect of minimum wages on low - wage jobs [J]. The quarterly journal of economics, 134 (3): 1405 - 1454.

CHALFIN A, DANIELI O, HILLIS A, et al., 2016. Productivity and selection of human capital with machine learning [J]. American economic review, 106 (5): 124 - 127.

CALLAWAY B, SANT'ANNA P H C, 2021. Difference - in - differences with multiple time periods [J]. Journal of econometrics, 225 (2): 200 - 230.

CHOW C W HARRISON P D, 2002. Identifying meaningful and significant topics for research and publication: A sharing of experiences and insights by ′influential′accounting authors [J]. Journal of accounting education, 20 (3): 183 - 203.

CORNWELL C, SCHMIDT P, SICKLES R C, 1990. Production frontiers with cross - sectional and time - series variation in efficiency levels [J]. Journal of econometrics, 46 (1 - 2): 185 - 200.

DE CHAISEMARTIN C, D'HAULTFOEUILLE X, 2020. Two - way fixed effects estimators with heterogeneous treatment effects [J]. American economic review, 110 (9): 2964 - 2996.

DONALDSON D, HORNBECK R, 2016. Railroads and American economic growth: A market access approach [J]. The quarterly journal of economics, 131 (2): 799 - 858.

DECHAISEMARTIN C, D'HAULTFOEUILLE X, 2022. Difference - in - differences estimators of intertemporal treatment effects [R]. NBER Working Paper, No. 29873.

FARRELL M J, 1957. The measurement of productive efficiency [J]. Journal of the royal statistical society: Series A (General), 120 (3): 253 - 281.

FERRIE J P, 1996. A new sample of Americans linked from the 1850 public use sample of the Federal Census of population to the 1860 Federal Census manuscripts [J]. Historical methods, 29 (4): 141 - 156.

FEIGENBAUM J J, 2016. Automated census record linking: A machine learning approach, http: //scholar. harvard. edu/jfeigenbaum/publications/ automated - census - record - linking.

FAMA E F, FRENCH K R, 1993. Common risk factors in there turns on stocks and bonds [J]. Journal of financial economics, 33 (1): 3 - 56.

GOEKEN R, et al., 2011. New methods of census record linking [J]. Historical methods, 44 (1): 7 - 14.

GREENE W, 2005. Fixed and random effects in stochastic frontier models [J]. Journal of productivity analysis, 23: 7 -32.

GOODMAN - BACON A, 2021. Difference - in - differences with variation in treatment timing [J]. Journal of econometrics, 225 (2): 254 -277.

GYGLI S, HAELG F, POTRAFKE N, et al., 2019. The KOF Globalisation Index - revisited [J]. Review of international organizations, 14 (3): 543 -574.

GLAESER E L, et al., 2018. Big data and big cities: The promises and limitations of improved measures of urban life [J]. Economic inquiry, 56 (1): 114 -137.

GOEL S, et al., 2016. Precinct or prejudice? Understanding racial disparities in New York city's stop - and - frisk policy [J]. Annals of applied statistics, 10 (1): 365 -394.

GU S, et al., 2018. Empirical asset pricing via machine learning [J]. Chicago booth research paper, No. 18 -04.

HANSEN B E, 1999. Threshold effects in non - dynamic panels: Estimation, testing, and inference [J]. Journal of econometrics, 93 (2): 345 -368.

HANSEN B E, 2000. Sample splitting and threshold estimation [J]. Econometrica, 68 (3): 575 -603.

HANSEN S, et al., 2017. Transparency and deliberation within the FOMC: A computational linguistics approach [J]. Quarterly journal of economics, 133 (2): 801 -870.

HOBERG G, PHILLIPS G, 2016. Text - based network industries and endogenous product differentiation [J]. Journal of political economy, 124 (5): 1423 -1465.

JONDROW J, LOVELL C A K, MATEROV I S, et al., 1982. On the estimation of technical inefficiency in the stochastic frontier production function model [J]. Journal of econometrics, 19 (2 -3): 233 -238.

JAYACHANDRAN S, 2009. Air quality and early - life mortality [J]. The journal of human resources, 44 (4): 916 -954.

JEAN N, et al., 2016. Combining satellite imagery and machine learning to predict poverty [J]. Science, 353 (6301): 790 -794.

KUMBHAKAR S C, HESHMATI A, 1995. Efficiency measurement in Swedish dairy farms: an application of rotating panel data, 1976 -88 [J]. American Journal of agricultural economics, 77 (3): 660 -674.

KUMBHAKAR S C, LIEN G, HARDAKER J B, 2014. Technical efficiency in competing panel data models: A study of Norwegian grain farming [J]. Journal of productivity analysis, 41: 321 -337.

KUMBHAKAR S C, 1990. Production frontiers, panel data, and time - varying technical inefficiency [J]. Journal of econometrics, 46 (1 -2): 201 -211.

KANG J S, et al., 2013. Where not to eat? Improving public policy by predicting hygiene inspections using online re - views [J]. Proceedings of the 2013 conference on empirical methods in natural language processing.

KRUEGER A B, 2003. Economic considerations and class size [J]. Economic journal, 113 (485): 34 -63.

KLEINBERG J, et al. , 2015. Prediction policy problems [J]. American economic review, 105 (5): 491 -495.

LIN J Y, 1992. Rural reforms and agricultural growth in China [J]. American economic review, 34 -51.

LIU L, WANG Y, XU Y, 2024. A practical guide to counterfactual estimators for causal inference with time - series cross - sectional data [J]. American journal of political science, 68 (1): 160 -176.

LARSEN V H, 2017. Components of uncertainty [J]. Centre for applied macro - and petroleum economics (CAMP) [J]. BI Norwegian business school working paper, No. 4/2017.

LARSEN V H, THORSRUD L A, 2015. The value of news [J]. BI norwegian business school working paper, No. 0034.

MARX B, STOKER T M, SURI T, 2019. There is no free house: Ethnic patronage in a Kenyan slum [J]. American economic journal: Applied economics, 11 (4): 36 -70.

MCCULLOCH W S, PITTS W, 1943. A logical calculus of the ideas immanent in nervous activity [J]. The bulletin of mathematical biophysics, 5: 115 -133.

MULLAINATHAN S, SPIESS J, 2017. Machine learning: An applied econometric approach [J]. Journal of economic perspectives, 31 (2): 87 -106.

PARMETER C F, KUMBHAKAR S C, 2014. Efficiency analysis: A primer on recent advances [J]. Foundations and trends in econometrics, 7 (3 -4): 191 -385.

RAPACH D E, et al. , 2013. International stock return predictability: What is the role of the United States? [J]. Journal of finance, 68 (4): 1633 -1662.

SCHMIDT P, SICKLES R C, 1984. Production frontiers and panel data [J]. Journal of business & economic statistics, 2 (4): 367 -374.

SEGAL G, SHALIASTOVICH I, YARON A, 2015. Good and bad uncertainty: Macroeconomic and financial market implications [J]. Journal of financial economics, 117 (2): 369 -397.

SUN L, ABRAHAM S, 2021. Estimating dynamic treatment effects in event studies with heterogeneous treatment effects [J]. Journal of econometrics, 225 (2): 175 -199.

TSIONAS E G, 2006. Inference in dynamic stochastic frontier models [J]. Journal of applied econometrics, 21 (5): 669 -676.

THERNSTROM S, 2009. Poverty and progress: Social mobility in a nineteenth century city [M]. Harvard University Press.

VARIAN H R, 2014. Big data: New tricks for econometrics [J]. Journal of economic perspectives, 28 (2): 3 –28.

WANG H J, HO C W, 2010. Estimating fixed – effect panel stochastic frontier models by model transformation [J]. Journal of econometrics, 157 (2): 286 –296.

WANG H J, SCHMIDT P, 2002. One – step and two – step estimation of the effects of exogenous variables on technical efficiency levels [J]. Journal of productivity analysis, 18: 129 –144.

WOOLDRIDGE J M, 2010. Econometric analysis of cross section and panel data [M]. MIT press.

YEOMANS M, SHAH A, MULLAINATHAN S, et al. , 2019. Making sense of recommendations [J]. Journal of behavioral decision making, 32 (4): 403 –414.

